HISTÓRIA DA EDUCAÇÃO
De Confúcio a Paulo Freire

Conselho Acadêmico
Ataliba Teixeira de Castilho
Carlos Eduardo Lins da Silva
Carlos Fico
Jaime Cordeiro
José Luiz Fiorin
Magda Soares
Tania Regina de Luca

Proibida a reprodução total ou parcial em qualquer mídia
sem a autorização escrita da editora.
Os infratores estão sujeitos às penas da lei.

A Editora não é responsável pelo conteúdo deste livro.
Os Autores conhecem os fatos narrados, pelos quais são responsáveis,
assim como se responsabilizam pelos juízos emitidos.

Consulte nosso catálogo completo e últimos lançamentos em **www.editoracontexto.com.br**.

Claudino Piletti
Nelson Piletti

HISTÓRIA DA EDUCAÇÃO
De Confúcio a Paulo Freire

Copyright © 2011 dos Autores

Todos os direitos desta edição reservados à Editora
Contexto (Editora Pinsky Ltda.)

Foto de capa
"Alex", Jaime Pinsky

Montagem de capa e diagramação
Gustavo S. Vilas Boas

Preparação de textos
Lilian Aquino

Revisão
Ana Paula Luccisano

Dados Internacionais de Catalogação na Publicação (CIP)
(Câmara Brasileira do Livro, SP, Brasil)

Piletti, Claudino
História da educação : de Confúcio a Paulo Freire /
Claudino Piletti e Nelson Piletti. – 2. ed., 1ª reimpressão. –
São Paulo : Contexto, 2024.

Bibliografia.
ISBN 978-65-5541-067-9

1. Educação – História I. Piletti, Nelson. II. Título.

12-00029	CDD-370.9

Índice para catálogo sistemático:
1. Educação : História 370.9

2024

EDITORA CONTEXTO
Diretor editorial: *Jaime Pinsky*

Rua Dr. José Elias, 520 – Alto da Lapa
05083-030 – São Paulo – SP
PABX: (11) 3832 5838
contato@editoracontexto.com.br
www.editoracontexto.com.br

*Os autores agradecem a Walter Praxedes e Geovanio Rossato,
pela valiosa colaboração no desenvolvimento dos capítulos
"John Dewey e a educação nova", "Makarenko e a educação
socialista", "Nyerere e a educação africana" e "A Unesco e a
educação universal", e a Nathalia Altava Palhares,
pela prestimosa ajuda na digitação dos originais.*

Sumário

Introdução...**15**

Confúcio e a educação oriental..**19**
O confucionismo e o taoismo...21
A educação no Japão..23
A educação na Índia...23
O budismo...25
Frases de Confúcio...26

Moisés e a educação hebraica..**27**
Transformações da educação hebraica..............................27
As escolas hebraicas...28
Frases do Talmude...30

A educação grega de Homero a Aristóteles..........................**32**
Homero: a educação como obra dos deuses....................32
Sócrates: do céu à terra..34
Platão e a educação idealista...35
Aristóteles e a educação realista...38
Organização educacional grega...40
Frases de Homero, Sócrates, Platão e Aristóteles..........41

Cícero e a educação romana...**43**
Da educação grega à educação romana.............................43
Ideias pedagógicas de Cícero...44
Escolas romanas...45
A educação nas províncias romanas....................................46
Sêneca e a educação romana...46
Plutarco e a educação romana..48
Frases de Cícero...49

Santo Agostinho e a educação cristã **50**

Experiência escolar e conversão 50
Clemente da Alexandria e a pedagogia patrística 52
Santo Agostinho e a pedagogia patrística 53
Aspectos da pedagogia e da filosofia agostiniana 54
Frases de Agostinho 55

Averróes e a educação árabe **56**

A cultura árabe e a Europa 56
A educação árabe 57
Averróes e a educação árabe e ocidental 58
Os árabes e o conhecimento 59
Frases do Alcorão 61

Tomás de Aquino e a educação medieval **62**

Tomás e o ensino 63
A escolástica 63
As escolas medievais 65
Os clérigos vagantes e as universidades 65
O método e o conteúdo do ensino 67
A influência das universidades na Idade Média 68
Frases de Tomás de Aquino 69

Lutero e a educação protestante **70**

Consequências educacionais 70
Os continuadores de Lutero 71
A Reforma Protestante e as escolas 72
A Contrarreforma e a educação 73
Frases de Lutero 74

José de Anchieta e a educação colonial **75**

A colonização e a busca do paraíso 76
A participação dos jesuítas 77
As escolas de primeiras letras 78
O ensino secundário 79
O método pedagógico dos jesuítas 80
A expulsão dos jesuítas e a reforma da educação 82
Frases do padre José de Anchieta 84

COMÊNIO E A EDUCAÇÃO MODERNA...85

A Didática magna e os modelos mecânicos...85
A questão central do método de Comênio...86
Mecanização: uma metáfora recorrente...87
Comênio: para além da metáfora mecânica...88
Frases de Comênio...88

ROUSSEAU E A EDUCAÇÃO ROMÂNTICA...90

Rousseau: romântico e naturalista...90
Rousseau e os enciclopedistas...91
Influências e críticas...92
Obras e méritos de Rousseau...94
Seguidores de Rousseau...96
    Pestalozzi...96
    Herbart...97
    Froebel...98
Frases de Rousseau...99

COMTE E A EDUCAÇÃO POSITIVISTA...100

A lei dos três estados...100
A classificação das ciências...101
A religião da humanidade...102
Comte e a educação...102
Apreciação crítica...104
Frases de Augusto Comte...105

NÍSIA FLORESTA E A EDUCAÇÃO IMPERIAL...106

A Independência e a educação...106
O ensino primário...108
O técnico-profissional e o normal...109
O ensino secundário e o superior...111
A herança do Império...113
O pioneirismo de Nísia Floresta...116
Frases de Nísia Floresta...118

José Verissimo e a educação republicana **120**

Os ideais e os fatos 121

Competências educacionais 122

As reformas federais da educação elitista 124

Frases de José Verissimo 126

Maria Montessori e a educação científica **128**

As bases da teoria montessoriana 129

O método Montessori 129

Gênese e legado das ideias de Maria Montessori 131

Frases de Maria Montessori 132

John Dewey e a educação nova **133**

Escola Laboratório 135

Uma nova concepção de educação 137

O pensamento reflexivo 138

Repercussões da obra de Dewey 139

Frases de John Dewey 140

Nadezhda Krupskaia e a educação socialista **142**

Crítica à educação capitalista 145

As propostas marxistas para a educação 147

A educação unitária de Antonio Gramsci 149

Uma crítica socialista à educação contemporânea 152

A pedagogia revolucionária de Makarenko 153

Frases de Makarenko 155

Nyerere e a educação africana **157**

O Renascimento Cultural e a africanização da educação 158

A Unesco e a História Geral da África 162

Expansão e reforma dos sistemas de educação 162

Plano para o desenvolvimento da educação 164

Outros encontros de cúpula 166

Entre a tradição e a modernização 168

Conclusão 172

Frases de Nyerere 173

FERNANDO DE AZEVEDO E A EDUCAÇÃO PÚBLICA **175**

A educação em debate 176
As reformas estaduais da educação popular 177
    Extensão do ensino 178
    Articulação 178
    Adaptação ao meio 178
    Adaptação às ideias modernas de educação 179
    O novo curso normal 180
A Revolução de 1930 e a educação 183
O Manifesto dos Pioneiros da Educação Nova 184
A educação na Constituição de 1934 186
O ensino secundário 187
O ensino superior 188
Frases de Fernando de Azevedo 190

GUSTAVO CAPANEMA E A EDUCAÇÃO ELITISTA **192**

O golpe do Estado Novo 193
O Estado Novo e a educação 194
O ensino secundário 196
O ensino técnico-profissional 197
O ensino primário e o normal 199
Frases de Gustavo Capanema 200

PAULO FREIRE E A EDUCAÇÃO POPULAR **202**

Redemocratização e educação 203
Articulação e equivalência 203
Diretrizes e bases da educação nacional 204
    Os fins da educação 205
    Estrutura do ensino 206
    Conteúdos curriculares 206
A luta pela escola pública 208
Movimentos de educação popular 209
    Campanha de educação de adultos 209
    Movimento de Educação de Base (MEB) 209
    Programa nacional de alfabetização 210
O método Paulo Freire 210
Frases de Paulo Freire 212

Valnir Chagas e a educação autoritária 214

O povo, ora o povo 214
O governo contra estudantes e professores 215
A reforma do ensino superior 217
A reforma do ensino de 1º e 2º graus 220
   Objetivos 221
   Estrutura do ensino 222
   Conteúdos curriculares 223
A herança da ditadura 224
Frases de Valnir Chagas 225

Darcy Ribeiro e a educação democrática 226

O processo de transição 227
Escola de tempo integral 228
A educação na nova Constituição 230
   Objetivos 230
   Princípios 231
   Deveres do Estado 231
   Conteúdos curriculares 232
   Verbas 232
   Plano Nacional de Educação 233
A nova lei de diretrizes e bases da educação 235
   Inovações da nova lei 236
Avanços da democratização 238
   O Exame Nacional do Ensino Médio (Enem) 238
   Mudanças curriculares 239
   O ensino fundamental de nove anos 240
   O novo ensino técnico 241
   O ensino médio obrigatório 241
Educação inclusiva 242
   Educação especial 242
   Educação de jovens e adultos (EJA) 243
   Educação a distância 243
   Educação escolar indígena 244
   Escolas familiares e comunitárias do campo 245
   A educação em prisões 246

A valorização dos profissionais da educação 246
Breve balanço 247
Frases de Darcy Ribeiro 249

A UNESCO E A EDUCAÇÃO UNIVERSAL 251

O nascimento da Unesco e seu ideal supranacional 251
A Unesco no Brasil 252
As escolas associadas da Unesco 254
As cátedras da Unesco 255
A Unesco e a educação de adultos 256
A Unesco e a alfabetização: saber para poder 257
A cooperação entre a Unesco e o Brasil 258
A Unesco e a "Educação para Todos" 261
Frases de Declarações da Unesco 264
Notas 264

O PROFESSOR E A EDUCAÇÃO INTEGRAL 265

O desenvolvimento da profissão docente 265
Avaliação e fracasso escolar 268
Indisciplina e violência nas escolas 269
O bullying na escola 270
Formação e atuação do professor 271
Frases sobre o trabalho docente 276

BIBLIOGRAFIA 279

OS AUTORES 287

Introdução

Na preparação desta segunda edição, efetuamos alterações que consideramos importantes, tanto para a adequação da linguagem quanto para a pertinência, a abrangência e a profundidade do conteúdo, em função do público-alvo a que se destina.

Em primeiro lugar, visando a uma expressão fluente e clara, suprimimos alguns trechos e substituímos ou reescrevemos outros.

Também atualizamos dados estatísticos, como os relativos à educação brasileira, e os próprios conteúdos, a exemplo da educação cristã, com o detalhamento das suas fases, a educação brasileira das últimas décadas, com inclusão de um novo item – Breve balanço – a breve biografia de Nísia Floresta, o material didático para Maria Montessori etc.

Outra inovação foi a inclusão de pequenos textos, em grande parte dos capítulos, objetivando o aprofundamento do assunto estudado. Alguns exemplos: "O mito da caverna", de Platão; "Sobre a escravidão", de Sêneca; "As mil e uma noites"; "O positivismo hoje"; "A escola de Dewey"; "Marxismo e educação burguesa" etc.

Igualmente digno de nota é a ampliação da abrangência do conteúdo de alguns capítulos, destacando-se principalmente o da educação grega, em que incluímos uma breve biografia de Homero e a análise das controvérsias sobre sua existência e obras, com a modificação do próprio título, que ficou assim: "A educação grega de Homero e Aristóteles".

Por fim, merece especial destaque a maior atenção que passamos a dar à diversidade dos atores na ação educacional pública. No caso do Brasil, incluímos uma pequena biografia e algumas falas de Luciana de Abreu (1847-1880): filha de senhor de engenho e sua escrava, deixada na roda de expostos da Santa Casa de Misericórdia de Porto Alegre, destacou-se como professora e defensora dos direitos das mulheres nos anos 70 do século XIX; no capítulo sobre a educação socialista, destacamos a atuação de Nadezhda Krupskaia na reorganização da educação soviética, a partir da Revolução de 1917, passando a compor o título "Nadezhda Krupskaia e a educação socialista".

A originalidade da nossa proposta está na busca da interação entre as ideias de pensadores representativos de uma época, de uma crença, de uma teoria educacional, e as situações educacionais concretas correspondentes. Optamos por uma abordagem cronológica e panorâmica, como caminho para a construção de uma visão de conjunto da história da educação, mas, também, temática – cada capítulo centra-se num tema específico – oferecendo pistas para estudos mais aprofundados segundo os interesses de cada um.

Ao longo de cada capítulo são propostas atividades cuja principal característica é o estímulo à reflexão, tanto sobre as ideias específicas de cada educador quanto sobre a relação dessas ideias com as situações educacionais concretas da época considerada e com ideias e realidades do presente, visando à construção de um futuro mais condizente com as finalidades da educação expressas em nossa Constituição: pleno desenvolvimento da pessoa, preparação para o exercício da cidadania e qualificação para o trabalho.

Na verdade, o que propomos é uma grande viagem pela história, começando pelo Oriente, cujas civilizações milenares – desenvolvidas de modo especial na China, na Índia e no Japão – sempre fascinaram os ocidentais (capítulo: "Confúcio e a educação oriental").

Grécia e Roma são consideradas o berço da cultura ocidental – a primeira, notadamente, por ter dado origem à filosofia e à democracia e a segunda por suas importantes contribuições às ciências jurídicas – e formularam importantes ideias e propostas educacionais que até hoje desafiam os educadores (capítulos: "A educação grega de Homero a Aristóteles" e "Cícero e a educação romana").

Vários sistemas educacionais tiveram e continuam tendo, uns mais e outros menos, íntimas relações com crenças religiosas, destacando-se as três religiões monoteístas – judaísmo, cristianismo e islamismo – e a eles dedicamos uma atenção especial em nossa viagem (capítulos: "Moisés e a educação hebraica"; "Santo Agostinho e a educação cristã"; "Averróes e a educação árabe"; "Lutero e a educação protestante").

Historicamente, muitas vezes, o mundo moderno tem sido contraposto ao mundo medieval – o primeiro caracterizado como culturalmente florescente em oposição aos mil anos de apagão cultural do segundo –, mas, na verdade, há uma evidente continuidade entre ambos: tanto o medievo tem sido rico culturalmente quanto o Renascimento teve nele sua própria origem (capítulos: "Tomás de Aquino e a educação medieval"; "Comênio e a educação moderna").

Com as revoluções burguesas – Revolução Industrial, Revolução Americana, Revolução Francesa – que engendraram o mundo moderno e o sistema econômico-social nele dominante – o capitalismo – também surgiram novas propostas no campo educacional, de modo especial visando à preparação de mão de obra qualificada para a indústria e de cidadãos partícipes na construção dos novos regimes políticos que sucederam às monarquias absolutistas (capítulos: "Rousseau e a educação romântica"; "Comte e a educação positivista"; "Maria Montessori e a educação científica"; "John Dewey e a educação nova").

A partir da Revolução Russa de 1917, e até o fim da União Soviética, na última década do século passado, o capitalismo teve no socialismo o seu grande desafio, polarização que dividiu o mundo em dois grandes blocos, com o chamado Terceiro Mundo, notadamente a África, oscilando entre ambos. Nossa próxima parada contempla esse contexto, com capítulos que constituem novidade em livros de História da Educação: "Nadezhda Krupskaia e a educação socialista"; "Nyerere e a educação africana".

Com o término da Segunda Guerra Mundial, visando evitar novas guerras e resolver os conflitos mediante o diálogo para a construção de um mundo de paz – objetivo que estamos longe de alcançar –, foi criada a Organização das Nações Unidas (ONU) e, como um dos seus órgãos, a

Organização das Nações Unidas para a Educação, a Ciência e a Cultura (Unesco), esta com o propósito de promover o desenvolvimento e a universalização da educação como caminho para a paz mundial (capítulo: "A Unesco e a educação universal").

Claro que não poderíamos deixar de dedicar uma atenção toda especial ao desenvolvimento da educação brasileira, à qual estamos intimamente ligados por nossa formação e à qual devemos o fato de estar juntos, trocando ideias sobre nossa história educacional e discutindo propostas para a melhoria da sua qualidade. A ela dedicamos nada menos que oito capítulos: "José de Anchieta e a educação colonial"; "Nísia Floresta e a educação imperial"; "José Verissimo e a educação republicana"; "Fernando de Azevedo e a educação pública"; "Gustavo Capanema e a educação elitista"; "Paulo Freire e a educação popular"; "Valnir Chagas e a educação autoritária"; "Darcy Ribeiro e a educação democrática". Chamamos especial atenção para os contrapontos estabelecidos nos últimos quatro capítulos – educação elitista x educação popular; educação autoritária x educação democrática – que continuam na ordem do dia, influindo sobremaneira no desenvolvimento dos nossos sistemas educacionais.

Finalmente, um capítulo especial analisa algumas situações reais que interferem muitas vezes de forma determinante no cotidiano escolar – avaliação e fracasso escolar, indisciplina e violência, *bullying* – e as mudanças exigidas da escola e da formação e atuação do professor para poder dar conta da nova realidade e sobre ela influir positivamente: "O professor e a educação integral".

Conscientes das múltiplas e variadas possibilidades oferecidas pela matéria, estamos absolutamente convictos de ter optado por um caminho cujo fim, sempre almejado, é a melhoria da qualidade da nossa educação, para o qual todos estão convocados a dar a sua colaboração.

Confúcio e a educação oriental

Estudo sem pensamento é trabalho perdido;
pensamento sem estudo é perigoso.
(Confúcio, 551-479 a.C.)

Confúcio, o mais célebre filósofo chinês, viveu em um tempo de caos e corrupção na China antiga. Sua filosofia priorizava a ética nas relações pessoais e políticas. Valorizava a família, principalmente o respeito aos pais. Criou um sistema de moral bem de acordo com a maneira de ser do povo chinês. Tal sistema valorizava a tradição, o culto aos mortos, o ensino da virtude e o altruísmo. E a melhor maneira de transmitir esse ensinamento era, segundo ele, o bom exemplo.

Confúcio não deixou sua filosofia registrada sob a forma de escritos. Seus discípulos é que o fizeram. Eles resumiram os ensinamentos do mestre em uma obra chamada *Analetos*. Esses ensinamentos espalharam-se por todo o mundo e continuam muito influentes até hoje.

Num desses ensinamentos, Confúcio resumiu da seguinte maneira as ideias dos chineses a respeito do mundo e da vida: "O que o céu conferiu chama-se Natureza; a conformidade com ela chama-se senda do saber; a direção deste caminho do saber chama-se instrução" (apud Larroyo, 1970: 51).

A educação, então, consistia em comunicar a cada indivíduo, desde a infância, como devia caminhar na "senda do saber". E essa senda nada mais era do que um conjunto de usos e costumes, de conhecimentos e artes, consagrados pela milenar tradição.

A educação inicial realizava-se na família. Cabia ao pai ensinar a seu filho, desde a mais tenra idade, a mover-se, a manter-se de pé, a falar, a conduzir-se em sociedade e a conhecer os deveres para com os velhos e os jovens. O aprendizado da leitura começava aos 7 anos de idade.

A importância concedida à educação familiar derivava do fato de que a família era considerada a base da organização social. O bem do Estado dependia de como andava a vida familiar. Quando os negócios da casa estão bem ordenados, os do Estado também estarão bem, pois estes repousam naqueles. E aquele que venera seus pais, certamente, também haverá de venerar o Imperador.

As ordens do Imperador tinham um caráter divino. E, se os mandarins as acatavam e as faziam cumprir, também mereciam ser venerados. O pai, por sua vez, é o último elo dessa hierarquia divina. No lar, ele representava o próprio Imperador e tinha poder ilimitado. E, o mandarim, era obrigado a castigar o filho de quem o pai se queixava.

Na China, não havia um sistema de ensino juridicamente regulamentado. A tradição, no entanto, estabeleceu dois graus: o ensino elementar e o superior.

O ensino elementar era ministrado às crianças por professores particulares, na casa paterna ou em pequenas escolas. A principal tarefa da escola elementar era a de conservar a unidade da nação e de manter as tradições ancestrais. Mesmo não sendo obrigatório, esse ensino era ministrado a alunos de 7 a 14 anos e durava o dia todo.

Ensinava-se leitura e escrita. Por ser a língua chinesa bastante complicada, tal estudo prolongava-se por toda a vida. O ensino era dogmático e memorizado. As crianças, observando os caracteres impressos, repetiam cada palavra pronunciada pelo professor. Depois liam uma linha completa que deveria ser memorizada com a mesma entonação do professor. Os livros didáticos utilizados para o aprendizado da leitura e da escrita estavam repletos de preceitos e sentenças morais, tais como:

O homem ao nascer é, por natureza, radicalmente bom.
Criar e não educar é um erro dos pais.
Pedras não lavradas não podem formar nada útil.

Além da leitura e da escrita, a escola elementar ensinava os rudimentos de cálculo. Para isso, os alunos se serviam de um ábaco.

O objetivo do ensino superior era o de formar os funcionários e mandatários do Estado. Era um estudo literário e dogmático e abrangia toda a história antiga da China. Estudavam-se, também, os grandes salmos chineses e, ainda, a filosofia através dos comentaristas de Confúcio.

No campo das ciências naturais, eram ensinadas noções sobre minerais, plantas, astros e sobre grandes feitos da natureza.

Os exercícios mais importantes nesse grau de ensino eram as composições literárias sobre os textos lidos. Aos 18 ou 19 anos, o aluno se submetia a exames. Se tivesse êxito, poderia ter acesso às mais cobiçadas oportunidades de sua vida.

Amy Chua, professora de direito na Universidade de Yale, é uma norte-americana descendente de chineses casada com um judeu com quem teve duas filhas – Sofia, 18 anos, e Louisa, 15 anos. Ela escreveu recentemente um livro intitulado *Grito de guerra da mãe-tigre*. Nesse livro relata com orgulho a forma rígida como educa as filhas. Eis algumas restrições: nada de TV, *videogame* ou sair com as amigas. Além disso, são obrigadas a tirar as mais altas notas, não têm direito de escolher as atividades extracurriculares e devem tocar piano por, no mínimo, quatro horas diárias.

No decorrer do livro, para justificar suas exigências, cita inúmeros exemplos dos triunfos das filhas. Apesar dos triunfos alcançados, o método gerou muita controvérsia. Segundo especialistas, não dá para seguir regras como se fossem receitas de bolo. É preciso refletir sobre o assunto. Para tanto a classe pode ser dividida em grupos, a metade dos quais desenvolve argumentos a favor da forma de Amy educar suas filhas; a outra metade argumenta contra. Algumas questões podem facilitar a discussão:

– o excesso de disciplina combina com criatividade?
– é possível alcançar sucesso nos estudos sem uma rígida disciplina?
– nossas crianças, geralmente, não perdem muito tempo com TV, *videogame* etc.?
– como as escolas poderiam trabalhar com essas questões?

O CONFUCIONISMO E O TAOISMO

Desde há dois milênios e meio, na China, ao confucionismo da classe administrativa se contrapõe o liberalismo individualista dos taoistas. A palavra *Tao* traduz-se como "O Caminho". A obra que contém a doutrina taoista é o *Tao Te Ching* (Caminho da Retidão), atribuída a um filósofo chamado Lao-Tsé.

Os taoistas acreditam que há um projeto invisível e onipresente para o Universo. E o Tao seria uma força eterna, amorfa e incognoscível que governa o Cosmos.

O *Tao Te Ching* é uma obra escrita na forma de uma série de versos. Nela, são utilizados diversos paradoxos para explicar o caminho e a harmonia do universo: ser e não ser, dificuldade e facilidade, alto e baixo, longo e curto, são todas formas complementares. O materialismo, considerado um obstáculo para a iluminação, é rejeitado. A aceitação é um caminho para a paz interior. Talvez a frase mais conhecida incluída na obra seja esta: *Uma jornada começa com um único passo.*

O *Tao Te Ching* continua desafiando a suposta onisciência da hierarquia burocrática e dos acadêmicos. Tal desafio se encontra resumido em seu último capítulo:

> Verdades desagradam
> Inverdades agradam
> O certo é inconvincente
> O convincente é incerto
> O culto não ostenta
> O ostentador é inculto
> Quem sabe não oculta
> Quanto mais doe mais tem
> E doando se enriquece
> A rota celestial
> Traz dita não desdita
> Quem sabe atém-se à rota
> Atuando sem atrito.
> (apud Nelson Ascher. "Confucianos vs. taoistas."
> *Folha de S.Paulo*, 13 de outubro de 2003)

Um conselho que perpassa toda a obra *Tao Te Ching* é o de sempre poupar energia, algo que fazia muito sentido numa sociedade agrária como a chinesa. Em nossos dias, certamente, faz ainda mais sentido, considerando os altos níveis de desenvolvimento econômico da China atual e suas consequências ambientais.

A questão é saber se há uma maneira de harmonizar o desenvolvimento econômico com a necessidade de preservar o meio ambiente. Esse é o problema do que, hoje, se denomina sustentabilidade. Qual a proposta da sustentabilidade? Você a considera o melhor caminho? O que a educação pode fazer nesse sentido?

A EDUCAÇÃO NO JAPÃO

A fundação do Império japonês remonta ao século VII a.C. O Imperador exercia a autoridade. Com o tempo, no entanto, ela passou a ser exercida pelo xogum, um funcionário militar, passando o Imperador a ser mero chefe religioso.

Duas religiões dividiam as preferências na época antiga: o xintoísmo e o budismo. A primeira (*xinto*, voz dos deuses) é a primitiva religião do Japão. Caracterizava-se pela veneração dos ancestrais da casa imperial e de deuses que representavam animais e forças da natureza.

O budismo, introduzido no século VI d.C., foi, pouco a pouco, conquistando a preferência dos japoneses, cuja cultura também passou a ser tributária da cultura chinesa. Já no ano 270 d.C., um letrado chinês levou ao Japão a escrita chinesa. Até então, a maioria dos japoneses ignorava a arte de escrever.

A educação no Japão se iniciava entre 13 e 16 anos. Dois livros constituíam a sua base: o *Kotio* – livro dos deveres familiares – e o *Rongo* – ou seja, a filosofia de Confúcio. À semelhança da China, o sistema de exames era muito importante. Os mestres eram escolhidos pela monarquia, mas havia, também, mestres particulares.

No início do século VII d.C., surgiu a Universidade de Tóquio, onde se ensinava Ciência Política, Jurisprudência, Matemática, Medicina, Astronomia e os clássicos chineses. Mais tarde, a Universidade foi substituída pelo Colégio de Confúcio, que chegou a ter até três mil alunos. As mulheres recebiam uma educação limitada.

A EDUCAÇÃO NA ÍNDIA

No início do século V a.C., o budismo se propagou na Índia. Não conseguiu, porém, sobrepor-se ao bramanismo, a mais antiga religião do país.

O bramanismo é uma religião monoteísta, que admite a imortalidade da alma e supõe que o Universo e o Homem provêm do corpo de Brama ou substância cósmica. A alma, por sua vez, experimenta sucessivas reencarnações em diversos seres, de acordo com a conduta observada na vida. Segundo os Vedas, os quatro livros sagrados da Índia, atribuídos à revelação de Brama, há uma trindade (Trimúrti), composta de Brama, o criador, Vishnu, o conservador, e Shiva, o destruidor.

A primeira característica da educação na Índia é a de ser uma educação de castas. Todo indivíduo nasce e permanece numa das castas. As castas hindus são quatro: os brâmanes ou sacerdotes, os xátrias ou guerreiros, os vaixás ou classe industrial e os sudras ou classe servil. Totalmente fora da organização social estavam os párias ou sem casta.

A instrução se restringe às três castas superiores. Havia, no entanto, algumas diferenças quanto à instrução que cada classe recebia: os brâmanes (sacerdotes) iniciavam seus estudos aos 8 anos de idade; os xátrias, aos 11, e os vaixás, aos 12.

As castas eram classes hereditárias. Assim, a categoria social e o destino de cada indivíduo estavam determinados pelo nascimento. Por isso, de nada valiam os talentos, as inclinações e os esforços individuais.

Os mestres pertenciam às classes superiores, sendo que, para ensinar aos brâmanes, o mestre tinha que ser brâmane. Todos os mestres, no entanto, eram profundamente venerados. *O que honra sua mãe ganha o mundo terrestre, o que honra seu pai, o mundo celeste de Brama. O que ofende seu mestre, após a morte passará para o corpo de um asno.*

Geralmente, a escola funcionava ao ar livre, à sombra de uma árvore. Em caso de mau tempo, transferia-se para uma área coberta.

Todos os estudos tinham fundo religioso e se realizavam seguindo formas rituais. Estudava-se o catecismo budista e os vedas. O ensino moral era dado através de provérbios e fábulas. O aprendizado tanto da leitura como da escrita era feito na areia e, depois, em folhas de palmeiras e, por fim, em folhas de plátanos com uma espécie de tinta. O ensino da Aritmética compreendia as quatro operações elementares. A disciplina, de maneira geral, era suave e paternal.

A educação superior era ministrada em colégios chamados *parishades*, que, em sua origem, contavam com três professores. Mais tarde chegaram a ter uma vintena e converteram-se numa espécie de universidade.

Durante muito tempo, o ensino superior esteve reservado aos brâmanes. Com o crescimento das cidades, foram surgindo escolas de Direito e de Astronomia, abertas às outras classes. Estudava-se Religião, Gramática, Literatura, Matemática, Astronomia, Filosofia, Direito e Medicina.

Os livros sagrados constituíam a base intelectual dos hindus. Cada um dos quatro Vedas requeria uma média de 12 anos de estudo. Nos primeiros 5 anos os alunos apenas ouviam. Mais tarde expressavam seu pensamento. Nem todos, porém, concluíam o estudo dos Vedas. De maneira geral, abandonavam a escola aos 20 anos.

A vida intelectual do hindu sempre se caracterizou pelo ideal místico-contemplativo, o que, juntamente com o sistema de educação superior, contribuiu para que a Índia produzisse muitos ascetas e gramáticos.

A educação hindu, de um modo geral, é caracterizada como rotineira e memorizadora, excluindo as mulheres e os párias e estando a serviço de um regime aristocrático de castas, constituindo-se, assim, numa barreira ao desenvolvimento de muitos talentos. É preciso reconhecer, no entanto, a importância dada à formação do jovem e o respeito e veneração pelo mestre.

O BUDISMO

O budismo originou-se da vida e dos ensinamentos de um príncipe indiano chamado Siddharta Gautama (563-483 a.C.), posteriormente mais conhecido como Buda, palavra que significa *o Iluminado*.

Buda descartou diversas tradições hindus, tais como o sistema de castas, o poder, a influência e o formalismo dos brâmanes. Descartou, também, muitos dos escritos sagrados dos hindus. Depois de ver as condições de miséria em que a maior parte da população vivia, abandonou sua vida repleta de riquezas, na qual não encontrava significado e alegria. Aos 29 anos, deixou o palácio, abandonou a família e passou seis anos a se formar junto a grandes mestres.

Buda não deixou nada escrito sobre os seus ensinamentos. Foram seus seguidores que registraram sua vida e sua filosofia. A essência do budismo está nas chamadas *As Quatro Verdades Nobres*:

1ª) a vida é dor;
2ª) a causa da dor é o desejo;
3ª) a cessação da dor se obtém com a cessação do desejo;
4ª) existe um óctuplo caminho que conduz à cessação da dor.

O óctuplo caminho consiste 1º) na justa visão; 2º) na justa resolução; 3º) na justa linguagem; 4º) na justa conduta; 5º) no justo viver; 6º) no justo esforço; 7º) na justa mentalidade; 8º) na justa concentração.

O código budista não se baseia na aceitação de poderes sacerdotais nem na necessidade de dispendiosos sacrifícios aos deuses, mas na conduta moral do indivíduo.

A maior novidade representada pelo budismo, no entanto, é a não discriminação de casta ou classe, ocupação ou riqueza. Assim, ele atraiu as castas inferiores e as recentes classes de mercadores. Durante sua vida, e durante os dois séculos que se seguiram à sua morte, por volta de 480 a.C., a influência de Buda restringiu-se a uma pequena área da Índia. Mas, seus ensinamentos, que correspondem a uma revolução humanista, influíram e continuam influindo tanto na cultura oriental como ocidental.

FRASES DE CONFÚCIO

As naturezas dos homens são parecidas; são seus hábitos que os afastam uns dos outros.

O operário que deseja fazer bem seu trabalho deve começar por afiar os seus instrumentos.

Ouvir ou ler sem refletir é ocupação vã; refletir sem livro nem mestre é perigoso.

Estuda o passado se quiseres adivinhar o futuro.

Quando a natureza excede a cultura temos o rústico. Quando a cultura excede a natureza, temos o pedante.

O sábio não se aflige por não ser conhecido dos homens; ele se aflige por não conhecê-los.

Eu não posso ensinar a falar a quem não se esforça para falar.

Aplicai-vos em guardar em toda a coisa a justa medida.

Eu sei por que a justa medida não é seguida: o homem inteligente vai além; o imbecil está aquém.

Ultrapassar os limites não é um defeito menor do que permanecer aquém.

Moisés e a educação hebraica

Senhor, se agora encontrei graça aos teus olhos, segue em nosso meio conosco, mesmo que esse povo seja de cerviz dura. Perdoa as nossas faltas e os nossos pecados, e toma-nos por tua herança.
(Moisés, Êxodo, 34-9)

Moisés é o personagem mais importante do Antigo Testamento. Foi guerreiro, libertador, historiador, legislador e educador dos hebreus, também conhecidos como israelitas e judeus.

Conta a Bíblia que, tendo um faraó mandado matar todos os filhos homens dos hebreus do Egito, uma mulher da tribo de Levi colocou no rio Nilo, dentro de uma cesta, o seu filho, que foi salvo pela filha do rei e recebeu dela o nome de Moisés, isto é, salvo das águas.

Aos 40 anos, Moisés viu-se obrigado a fugir para o deserto por ter matado um egípcio que batera num hebreu. No deserto, Deus apareceu-lhe sob a forma de uma sarça ardente, ordenou-lhe que libertasse seu povo da escravidão e o conduzisse do Egito à Palestina. Começou, assim, o Êxodo. Moisés, no entanto, por ter duvidado da palavra do Senhor numa ocasião solene, foi condenado a não entrar na Terra Prometida. Morreu no monte Nebo, de onde podia contemplar a terra de Canaã.

Transformações da educação hebraica

A educação hebraica foi mudando de acordo com as transformações sociais e políticas. Antes da escravização no Egito, a educação estava centralizada na família, na qual o pai era o mestre principal. Nessa época não havia escolas. O patriarca era a fonte e o símbolo da educação.

A disciplina era muito severa. Eis o que diz a Bíblia, mais especificamente, o Livro dos Provérbios: "Quem poupa a vara odeia seu filho, aquele que o ama aplica a correção" (Provérbios, 13,24). E, ainda: "A vara e a repreensão dão sabedoria, mas o jovem deixado a si mesmo envergonha sua mãe" (Provérbios, 29,15).

Outro livro, o Eclesiástico, aconselha: "Tens filhos? Educa-os, e desde a infância acostuma-os à sujeição" (Eclesiástico, 7,23).

A escravidão dos hebreus no Egito teve efeitos em sua educação. Após a escravidão, surge a forma *colegiada de instrução*: sacerdotes e profetas se reuniam para conhecer a sagrada escritura, principalmente o livro chamado *Levítico*. E as chamadas escolas dos profetas instruíam sobre serviços religiosos, muito importantes num Estado teocrático. A música e a poesia também eram importantes. Estudavam-se, ainda, Legislação e Medicina.

NEM SÓ DA TRADIÇÃO OS JUDEUS APRENDERAM

"Os judeus, os armênios e os georgianos de hoje afirmam, com certa dose de justiça, que são descendentes dos antigos povos do Oriente Médio. Mas [...] tais afirmações são um tanto quanto exageradas. Não é preciso dizer que as práticas políticas, econômicas e sociais dos judeus modernos, por exemplo, devem muito mais aos impérios sob os quais eles viveram nos últimos dois milênios do que às tradições do antigo reino de Judá. Se o rei Davi aparecesse em uma sinagoga ultraortodoxa nos dias de hoje ficaria perplexo ao encontrar pessoas vestindo roupas do leste europeu, falando em dialeto germânico (iídiche) e tendo discussões infinitas sobre o significado de um texto babilônico (o Talmude). Não havia sinagogas, volumes do Talmude nem rolos da Torá na antiga Judá." (Harari, 2015: 200-1)

AS ESCOLAS HEBRAICAS

Entre os hebreus, as escolas atingiram o auge na época da realeza. Durante o reinado de Davi (1056-1016 a.C.), aprendia-se mais a arte da música e da poesia, tanto que ele próprio deu forma poética aos seus salmos. Com o rei Salomão (1016-976 a.C.), o sistema educativo foi aperfeiçoado. Seus provérbios dão prova do cuidado que havia com a educação do povo: "Escuta, meu filho, a disciplina do teu pai, não desprezes a instrução da tua mãe" (Provérbios, 1,8). "Escutai, ó filhos, a disciplina paterna, ficai atentos para aprender a inteligência: eu vos dou uma boa doutrina, não abandoneis minha instrução" (Provérbios, 4, 1 e 2); "Corrige o teu filho, e ele te dará descanso, trará delícias para ti" (Provérbios, 29,17).

A escravidão despertou nos hebreus um forte sentimento de nacionalidade, que procuraram conservar através da educação. Difundiram-se as profissões de *escriba* e *doutor da lei*. A primeira, tomada dos egípcios, e a segunda, sugerida pelas necessidades jurídicas de uma organização teocrática.

Doutor da lei é o juiz erudito que perscruta o saber dos antigos e estuda os profetas. Compete a ele conservar as narrativas, penetrar no sentido das parábolas e investigar o significado oculto dos provérbios.

As escolas dos doutores da lei ficaram famosas. Com o tempo, introduziram a filologia dos textos sagrados.

Entre os judeus, a escola elementar só surgiu mais tarde. Tanto que a Bíblia nem fala dela. Só o Talmude, que é a coleção de tradições rabínicas que interpretam a lei de Moisés, fala da escola. O Talmude, palavra que significa disciplina, no segundo século depois de Cristo, estabelecia em relação ao filho: "Depois dos 6 anos, leva-o à escola e carrega-o como a um boi". Ou seja, estudo e trabalho.

Cada cidade deveria ter pelo menos uma escola. Se a cidade tivesse um rio que a dividia, duas. A sala de aula, que devia primar pela higiene, era exteriormente simples e, no seu interior, tinha todas as comodidades e mestres em número suficiente. Diz o Talmude: "Se o número de alunos não passa de 25, haverá só um professor; de 25 a 40, haverá dois".

A disciplina, inicialmente, era muito rígida. Com o tempo, no entanto, foi se tornando mais suave. "As crianças devem ser castigadas com uma das mãos e acariciadas com a outra", concede o Talmude.

Eram três as classes:

- A *mingrah*, constituída por crianças de até 10 anos, que aprendiam, principalmente, a leitura e a escrita.
- A *mishnath*, para crianças de 10 a 15 anos, que aprendiam, sobretudo, as leis civis, comerciais e penais.
- A *guemara*, na qual se aprendia ciências naturais e o direito comum.

O método de ensino baseava-se na repetição e revisão. E, frequentemente, era utilizada a forma dialogada, catequética.

A educação manual foi um aspecto ao qual os hebreus deram grande importância. Tanto que o Talmude afirma: "Quem não procura que seu filho aprenda um ofício está preparando-o para que seja ladrão". Observa, ainda: "A mesma obrigação tem de ensinar a teu filho um ofício como a de instruí-lo na Lei"; "É bom acrescentar a teus estudos o aprendizado de um ofício"; "Quem vive pelo esforço de suas mãos é melhor que aquele que se entrega a uma piedade ociosa".

O costume de juntar o trabalho intelectual ao manual tem constituído, para os hebreus, uma dupla segurança na vida. O próprio Cristo, como escreveu o historiador francês Ernesto Renan, em sua *Vida de Jesus*, deu o exemplo: "Jesus exercia, como seu pai, o ofício de carpinteiro, circunstância que nada tem de extraordinário nem de humilhante, porque, de acordo com o costume dos judeus, todos os homens consagrados a trabalhos intelectuais exerciam uma ocupação manual. Os mais célebres doutores tinham um ofício: o próprio São Paulo, cuja educação fora tão esmerada, era fabricante de tendas." (apud Larroyo, 1970: 88-89).

Na tradição cultural brasileira, sempre se separou o trabalho manual – sempre reservado aos escravos e, depois, aos operários – do intelectual, privilégio dos doutores. Perguntamos:
– Hoje, essa desvalorização do trabalho manual continua?
– Quais as consequências socioeconômicas dessa dicotomia?
– Nossa educação colaborou para perpetuar essa diferenciação?

FRASES DO TALMUDE

Feliz o aluno a quem o mestre agradece.

Aprendi muito com meus mestres, mais com meus companheiros, mais ainda com meus alunos.

A coisa principal da vida não é o conhecimento, mas o uso que dele se faz.

Não vemos as coisas como elas são e sim como nos parecem.

A palavra dita é como uma abelha: tem mel e tem ferrão.

Quem vive estudando, mas nunca repete o que aprendeu, se parece com quem vive semeando, mas nunca ceifa.

Há sete qualidades que identificam o sábio: ele não diz em primeiro lugar a sua opinião quando na presença de uma pessoa mais importante; nunca interrompe a quem fala; não responde prematuramente nem sem reflexão; formula perguntas e respostas cabíveis no caso; discute os assuntos pela ordem e um só de cada vez; quando ignora um assunto, admite a sua ignorância; e reconhece haver errado, quando errou.

Os judeus somam hoje 0,2% da população mundial e 20% dos vencedores do Prêmio Nobel e quase um terço dos matriculados na Universidade de Harvard. Atribui-se essa performance à importância que eles dão ao bom desempenho nos estudos.

O célebre cientista judeu Albert Einstein (1879-1955) afirmou: "É tarefa essencial do professor despertar a alegria de trabalhar e de conhecer" (1981: 31).

Em sua opinião, os professores, geralmente, despertam a alegria de trabalhar o conhecer? O que deveriam mudar, em sua maneira de ensinar, para despertar tal alegria? Que dificuldades você considera que um professor enfrenta para tornar mais motivadora a sua maneira de ensinar?

A EDUCAÇÃO GREGA DE HOMERO A ARISTÓTELES

Sabedoria para resolver e paciência para fazer.
(Homero)

Aquele que pretende saber está na ilusão.
(Sócrates)

A educação grega pode ser dividida em arcaica, cujo principal representante é Homero, e clássica ou iluminista, representada primordialmente por Sócrates, Platão e Aristóteles.

HOMERO: A EDUCAÇÃO COMO OBRA DOS DEUSES

Não tem como falar da educação grega sem começar falando de Homero, "o educador de toda a Grécia", como dizia Platão. O mundo homérico foi considerado, por alguns, como sendo o mais culto de uma civilização sem livros. Trata-se de um mundo que valorizava, entre outras coisas, as virtudes da valentia, da prudência, da lealdade, da hospitalidade e da castidade. Tais virtudes foram admiradas, mais tarde, por todos os gregos.

O ensino dessas virtudes, como da educação em geral seria, segundo Homero, obra dos deuses, que se servem dos humanos para realizá-la. E, no mundo homérico, a prática da educação repousa no exemplo (a educação pelo exemplo). Nesse sentido, o comportamento dos deuses e dos heróis oferece o modelo de vida.

Segundo Otto Maria Carpeaux (1900-1978), "Homero não foi o Dante da antiguidade, foi a Bíblia dos gregos. Nenhum outro livro lhes pareceu mais digno do que este de servir ao ensino na escola. Para os antigos, Homero é um manual, Homero é o mais velho livro escolar do mundo".

Poeta épico grego do século IX a.C., Homero é considerado o autor da *Ilíada* e da *Odisseia*. Sete cidades reclamam a honra de haver sido seu berço. Alguns, inclusive, chegaram a contestar a sua existência afirmando que a *Ilíada* e a *Odisseia* não eram senão resumo dos cantos mais populares dos antigos aedos, ou bardos, assim denominados os poetas e cantores errantes.

A *Ilíada*, obra-prima da poesia épica, narra os combates dos gregos na Guerra de Troia (1194-1184 a.C.), cidade da Ásia menor que sustentou o cerco por dez anos. Ulisses (em grego *Odysseus*), lendário rei de Ítaca, foi um dos principais heróis desse cerco, onde se destacou pela sua prudência e sagacidade.

Segundo Homero, a Guerra de Troia deveu-se ao fato de os gregos quererem vingar o rapto de Helena, mulher do rei Menelau, levada por Páris, príncipe troiano. Pode ser, porém, que a causa histórica do conflito estivesse no domínio que Troia exercia sobre rotas dos cereais procedentes do Mar Negro.

Com pouco mais de 16 mil versos, que focam a coragem, a ambição, a crueldade e o poder humano, a *Ilíada* concentra-se apenas em alguns dias dos dez anos durante os quais os gregos cercaram Troia, nos quais ocorreram os episódios mais importantes.

A *Odisseia* narra a viagem de Ulisses, depois da tomada de Troia, e o regresso do herói ao seu reino de Ítaca. Com cerca de 13 mil versos, é considerada o maior relato de viagens de todos os tempos e suas maravilhosas aventuras revelam um perfeito conhecimento do coração humano.

Tanto a *Ilíada* quanto a *Odisseia* oferecem uma imagem da alma grega e continuam sendo as principais e mais grandiosas epopeias da civilização ocidental. E apesar de decorridos três mil anos, investigadores acadêmicos continuam a ignorar quem foi Homero, como trabalhou e de que forma foram perpetuadas suas narrativas. A construção da saga homérica permanece, assim, um mistério.

A sobrevivência de Homero contrasta com o destino de outras criações gregas, que só sobreviveram em fragmentos. A *Ilíada* e a *Odisseia* ganharam forma séculos antes da invenção do alfabeto grego. Ainda sabemos muito pouco, porém, sobre a língua que os migrantes pré-históricos trouxeram para a Grécia e a partir da qual se formou a língua de Homero. Ora, sem escrita, como poderiam ser reunidas pela primeira vez obras de tal dimensão e complexidade? E como terão sido perpetuadas?

Enquanto na nossa era letrada os atores estão limitados à palavra escrita, os bardos dispunham de maior liberdade de resposta ao público na medida em que cada atuação era espontânea e única, não só no modo como era cantada, mas mesmo no tema cantado. Assim, não podemos encontrar um original do poema oral, mas as várias versões que sobreviveram possuem uma semelhança tal como se tivessem sido copiadas de um original divino.

Não admira, pois, que Homero continue a ser um enigma. Quem foi Homero? Esta questão, conhecida por questão homérica, provocou algumas das mais acirradas batalhas acadêmicas. A especulação em torno de Homero fez brotar fantasias de proporções épicas, tornando o próprio Homero um mito.

Os antigos gregos não duvidavam de que Homero tenha existido. Eles, inclusive, situavam o seu nascimento na pequena ilha de Quios, onde seus poemas épicos eram cantados por gentes que se autodenominavam *Homeridae*, descendentes de Homero. Os patriotas gregos gostam de acreditar que a *Ilíada* e a *Odisseia* foram uma emanação espontânea do povo grego, por inspiração divina.

Uma tradição acadêmica atribui a primeira fixação dos textos da *Ilíada* e da *Odisseia* aos éditos do legislador Sólon (638-558 a.C.), que obrigavam que fossem feitas récitas dos versos de Homero regularmente. A maioria dos historiadores, porém, defende que foi o tirano Pisístrato (600-527 a.C.) quem decretou a passagem à escrita dos poemas de Homero.

SÓCRATES: DO CÉU À TERRA

A pedagogia socrática nasce das reflexões sobre a natureza e o sentido da educação. Tais reflexões giram em torno dos fins e objetivos que a formação dos jovens deve alcançar.

Sócrates (470-399 a.C.) defende a fé na razão e a convicção de que existe uma verdade invariavelmente válida. A maior importância de Sócrates, porém, está na reviravolta que ele provocou no pensamento humano. Até então, a filosofia procurava explicar o mundo com base na observação das forças da natureza. Com ele, o ser humano voltou-se para si mesmo. Como diria mais tarde o pensador romano Cícero, "coube a Sócrates trazer a filosofia do céu para a terra". Sua principal preocupação era levar as pessoas à sabedoria e à prática do bem. E, para isso, o melhor caminho a seguir seria o autoconhecimento. E, a melhor forma de ensinar, a maiêutica.

Maiêutica, deriva da palavra grega *maia*, parteira, que tem a ver com a arte do parto. Assim é denominado o método socrático, através do qual Sócrates pretendia ser uma parteira, como sua mãe, pois, assistia ao nascimento do conhecimento, trazendo para fora conceitos corretos com o seu procedimento de interrogação e de exame. No diálogo de Platão intitulado *Mênon*, em que Sócrates o interroga sobre a virtude, temos um exemplo da utilização desse método.

Mênon apresenta a Sócrates a seguinte definição: "A virtude consiste em ser capaz de comandar os homens". Sócrates retruca que a criança e o escravo podem ser virtuosos e que, todavia, não lhes cabe comandar. Mênon, portanto, apenas deu um exemplo de virtude e não apresentou uma definição. No sentido de apresentar um conceito, isto é, uma ideia geral que abrange a virtude em toda a sua extensão. Mênon declara que ser virtuoso "é querer as coisas boas". Sócrates, no entanto, diz a Mênon que o ouro e a prata são bens, e aquele que os procura só é virtuoso sob a condição de agir conforme a justiça e a piedade.

As respostas de Mênon, como podemos perceber, suscitam sempre novas perguntas de Sócrates. Mênon acreditava saber, ao passo que Sócrates declarava: "Eu só sei uma coisa: é que nada sei".

Para Sócrates, o ser humano é um composto de dois princípios: alma (ou espírito) e corpo. Dessa concepção, surgiram as duas grandes vertentes do pensamento ocidental: a idealista, que partiu de Platão, discípulo de Sócrates, e a realista, que partiu de Aristóteles, discípulo de Platão.

PLATÃO E A EDUCAÇÃO IDEALISTA

Platão (420-348 a.C.) teve muita influência sobre a educação grega. Segundo a sua doutrina, a educação consiste na atividade que cada homem desenvolve para conquistar as ideias e viver de acordo com elas. O conhecimento não vem de fora para o homem, mas é um esforço da alma para apoderar-se da verdade.

Platão considera todos os fenômenos da natureza meros reflexos ou sombras das formas eternas, ou ideias. E a maioria das pessoas, segundo ele, está satisfeita com sua vida em meio a esses reflexos ou sombras. Para elas, essas sombras não são sombras, mas a realidade.

Para ilustrar essa sua consideração, Platão recorre a uma parábola conhecida como alegoria ou mito da caverna que ele, em sua obra *República*, narra assim:

> E, agora deixa-me mostrar, por meio de uma comparação, até que ponto nossa natureza humana vive banhada em luz ou mergulhada em sombras. Vê! Seres humanos vivendo em um abrigo subterrâneo, uma caverna, cuja boca se abre para a luz, que a atinge em toda a extensão. Aí sempre viveram, desde crianças, tendo as pernas e o pescoço acorrentados, de modo que não podem mover-se, e apenas veem o que está à sua frente, uma vez que as correntes os impedem de virar a cabeça. Acima e por trás deles, um fogo arde a certa distância e, entre o fogo e os prisioneiros, a uma altura mais elevada passa um caminho. Se olhares bem, verás uma parede baixa que se ergue ao longo desse caminho, como se fosse um anteparo que os animadores de marionetes usam para esconder-se enquanto exibem os bonecos. [...] Pois esses seres são como nós. Veem apenas suas próprias sombras, ou as sombras uns dos outros, que o fogo projeta na parede que lhes fica à frente. (Apud Macrone, 1994: 105)

Enquanto para Sócrates todos têm capacidade de adquirir conhecimentos, para Platão apenas algumas pessoas possuem tal capacidade. Segundo Platão, o fim da educação é a formação moral do homem, e o meio de atingi-la é o Estado, na medida em que ele representa a ideia de justiça. Assim, podemos dizer que a ideia central da pedagogia platônica é a formação do homem moral dentro do Estado justo.

Platão considerava a educação tão importante, para uma ordem política baseada na justiça, que ela deveria ser tarefa de toda a sociedade. Ele defendia que o Estado devia responsabilizar-se por toda a educação. Esse princípio só se difundiu no Ocidente muitos séculos depois. O mesmo aconteceu com a sua proposta de que a educação para meninos e meninas fosse a mesma.

O poder deveria ser exercido por um tipo de aristocracia constituída por sábios e não por ricos e nobres. Assim, os reis deveriam ser filósofos e vice-versa.

A educação deveria testar as aptidões dos alunos para que apenas os mais inclinados ao conhecimento recebessem a formação para ser governantes. Além disso, o sistema educacional platônico pregava a renúncia do indivíduo em favor da comunidade e estabelecia um longo trajeto educacional, pois Platão acreditava que o talento e o gênio só se revelam aos poucos.

Por considerar corruptora a influência dos mais velhos, a educação platônica estabelecia que as crianças fossem separadas dos pais e encaminhadas para o campo. Lá, até os 10 anos, a educação seria principalmente física, com brincadeiras e esporte. Pretendia-se, com isso, criar uma reserva de saúde para toda a vida.

A etapa seguinte era constituída pela educação musical, que abrangia, além da música, a poesia. Os alunos deveriam aprender harmonia e ritmo. E também Matemática, História e Ciência.

Depois dos 16 anos, à música juntavam-se os exercícios físicos com o objetivo de equilibrar a força muscular e aprimorar o espírito.

Aos 20 anos, os jovens eram submetidos a um teste para saber se poderiam seguir adiante na carreira. Os aprovados recebiam mais dez anos de formação.

No teste seguinte, os reprovados seguiam para a carreira militar e os aprovados, para a Filosofia, cujo objetivo era aprender a pensar com clareza e governar com sabedoria. Aos 35 anos concluía-se a preparação dos reis-filósofos. Estavam previstos, no entanto, mais 15 anos de vida em sociedade. Nesse período, testariam os conhecimentos entre as pessoas comuns e trabalhariam para se sustentar. E, então, somente os bem-sucedidos se tornariam governantes ou "guardiões do Estado".

A pedagogia de Platão fundamentava-se em sua filosofia, na qual a teoria da reminiscência ocupa um papel central. Assim, todo aprendizado não passaria de um esforço de reminiscência. Defendia a ideia de que não era aconselhável transmitir conhecimentos aos alunos. Ao invés disso, devia-se incentivá-los a buscar respostas por si próprios, através da conversação e do debate. Portanto, nada de métodos autoritários. O mais correto seria deixar os alunos, principalmente as crianças, à vontade para se desenvolverem livremente.

Se na base do método da pedagogia platônica está a reminiscência, na sua origem estão dois tipos de rejeição: Platão rejeitava a educação praticada, em sua época, na Grécia, dada pelos sofistas, encarregados de transmitir conhecimentos técnicos – principalmente a oratória – aos jovens da elite, com o objetivo de capacitá-los a ocupar funções públicas. Além disso, ele rejeitava a democracia que, então, vigorava em Atenas, que via como uma estrutura que concedia poder a pessoas despreparadas para exercê-lo. Daí sua proposta de que o poder fosse exercido por uma aristocracia do saber.

As ideias educacionais de Platão encontram-se principalmente em sua obra *A República*, a respeito da qual Rousseau afirmou: "Quereis ter uma ideia da educação pública, lede *A República* de Platão. Não se trata de uma obra de Política, como pensam os que julgam os livros pelos títulos: é o mais belo tratado de educação que jamais se escreveu" (Rousseau, 1968: 14).

Segundo Paul Monroe, Platão formulou a primeira concepção de educação liberal, ao afirmar, em sua obra *A República*, que cada indivíduo deve dedicar sua vida a fazer o mais apto à sua natureza, isto é, a realizar seu próprio bem particular na vida. Ele obterá, assim, aquilo que é mais elevado para si mesmo e realizará o máximo possível para a sociedade. Disto decorre o princípio pedagógico fundamental de que é função da educação determinar o que cada indivíduo está mais apto, por natureza, a fazer, e, então, prepará-lo para esse serviço. Esta é a formulação do ideal grego de educação liberal. Embora se tenha de admitir que esta solução é apenas teórica e formal, deve reconhecer-se, entretanto, que nenhuma solução prática pode ser determinada sem uma prévia base teórica. Pode perceber-se o valor de uma teoria claramente enunciada, que estabeleça o ideal a enfrentar, quando se reflete sobre as condições caóticas de nossa atual ação educativa que não possui nem ideal nem prática unificada. (1983: 64-65)

O texto anterior suscita algumas questões importantes para a nossa reflexão:

- Até que ponto a realização do bem particular implica o bem da coletividade?
- Se nenhuma solução prática pode ser determinada sem uma prévia base teórica, por outro lado, poderia uma teoria ser formulada sem partir da prática?
- Em nossa educação, existe um ideal claramente enunciado? E uma prática unificada?
- O que professores e alunos podem fazer para o estabelecimento de um ideal e uma prática coerentes?

ARISTÓTELES E A EDUCAÇÃO REALISTA

Aristóteles (385-322 a.C.), à diferença de Platão, não rejeitava a democracia de Atenas nem era um crítico da sociedade de seu tempo. Ao contrário, considerava a família o núcleo inicial da organização das cidades e como a primeira instância da educação das crianças. O principal dever dos governantes seria regular e vigiar o funcionamento das famílias para garantir que as crianças crescessem saudáveis e conscientes de suas obrigações cívicas. Só por isso o Estado deveria ser o responsável pela educação.

Para Aristóteles, ao invés da reminiscência, o princípio da aprendizagem era a imitação. Os bons hábitos se formavam nas crianças pelo exemplo dos adultos. Quanto ao conteúdo do ensino, ele não dava muita importância ao saber denominado *útil*, pois cabia aos escravos efetuar a maior parte dos trabalhos.

Cabe à educação, segundo Aristóteles, formar para a vida pública. E o melhor caminho para alcançar esse objetivo é formar para a prática da virtude. Praticar a virtude significa buscar, em todas as atitudes, o *justo meio*, ou seja, *o que não é demais nem muito pouco*. Para tanto, o ser humano depende dos seguintes fatores: as disposições naturais (*natura*), os meios para aprender (*ars*) e a prática ou hábito (*exercitatio*).

Um dos princípios fundamentais do pensamento aristotélico é que todas as coisas têm uma finalidade. Assim, cada ser vivo se desenvolve de um estado de imperfeição para outro de perfeição. A semente, por exemplo, transforma-se em planta, que produz frutos e novas sementes.

Nem todos os seres, no entanto, conseguem completar o ciclo e alcançar a plenitude. O ser humano é um deles. Por ter múltiplas potencialidades, ele só alcançará sua plenitude se tiver as condições necessárias para desenvolver o seu talento. A organização social e política e, principalmente, a educação, têm a responsabilidade de fornecer essas condições.

A finalidade da educação é a felicidade ou o bem. E o bem, que torna o homem feliz, na concepção aristotélica, está no funcionamento da parte mais elevada da natureza humana, ou seja, a razão. A função da razão, por sua vez, é dirigir a conduta humana. Por isso, existem duas espécies de bem: o *bem do intelecto* e o *bem do caráter*. O primeiro é fruto do ensino e o segundo, do hábito.

A virtude, que não é um mero conhecimento do que é virtuoso nem um dado da natureza, para ser praticada constantemente, precisa se tornar um hábito. E o papel da escola é o de colaborar para que os alunos adquiram o hábito da virtude. Em outras palavras, o objetivo da educação é substituir a natureza e completar aquilo que ela começou.

Tal é a importância de Aristóteles na cultura ocidental que Dante, em *A divina comédia*, o denominou de *o mestre daqueles que sabem*.

Parece que atualmente, em nossas escolas, não se dá tanta importância à formação de bons hábitos. No entanto, ninguém pode negar sua fundamental importância. Tanto que, para Aristóteles, o hábito é uma segunda natureza. Perguntamos:

- Quais os motivos da pouca importância que se dá à formação de bons hábitos?
- A que hábitos a escola deveria dar mais atenção?
- O estudo pode tornar-se um bom hábito? Qual o caminho para isso?
- É mais fácil adquirir bons ou maus hábitos? Por quê?

Organização educacional grega

Os filósofos gregos, principalmente Sócrates, Platão e Aristóteles, tiveram profunda influência na formulação do problema da educação em termos dos fins, métodos e conteúdos educacionais. Suas reflexões, no entanto, tiveram pouco efeito imediato na organização educacional grega.

O que mais colaborou para sua organização e evolução foram as contribuições financeiras de particulares, cidades e soberanos. Assim, pouco a pouco, a escola grega vai se tornando uma escola de Estado.

É a partir do século v a.C. que se discute se o Estado, a *pólis*, deve assumir diretamente a tarefa da instrução. Aristóteles, por exemplo, informa que na sua época, fim do século IV a.C., na maioria das cidades a educação ainda era privada. Ele, no entanto, como vimos, era favorável à escola pública. Em sua obra *Política*, no fim do Livro VII, escreveu: "Primeiramente, pois, trata-se de examinar se convém estabelecer algum sistema sobre a educação das crianças; depois, se há vantagens em submetê-las a uma vigilância comum, ou educá-las em particular na casa paterna, como é uso ainda hoje na maioria dos Estados; em terceiro lugar, qual deve ser essa educação" (Aristóteles, 2010: 169). E, no começo do Livro VIII, ele escreveu: "Ninguém contestará, pois, que a educação dos jovens deve ser um dos principais objetos de cuidado por parte do legislador; porque todos os Estados que a desprezaram prejudicaram-se grandemente por isso. [...] Mas como existe um objetivo único para cada cidade, segue-se que a educação também deve ser única para todos, administrada em comum e não entregue aos particulares, como se faz hoje dirigindo cada qual a educação dos seus filhos e dando-lhes o gênero de instruções que melhor lhe parece. No entanto, aquilo que é comum a todos deve também ser aprendido em comum" (Aristóteles, 2010: 171).

Ao se tornarem públicas, as escolas passaram a atender não só aos meninos livres, mas também a meninas, pobres e até escravos. Com isso, houve uma melhoria das condições econômicas e sociais dos mestres. Alguns deles, inclusive, passaram a ser lembrados em inscrições públicas e honrados com monumentos. Nem tudo, porém, andava bem com os mestres.

Muitos deles eram ironizados e mal pagos. Tão mal pagos que um mestre da época, de nome Libânio, escreveu que os mestres não possuíam casa e viviam de favor em aposentos iguais aos dos sapateiros. Libânio informa, também, que eles empenhavam as joias das esposas e, quando viam o padeiro passar, eram tentados a correr atrás dele por causa da fome e, ao mesmo tempo, a fugir dele por causa das dívidas.

Nessa época, a escola típica grega era o *ginásio*, centro de cultura física e intelectual. Ele surgiu como centro de cultura física para adultos e, depois, incorporou também os adolescentes.

As *escolas de Retórica*, que floresceram apenas cerca de um século, eram as dos sofistas, muito combatidos por Sócrates e Platão. Elas preparavam os indivíduos, através do treino em oratória, para as atividades práticas da vida.

As *escolas de Dialética e Filosofia* interessavam-se pelas questões da metafísica e da ética. Platão, Aristóteles e outros filósofos reuniam em volta de si grupos de estudantes que logo se organizavam em escolas.

As *universidades* gregas surgiram dessas escolas filosóficas e Retóricas. Somente duas delas receberam o título de universidade: a de Atenas e a de Alexandria.

Frases de Homero, Sócrates, Platão e Aristóteles

De Homero

Sempre um Deus faz que cada qual esteja com seu igual.

Deixemos o passado ser o passado.

Não há coisa mais excelente, nem mais bela, do que marido e mulher governarem a casa em perfeita concordância de intenções; os inimigos roem-se de inveja, os amigos exultam de prazer, e, mais que tudo, indizível é a satisfação que os esposos sentem!

Os estrangeiros e os mendigos vêm de Deus.

Pequena esmola, grande alegria.

De Sócrates

Não sou de Atenas, nem da Grécia, mas do mundo.

Eu só sei que nada sei.

Conhece-te a ti mesmo.

De Platão

O homem é a medida de todas as coisas.

A maior parte dos homens no poder tornam-se maus.

Pois procurar e aprender não passa de recordar.

Para qualquer pessoa, o modo mais nobre e fácil não consiste em incapacitar os outros, mas em esforçar-se para tornar-se homem de bem.

Não deveria gerar filhos quem não quer dar-se ao trabalho de criá-los e educá-los.

O juiz não é nomeado para fazer favores com a justiça, mas para julgar segundo as leis.

A quem poderá ser aprazível uma cidade, se não lhe agradam as leis?

Não é fácil para um mortal obter que tudo lhe corra na vida de acordo com seus desejos.

O essencial não é viver, mas viver bem.

Uma vida que não é examinada não merece ser vivida.

De Aristóteles

Platão é amigo, mas ainda mais amiga é a verdade.

A dúvida é o começo da sabedoria.

O hábito é uma segunda natureza.

Não conhecemos o verdadeiro se ignoramos a causa.

A amizade é uma alma em dois corpos.

Nada há na nossa inteligência que não tenha passado pelos sentidos.

A primeira qualidade do estilo é a clareza.

Não há gênio sem um grão de loucura.

O homem é naturalmente um animal político.

É pela experiência que progridem a ciência e a arte.

"Não sou de Atenas, nem da Grécia, mas do mundo", afirmou Sócrates. Outro grego, o orador ateniense Isócrates (436-338 a.C.), declarou que "são chamados gregos antes os que participam da nossa educação do que os que participam de uma raça comum".

Com base nessas duas afirmações, podemos concluir que não é o país onde nascem nem a raça a que pertencem que identificam as pessoas, mas a educação que recebem. E segundo o escritor inglês Chesterton (1874-1936), "a educação é simplesmente a alma de uma sociedade a passar de uma geração para outra".

Podemos concordar com essas frases? O que significa ser cidadão do mundo? E até que ponto a educação das nossas escolas forma cidadãos do mundo?

O que mais identifica os brasileiros: o fato de terem nascido no Brasil ou de terem recebido uma educação comum? Pode-se dizer que a educação no Brasil é a alma da sociedade passando de uma geração para outra? Por quê?

O que cada um de nós pode fazer no sentido de tornar a nossa educação mais digna de ser considerada a alma da nossa sociedade?

Cícero e a educação romana

Não me envergonha confessar
não saber o que ignoro.
(Marco Túlio Cícero, 106-43 a.C.)

Marco Túlio Cícero, o mais eloquente dos oradores romanos, estudou em Atenas e teve uma carreira política brilhante: foi gestor e cônsul, sendo reconhecido como *Pai da Pátria*.

Numa época em que as províncias eram pilhadas e roubadas, a sua honestidade era reconhecida. Em sua obra intitulada *Dos deveres*, endereçada a seu filho Marcus, ele traça-lhe um programa de estudos e um ideal de vida que gostaria de vê-lo trilhar.

Da educação grega à educação romana

Na transição da educação grega para a romana, observa-se que os romanos descobrem que toda educação tem um fundo comum a todos os povos e tempos. Em outras palavras, descobrem que existe algo próprio em todos os seres humanos, algo que só eles podem criar e assimilar. Cícero chama de *humanitas* à educação do ser humano de acordo com sua natureza. Assim, a *educação grega* transforma-se em outro tipo de educação, mais de acordo com o novo ideal que se impõe em Roma.

A educação, então, orienta-se para uma formação cívico-oratória que possibilite ao indivíduo intervir na vida pública.

O que orienta toda a educação romana é a chamada *Lei das Doze Tábuas*. Trata-se de um documento redigido por uma comissão no século V a.C. e gravado em 12 placas de bronze.

Esse documento, como refere Cícero, teve, para a formação do povo romano, a mesma importância que os poemas de Homero para o povo grego.

Aliás, Cícero conhecia profundamente a língua e a cultura gregas. O historiador Plutarco conta que, já formado, Cícero, em certa ocasião, foi solicitado pelo poeta grego Apolônio a declamar em grego. Ele, então, declamou com tal correção nesta língua, que todos ficaram admirados.

IDEIAS PEDAGÓGICAS DE CÍCERO

Na educação, Cícero dá grande importância ao ideal do orador, pois considera a eloquência a força decisiva na vida pública romana. Para ele, o bom orador é uma raridade, já que deve reunir as qualidades do dialético, do filósofo, do poeta, do jurista e do ator. E, acima de tudo, as qualidades do comportamento moral exemplar.

Além do objetivo político de Roma, o ideal educativo de Cícero tem um sentido cosmopolita, mundial. Segundo ele, o ideal ecumênico da *humanitas* deve reunir os diversos povos num Império, o Império Romano.

Quanto à base psicológica da educação, Cícero apoia-se nas ideias de Aristóteles e, também, na doutrina platônica das vocações humanas. Assim, deve-se dar atenção, ao mesmo tempo, ao desenvolvimento da natureza humana em geral (*humanitas*) e às disposições peculiares com base nas quais o indivíduo deve escolher sua profissão.

Cícero acredita na existência de Deus, de sua providência e na imortalidade da alma. Considera que essa crença é inata em todas as pessoas e que ela deve fundamentar um direito igual para todos (direito natural), do qual derivam as normas de caráter civil, penal, internacional. Cícero é considerado o fundador da ciência do Direito.

As ideias pedagógicas de Cícero constituíram-se um ponto de partida para a organização da educação nos tempos do Império. E a influência de suas ideias pedagógicas não se restringiu à Antiguidade. Influíram, também, na constituição do modelo dos humanistas e pedagogos do Renascimento. E, ainda hoje, as obras de Cícero são consideradas como a mais pura expressão da latinidade.

Uma das obras de Cícero intitula-se *Dos deveres*. Endereçada ao seu filho Marcus, indica-lhe um programa de estudos e um ideal de vida. Mas, como o próprio título da obra diz, apresenta-lhe deveres. Hoje, no entanto, fala-se bem mais de direitos do que de deveres. Nada contra a proclamação e a defesa dos direitos, pois se trata de uma grande conquista da humanidade. Parece, entretanto, que os deveres foram esquecidos.

De acordo com a filósofa francesa Simone Weil (1909-1943), "a noção de dever vem antes do que a do direito, que lhe é subordinada e relativa. Um direito não é eficaz por si mesmo, mas somente pelo dever ao qual ele corresponde; o cumprimento efetivo de um direito não provém daquele que o possui, mas de outras pessoas que se reconhecem obrigadas a alguma coisa em relação a ele." (2002: 9)

- Será isso mesmo? A noção de dever vem antes do que a de direito? Por quê?
- Que deveres são mais desrespeitados em nossas escolas?
- A nossa educação forma para o cumprimento de deveres?
- E para o respeito aos direitos?
- Pode haver respeito aos direitos sem o cumprimento dos deveres? Por quê?

ESCOLAS ROMANAS

Como vimos, a Retórica era o ramo do saber que gozava de maior prestígio em Roma. No princípio, no entanto, as *escolas de Retórica*, como se chamavam as instituições onde se ensinava Retórica, não eram bem vistas. Só na época de Júlio César deixaram de ser combatidas pelos governantes. Além do mais, a educação retórica foi caindo num formalismo vazio, censurado por muitos pensadores. Então, o Direito e a Filosofia vieram preencher esse vazio. Surgiram, assim, as escolas de Direito. Roma e Constantinopla tiveram as melhores escolas desse gênero.

Junto às escolas de Direito foram surgindo as escolas de filósofos e os institutos helenísticos. Tais instituições possibilitaram o surgimento das universidades em Roma. O Ateneu, fundado pelo imperador Adriano, que governou de 117 a 138, constituiu-se no primeiro passo para a organização das universidades. O Ateneu era um centro de cultura superior, onde retóricos e poetas instruíam a juventude.

As universidades romanas surgiram com o objetivo de reunir, além das diversas disciplinas, os mestres e discípulos que a elas se dedicavam.

Logo se percebeu as vantagens que essa reunião representava. Tanto que elas serviram de modelo para o que mais tarde se chamou de *universitas litterarum* (universidade do saber). Assim que foram organizadas, os imperadores as protegeram através de decretos que asseguravam sua estabilidade e a formação de professores e pesquisadores. E, ao mesmo tempo, multiplicaram-se as bibliotecas, tão importantes para o ensino superior.

Os imperadores, entretanto, não cuidaram só do ensino superior. Incentivaram, também, o ensino elementar, principalmente organizando escolas elementares, à custa do Estado, para meninos desamparados. O imperador Nero forneceu, inclusive, alimento aos meninos e meninas de pais pobres em diversas cidades. O imperador Trajano fez a mesma coisa. O imperador Antonio instituiu exames oficiais para aqueles que desejavam ser professores. O imperador Juliano organizou um sistema rudimentar de inspeção escolar por parte do Estado.

Na época imperial (27 a.C.-47 d.C.), o sistema de ensino compreendia três tipos de escola:

1º) *As escolas dos ludi-magister*, que ministravam a educação elementar.
2º) *As escolas do gramático*, que atendiam ao que hoje se denomina curso secundário.
3º) Os estabelecimentos de educação terciária, que iniciavam com a *escola do retórico* e que, após acolher o ensino do Direito e da Filosofia, se transformaram numa espécie de universidades.

A EDUCAÇÃO NAS PROVÍNCIAS ROMANAS

Os imperadores, de maneira geral, procuraram propagar a educação também nas províncias romanas. A Espanha, por exemplo, teve numerosas escolas e produziu grandes nomes do conhecimento, tais como Sêneca, Quintiliano, Marcial, Trajano e outros. Na África do Norte, Utica, Madaura e Cartago tiveram escolas famosas. Marciano Capella e Santo Agostinho são provas disso. Mas foi na Gália Meridional que floresceram as melhores escolas provinciais. Lá surgiram grandes mestres que, inclusive, rivalizavam com os sábios romanos.

SÊNECA E A EDUCAÇÃO ROMANA

Dos nomes citados, Sêneca (2-66) é dos mais importantes. Ele nasceu em Córdoba, mas passou a maior parte de sua vida em Roma, onde foi preceptor do imperador Nero. O ponto de partida de suas ideias pedagógicas é a *individualidade* do educando. Ele, como Cícero, aconselha que o mestre considere a *psique* frágil e complexa do aluno. Caso contrário, a educação não alcançará o objetivo que, na sua proposta, seguindo os estoicos, é a libertação das paixões e a harmonia com a natureza.

De acordo com Sêneca, a educação deve ter um caráter prático. Não se ensina para a escola, mas para a vida. Por isso, defende a ideia de que todos os conhecimentos sejam colocados em relação com o comportamento orientado moralmente: *De que me serve saber dividir um campo, se não sei dividi-lo com um irmão?*, pergunta Sêneca. E, segundo ele, a formação moral da juventude tem que ser dada principalmente através dos exemplos, pois eles conduzem ao fim mais depressa do que os preceitos.

Sêneca não deixa de dar importância à cultura do corpo. Ela, no entanto, deve ser um meio e não um fim, pois a cultura física deve estar a serviço da saúde do corpo. Por isso, critica os exercícios físicos praticados em sua época e defende uma ginástica de inspiração grega.

Numa de suas cartas a Lucílio, ele escreveu: "do estádio chega-me um grande clamor que, sem distrair-me leva-me a fazer uma reflexão crítica sobre aquele costume. E penso comigo mesmo quantos exercitam o corpo e quão poucos o espírito: quanta loucura vai para um espetáculo" (apud Manacorda, 2000: 103).

Desiludido com seu aluno Nero, Sêneca afirmou que "quando os deuses odeiam alguém, fazem dele um professor ". Injustamente implicado numa conspiração contra o tirano, Sêneca foi envenenado por seu aluno. Como conseguiu salvar-se, mais tarde Nero obrigou-o a se suicidar.

Sêneca nos presenteou com frases tão sábias que se tornaram proverbiais. Eis algumas delas: "Ensinando aprendemos"; "Errar é humano"; "O caminho da sabedoria é longo através dos preceitos, breve e eficaz através dos exemplos"; "Uma grande fortuna é uma grande servidão"; "A lei deve ser breve, para que seja facilmente lembrada pelos inexperientes"; "Uma vez por ano é permitido bancar o louco"; "Uma mão lava a outra"; "Temos diante dos olhos os vícios alheios, os nossos estão atrás"; "Viver, meu caro Lucilo, é combater"; "Se quiseres ser amado, ama".

E, sobre a servidão, afirma Sêneca:

> Engana-se aquele que crê que a servidão penetra o homem na sua integridade: a sua melhor parte não é atingida por ela. O corpo é submetido e adjudicado a senhores, mas o espírito pertence a si próprio: é livre e móvel a tal ponto que a própria prisão em que o encerraram não pode impedi-lo de obedecer aos seus impulsos, de meditar grandes pensamentos e de

se pôr a caminho, acompanhando os corpos celestes até ao infinito. O corpo, pois, é a parte que a sorte entregou a um dono, é aquela que ele compra e vende: mas essoutra parte, mais íntima, não pode ser entregue a um adquirente; tudo que dela provém é livre. Nós não podemos dar (indiscriminadamente) uma ordem qualquer, e os nossos escravos não são obrigados a obedecer em todos os casos. (Apud Freitas, 1977: 90-1)

Em nossos dias a cultura do corpo é supervalorizada. Há cada vez mais academias para a cultura física e também estádios para os espetáculos esportivos. Diante dessa realidade, podemos considerar atual a reflexão crítica de Sêneca sobre o assunto? O que podemos acrescentar à sua reflexão? Que excessos se observam hoje em relação à cultura Física e aos espetáculos esportivos?

Caberia à educação um papel importante no estabelecimento de um equilíbrio e de uma harmonia entre a cultura do corpo e a cultura do espírito? De que maneira ela poderia cumprir tal papel? Por meio de matérias específicas do currículo? Ou de práticas educativas adequadas a esse propósito? Ou que outras iniciativas poderiam ser efetivadas?

Plutarco e a educação romana

Outro autor importante para a educação romana é Plutarco (50-126), que dá muita ênfase ao aspecto individual da educação. Considera que a educação doméstica é a melhor na fase de formação elementar. Na educação superior, as escolas públicas só são toleráveis se não se descuidarem da formação do caráter.

Concorda com Aristóteles, Cícero e Quintiliano que os fatores essenciais da educação são três: natureza, arte e hábito. Para explicar essa trindade pedagógica, ele recorre ao exemplo da agricultura, em que um bom cultivo do campo requer uma boa terra (natureza), um camponês capacitado (arte) e uma boa semente (hábito).

Considera a ginástica necessária para o desenvolvimento físico, mas deve ser praticada com moderação, pois uma criança esgotada por longos exercícios físicos não tem condições de dedicar-se ao trabalho intelectual.

Recomenda o exercício da *memória*, mas considera o raciocínio mais importante. De acordo com ele, "a alma não é um vaso a preencher, mas um fogão a reaquecer".

Plutarco sublinha os aspectos éticos e filosóficos da educação. Só a meditação filosófica, diz ele, é capaz de estimular o exercício da virtude.

A formação do caráter é de fundamental importância. Por isso, deve-se habituar a criança a governar-se, autodirigir-se através da razão e da consciência. E os principais meios para alcançar esse objetivo são a *exortação*, a *persuasão* e o *exemplo*. Tendo em vista essa proposta, em sua obra *Vidas Paralelas*, apresenta uma série de biografias de personagens greco-latinos a título de exemplos de vidas reais. Ele foi, assim, o grande representante da prática romana da biografia como meio de educação.

Agora podemos parar para refletir um pouco sobre as ideias de Plutarco e sua atualidade em termos de educação brasileira:

- Memória ou raciocínio? Por quê? E nossas escolas, trabalham mais a memória ou o raciocínio? Na prática, nossos alunos são considerados mais "vasos a preencher" ou "fogões a reaquecer"?
- Será o caráter de fato importante no processo educativo? E qual a importância real que nossas escolas atribuem à sua formação?
- São nossas crianças educadas a governar-se e a autodirigir-se através da razão e da consciência?
- O bom exemplo é valorizado como fator de educação? Que exemplos nossas crianças recebem dos adultos?

Frases de Cícero

Os bens mal adquiridos esvaem-se de mau modo.

O amigo certo se reconhece numa situação incerta.

Que as armas cedam à toga.

É preciso comer para viver, e não viver para comer.

Direito máximo, injustiça máxima.

Nada pode ser dito de tão absurdo que um filósofo não o diga.

Grande é a força do hábito.

A cada um o seu.

Ócio com dignidade.

Em meio às armas calam-se as leis.

Que o bem-estar do povo seja a lei suprema.

Como tiveres semeado, assim hás de colher.

Santo Agostinho e a educação cristã

Fui mandado à escola para aprender as
primeiras letras cuja utilidade eu, infeliz,
ignorava.
(Agostinho, 354-430)

Nascido em Tagasta no ano 354 d.C., Agostinho pertence ao povo númida. A sua cidade de infância, hoje Souk-Ahras, na Argélia, está próxima da fronteira tunisiana. Agostinho

> é um "africano" contemporâneo dos últimos anos do Império Romano e, mais tarde, da sua queda. Criança turbulenta, adolescente roubador de peras, ele foi durante muito tempo um jovem impulsivo. As suas aventuras de juventude [...] não foram todas espirituais. Teve um filho aos 17 anos e só passados os 30 deixou a bela anônima que foi o seu amor. (Droit, 2004: 90)

Experiência escolar e conversão

No Ocidente, Agostinho encarnou o modelo da inteligência cristã. Através dele se opera a principal apropriação da Grécia pelo cristianismo. Agostinho faz a ligação entre os conceitos herdados dos filósofos gregos e as crenças da fé cristã.

No campo da educação, ele é autor de uma importante obra pedagógica, *De Magistro* (O professor), na qual fala do processo de ensino dentro de uma visão platônica. Diz, por exemplo, que o órgão de todo o aprendizado é o *logos* ou mestre interior (autoeducação), que atua por iluminação divina, servindo-se de palavras e sinais como meios de comunicação.

Em sua obra *Confissões*, lembra a escola à qual foi enviado, e lastima:

> Fui mandado à escola para aprender as primeiras letras cuja utilidade eu, infeliz, ignorava. Todavia batiam-me se no estudo me deixava levar pela preguiça. As pessoas grandes louvavam esta severidade. Muitos dos nossos predecessores na vida tinham traçado estas vias dolorosas, por onde éramos obrigados a caminhar... (Agostinho, 2010: 28)

Na mesma obra, Agostinho narra a própria conversão ao cristianismo, aos 32 anos, depois de uma vida em pecado. Até então, já havia sido professor de Retórica, tendo lecionado em Cartago, Roma e Milão.

Ao converter-se, voltou a Tagasta, decidido a observar a castidade e austeridade. Após vender a propriedade que herdara dos pais, fundou uma comunidade monástica, onde pretendia se isolar. No entanto, mesmo não sendo esse o seu plano, foi nomeado bispo da igreja de Hipona, função que exerceu até a morte, em 430. Suas principais obras são: *Confissões, Cidade de Deus* e *Da Trindade*. Todo o pensamento medieval, até o século XIII, esteve dominado pela figura e pelas obras de Agostinho.

"Com Agostinho nasce a subjetividade. As *Confissões* inauguraram uma novidade literária: a autobiografia espiritual. Elas inovam igualmente no domínio psicológico inventando a introspecção, que os gregos ignoravam. A aparição da interioridade altera as relações do sujeito com o tempo, com a memória, com o desejo, com a culpabilidade." (Droit, 2004: 91)

Vários autores, olhando para a história da educação escrita nas últimas décadas, indagaram: para onde é que foram as pessoas? Goodson observou, ao entrevistar professores sobre suas práticas docentes, que eles constantemente faziam relatos sobre sua experiência de vida. Os pesquisadores, no entanto, quando analisavam as entrevistas, simplesmente desconsideravam tais relatos, pois, consideravam-nos como demasiado "pessoais, idiossincráticos, ou flexíveis".

Sobre esse assunto, eis algumas questões que nos fazem refletir:

- É importante, em nossas escolas, valorizar a experiência pessoal e a subjetividade? Por quê?
- Que meios podem ser utilizados para tanto?
- Na prática escolar, há fatores que contribuem para a desvalorização da subjetividade? Quais? Como se pode neutralizá-los?
- Relatos autobiográficos podem melhorar o nível de motivação na sala de aula? Por quê?

A educação cristã teve quatro períodos:

- Apostólico: Corresponde à atuação de Jesus de Nazaré e dos primeiros apóstolos aos quais foi confiada a missão de apregoar a "boa nova".
- Patrístico: Tal designação origina-se do trabalho exercido pelos primeiros padres da Igreja, quase todos educadores. Procuraram conciliar a cultura greco-romana com o cristianismo. É uma fase que cobre os primeiros séculos da Igreja.
- Monástico: Deu-se o nome de "monge" àquele que, refugiado na selva dedicava-se a Deus através de orações. De início os monges viviam isolados. Depois, no século IV, passaram a formar comunidades religiosas, reunidas em mosteiros. Coube aos mosteiros, durante a invasão dos bárbaros, no império romano, conservar a cultura antiga e utilizá-la como meio de educação.
- Escolástico: Além de se referir a determinado método de ensino, do qual trataremos no capítulo sobre Tomás de Aquino, refere-se a um movimento intelectual que vai do século XII até a Renascença.

CLEMENTE DA ALEXANDRIA E A PEDAGOGIA PATRÍSTICA

Um dos representantes da educação cristã, anterior a Agostinho, é Clemente de Alexandria (160-220), que pertence ao período patrístico. Nascido em Atenas, foi educado na filosofia grega e converteu-se ao cristianismo. Foi diretor da Escola de Alexandria, centro de estudos superiores da época. É autor de uma trilogia que se tornou célebre: *Protréptico, Pedagogo* e *Stromata*. A primeira obra é um convite aos pagãos para seguir o cristianismo. A segunda, o *Pedagogo*, parte central da trilogia, pode ser considerada o primeiro tratado de educação cristã. Segue a patrística, tentando conciliar o paganismo com o cristianismo, subordinando aquele a este. A terceira, a *Stromata*, procura demonstrar de que maneira o cristão poderá justificar sua fé mediante o saber.

A obra de Clemente de Alexandria reflete toda a sua cultura. Trata-se da cultura de um letrado típico de seu tempo, ou seja, com formação essencialmente literária, baseada num profundo conhecimento dos clássicos. De acordo com ele, a educação superior deve começar com as ciências humanísticas, depois o estudo da Filosofia e da Teologia. À diferença de muitos escritores eclesiásticos de seu tempo, toda sua obra reflete o sadio otimismo da cultura clássica.

Santo Agostinho e a pedagogia patrística

Denomina-se Patrística o período que vai do século II da era cristã até o século VIII. A educação, nesse período, desenvolve-se em íntima relação com a Patrística. Seu caráter doméstico do tempo dos apóstolos é substituído pela catequese (do grego, *kateecheo*, instruir por meio de perguntas e respostas). Dessa palavra veio *catecismo*, isto é, compêndio de alguma ciência, mas, principalmente, de uma doutrina religiosa. Veio, também, a palavra *catecúmeno*, que se aplica às pessoas que foram instruídas na religião.

Surgem, então, as *escolas catecúmenas*, que preparavam os adultos para receber o batismo. Com o tempo, as crianças passaram a fazer parte dessas escolas. Por isso, além da instrução religiosa, passou-se a ensinar leitura, escrita e canto.

O crescimento dessas instituições escolares passou a exigir a formação de mestres. Então algumas delas transformaram-se em escolas de catequistas. A primeira e mais importante foi a *Escola de Catequistas de Alexandria*.

Ao lado das escolas catecúmenas e de catequistas, logo foram surgindo novas escolas. Surgiram, por exemplo, as *escolas de Gramática* e *Retórica*, que ensinavam as ciências gregas. Essas eram instituições de ensino secundário, das quais os cristãos participavam ativamente, seja como alunos ou como mestres.

Com Santo Agostinho, a pedagogia patrística passou por uma importante transformação. E o próprio cristianismo passou a ser visto como um *meio de disciplina* e a pedagogia, como um *processo de contemplação*. O ponto de partida da pedagogia agostiniana é o ser humano na sua situação de conflito e inquietude. Ao ter que se decidir entre diversos propósitos, às vezes antagônicos, a disciplina cristã pode ajudá-lo, pois, de acordo com o cristianismo, o fim último do ser humano é o *desfrute* de Deus. Os demais objetivos da vida só devem ter valor de *uso*.

A palavra "catecismo", seja como livro elementar de alguma ciência ou de alguma doutrina religiosa, por se apresentar com perguntas e respostas prontas, pode ser útil para a doutrinação, mas não para desenvolver a capacidade de reflexão. Muitas vezes, nas escolas, utiliza-se a didática do catecismo.

No início do cristianismo, talvez, tal didática tenha sido um mal necessário. Hoje, no entanto, com tantos e diversificados recursos didáticos, não se justifica seu uso. Por que, então, ainda são utilizados livros didáticos com perguntas e respostas prontas? Qual pode ser seu efeito na mente dos educandos e no seu nível de motivação?

Aspectos da Pedagogia e da Filosofia Agostiniana

De acordo com Santo Agostinho, são quatro as causas do fracasso no ensino: pouca capacidade do mestre, repetição cansativa de conhecimentos, reduzida inteligência do educando e desatenção do aluno.

Em seu livro intitulado *Da ordem*, cujo objetivo é mostrar que o mundo está submetido a uma lei universal, Santo Agostinho indica os conhecimentos que crianças e jovens devem adquirir de forma organizada: Leitura, Escrita, Cálculo, Gramática, Retórica, Dialética, Geometria, Filosofia e Teologia.

Todos esses conhecimentos, no entanto, devem colaborar para o objetivo final da educação: a conquista da paz da alma.

O pensamento filosófico e pedagógico de Santo Agostinho está centralizado na fé e na ética cristã. Bem diferente da nossa educação moderna, que é laica. E, também, da nossa cultura ocidental, na qual há separação entre fé e razão. Mesmo assim, no entanto, a pedagogia de Agostinho possibilita um interessante diálogo com algumas concepções pedagógicas atuais. Basta citar, por exemplo, as concepções que criticam a atitude pedagógica de se limitar a transmitir conhecimentos a alunos passivos.

No contexto da pedagogia agostiniana, o mestre apenas indica o caminho. O aluno é que deve percorrê-lo. O mesmo ocorre com as pedagogias que, hoje, defendem a construção do conhecimento pelo aluno. Mas, apesar da semelhança entre as duas concepções pedagógicas, o fundamento é diferente. Enquanto os modernos se fundamentam na razão, Agostinho fundamenta-se na sua fé cristã. E, de acordo com essa fé, eis sua concepção do homem:

> O homem é algo intermédio, mas entre os brutos e os anjos; de modo que o bruto é um animal irracional e mortal; o anjo, racional e imortal; e o homem está no meio: é inferior aos anjos, superior aos brutos, pois tem com os brutos a mortalidade, com os anjos a razão: animal racional mortal. (*De civitate Dei*, IX, 13 apud Marías, 1975: 100).

E, em outro texto, ele afirma:

> Não te diferencias do bruto senão pelo entendimento, não te envaide-
> ças de outra coisa. Presumes de forças? Vencem-te as feras. Presumes
> de velocidade? Vencem-te as moscas. Presumes de formosura? Quanta
> beleza existe no pavão real! Porque então és melhor? Pela imagem
> de Deus. Onde está a imagem de Deus? Na mente, no entendimento.
> (*Joannes evangelium tractatus*, III, 41, apud Marías, 1975: 100)

FRASES DE AGOSTINHO

Creio porque é absurdo.

Creia e compreenderás, a fé precede, a inteligência segue.

A medida do amor é amar sem medida.

Se me engano, sou.

A necessidade não tem lei.

Roma falou, a questão está resolvida.

Deus me conceda a castidade... mas não agora.

Prefiro os que me criticam, porque me corrigem, aos que me adulam, porque me corrompem.

Orgulho não é grandeza e sim inchaço; e o que está inchado parece grande, mas não é saudável.

Há pessoas que se apegam à sua opinião não porque seja verdadeira, mas porque é sua.

Fé é acreditar no que você não vê; a recompensa da fé é ver o que você acredita.

Na ausência de justiça, o que é o poder constituído senão pilhagem organizada.

As quatro causas do fracasso do ensino apontadas por Agostinho – pouca capacidade do mestre, repetição cansativa de conhecimentos, reduzida inteligência do educando, desatenção do aluno no ensino – continuam atuais? Qual estaria mais presente e qual, menos, em nossas escolas? Qual seria mais prejudicial? Por quê?

No contexto da pedagogia de Santo Agostinho, "o mestre apenas indica o caminho. O aluno é que deve percorrê-lo". E no contexto de nossas escolas, o que acontece?

Averróes e a educação árabe

*Aquele que proíbe a alguém o estudo dos livros de
filósofos porque certos homens caíram no erro por
tê-los estudado é semelhante àquele que proíbe a
uma pessoa com sede de beber água fresca e boa
e a faz morrer de sede, sob o pretexto de que há
pessoas que se afogaram na água.*
(Averróes, 1126-1198)

No início do século VII, Maomé fundou uma nova religião, o islamismo (de *islam*, salvação), cuja doutrina está contida no Alcorão. Nesse livro, estão todas as sentenças proferidas por Maomé e inspiradas pelo anjo Gabriel. A nova religião é monoteísta e estabelece uma série de ritos, abluções, jejum e outras práticas que devem ser observadas por seus seguidores. Ao fim de uma década (622-632), toda a Arábia havia aceitado o islamismo.

Os sucessores de Maomé, os *califas*, num século, construíram um imenso império que se estendeu da Índia à Espanha. No século VIII, no entanto, o Império Árabe se dividiu em diversos califados. Califado é o território governado por um califa.

A cultura árabe e a Europa

A cultura árabe foi muito importante na vida intelectual da Europa, constituindo-se num momento dinâmico da expansão das ideias. Para conseguir isso, teve que superar uma série de limitações. No islamismo original, por exemplo, as letras escritas não eram necessárias, pois os dogmas do Alcorão eram transmitidos oralmente. É provável, inclusive, que o próprio Maomé não soubesse ler e escrever.

No entanto, ao entrarem em contato com os povos mais civilizados daquela época, os árabes deixaram-se impregnar pela cultura desses povos. Foi assim que surgiram importantes escolas e homens de letras e de ciência que elevaram a um alto grau a cultura árabe. Entre outros, podemos citar Alkindi (808-870), Alfarabi (880-950), Avicena (979-1037) e Averróes (1126-1198).

Avicena, por exemplo, foi um célebre médico e filósofo árabe, cognominado o Príncipe dos Médicos. Pela extensão de seus conhecimentos, foi um dos homens mais importantes do Oriente. Redigiu o *Cânon da Medicina* e a *Filosofia Iluminativa*. E Averróes, nascido em Córdoba, Espanha, é outro célebre médico e filósofo árabe. Traduziu e comentou Aristóteles. Então, diversas obras importantes de matemáticos e filósofos gregos foram traduzidas para o árabe.

A EDUCAÇÃO ÁRABE

Os árabes tiveram a escola elementar e a escola superior. Na primeira, estudava-se o Alcorão. Os califas cuidavam para que seus súditos, já aos 6 anos de idade, iniciassem sua educação. Exceto os filhos de famílias ricas, instruídos por preceptores, os demais frequentavam a escola.

O Alcorão, além da religião, contém ensinamentos de política, direito, organização social e ideias básicas de ciências. Por isso, ele constitui a base da educação elementar.

O ensino, geralmente, era ministrado na mesquita, que é o centro religioso, político e cultural da vida do povo árabe. E o mestre, sobretudo o do ensino superior, desfrutava de grande prestígio, pois o aprender era muito valorizado. Aprender um só capítulo da ciência, por exemplo, era considerado mais valioso do que se prosternar cem vezes em oração. E, assistir à classe de um mestre, era considerado mais meritório do que orar.

O ensino superior, sem deixar de lado o aspecto religioso, englobava todos os ramos do saber da época. E as instituições de ensino superior das grandes cidades árabes foram as precursoras das universidades medievais na Europa.

Os árabes, de certa maneira, foram os responsáveis pela introdução da sabedoria clássica no Ocidente. Isso graças à assimilação que fizeram da ciência grega, que não foi mera imitação. Assim, ao introduzir na Europa seu conjunto de representações científicas e religiosas, eles transmitiram ideias gregas que haviam sido transformadas. Seu ensino havia recebido grande influência de estabelecimentos de ensino criados pelos gregos e romanos.

Enquanto as escolas elementares tinham como ponto central a leitura do Alcorão, o mesmo não acontecia nas universidades. Elas eram independentes e contavam com professores judeus, muçulmanos e cristãos ensinando simultaneamente. E pessoas de todo o Ocidente estudaram nessas universidades, onde se desenvolveram a Filosofia e a Ciência Natural dos gregos.

Na Espanha, os árabes desenvolveram estudos filosóficos, matemáticos e de Ciências Naturais. A Química recebeu seu fundamento e a Aritmética, o seu sistema de sinais. Além disso, ampliaram-se as bases da Medicina. E todo ensino era transmitido com traduções latinas.

Vimos que as universidades árabes eram independentes e contavam com professores judeus, muçulmanos e cristãos ensinando simultaneamente. Isso nos sugere a importância do diálogo no ambiente universitário. Aliás, o diálogo é a essência da universidade. Então, perguntamos:

- Em sua opinião, em relação à universidade do tempo de Averróes, nós progredimos ou regredimos em termos de diálogo?
- Que tipos de comportamentos mais dificultam o diálogo?
- Que tipos de comportamento o facilitam?

AVERRÓES E A EDUCAÇÃO ÁRABE E OCIDENTAL

Averróes é conhecido pelos escolásticos (filósofos medievais) como *O Comentador* e recordado por Dante na *A divina comédia* como o autor de *O grande comentário*. Estudou Teologia, Direito, Medicina, Matemática e Filosofia. Depois de ter sido juiz em Sevilha e Córdoba, foi encarregado de escrever um comentário às obras de Aristóteles. Seus comentários foram uma das principais fontes do aristotelismo medieval antes que fossem traduzidos os textos originais e mesmo depois.

A interpretação dada por Averróes a Aristóteles é considerada por muitos a única verdadeira. Alberto Magno, no entanto, destacou diversas doutrinas que considerava incompatíveis com os princípios da filosofia cristã. E Tomás de Aquino criticou em muitos pontos a interpretação averroística. Entretanto, os ensinamentos do *Comentador* tornaram-se o fundamento de toda uma escola de filósofos, representados em primeiro lugar pela Faculdade das Artes de Paris.

Independentemente das proposições averroístas terem atraído as críticas das autoridades eclesiásticas e, também, de Alberto Magno e

Tomás de Aquino, Averróes foi de fundamental importância tanto para a educação árabe quanto para a ocidental. Isso principalmente pelo fato de ter procurado conciliar a filosofia e a religião.

De acordo com Averróes, a religião não deve abolir a razão, mas acrescentá-la. Ele, por exemplo, não vê discrepância entre a lei islâmica e a razão. E se houver alguma suposta discrepância, poderá ser resolvida através da correta interpretação da lei em concordância com a razão. Defende, também, que o mundo criado não é estático, mas se renova.

Esses ensinamentos de Averróes foram conservados na Europa e serviram de orientação no ensino e de estímulo ao desenvolvimento intelectual das sociedades. A introdução do Aristóteles arabizado nas universidades europeias exigiu um trabalho de interpretação e de assimilação, pois não podia ser aceito tal qual. E por outro lado, tal era a sua importância que não podia ser ignorado.

Sobre Averróes, o pensador inglês John Robertson afirmou: "Averróes, o mais afamado pensador islâmico, devido à excelência e impacto de seu pensamento entre os demais, foi quem mais influenciou o Pensamento Europeu." E de acordo com o orientalista espanhol Miguel Hernández, Averróes "viveu à frente do seu tempo, e com toda propriedade pode-se afirmar que graças ao conjunto de sua obra pôde se erguer a renascença moderna".

OS ÁRABES E O CONHECIMENTO

Maomé ordenou a seu povo *procurar o conhecimento ainda que fosse na China*. Seguindo essa ordem, filósofos e sábios árabes construíram uma das mais importantes civilizações da época, assimilando a cultura dos povos com os quais entraram em contato. Grande parte desses conhecimentos foi transmitida pelos árabes aos povos da Europa Ocidental:

- os árabes distinguiram-se nas *Artes*, principalmente na arquitetura, com suas famosas mesquitas;
- nas *Letras*, sua obra mais famosa é *As mil e uma noites*;
- na *Matemática*, desenvolveram a álgebra e a trigonometria;
- na *Química*, descobriram novas substâncias e compostos, como o salitre, o álcool, o ácido sulfúrico, o nitrato de prata, o carbonato de sódio etc.;
- na *Medicina*, descobriram o contágio por meio da água, comida e vasilhas;

- na *Física*, iniciaram a ciência da óptica e desenvolveram as lentes de aumento e as de correção dos defeitos de visão;
- na *Agricultura*, difundiram novas técnicas e novos produtos. Entre as técnicas, podemos citar a irrigação e, entre os produtos, o arroz, a laranja, a cidra, o limão, o pêssego, o açafrão, o espinafre, a alcachofra, o aspargo, a cana-de-açúcar, o algodão, o café, a banana e a tâmara;
- na *indústria* desenvolveram a metalurgia, a tecelagem, a vidraçaria, a tapeçaria, a cerâmica e a perfumaria;
- no *comércio*, aperfeiçoaram e difundiram os recibos, os cheques, as cartas de crédito e as associações comerciais.

Os europeus devem ainda aos árabes o conhecimento da bússola, do astrolábio, do papel e da pólvora, pois foram eles que trouxeram tais inventos da China.

AS MIL E UMA NOITES

As mil e uma noites são uma coleção de contos árabes de origem persa que têm sido traduzidos para todas as línguas. A sultona Sherazade, principal personagem dos contos, narra as maravilhosas histórias que revelam toda a riqueza e fecundidade da imaginação oriental.

Ao narrá-las, ela tinha um objetivo: afastar o dia em que o sultão, seu marido, a mandaria matar. É que ele, furioso com a traição da mulher, decidira casar-se com uma virgem a cada dia, mandando-a matar no dia seguinte. Sherazade, moça inteligente e bem educada, convencera seu pai a deixá-la casar-se com o sultão. Na noite de núpcias, para passar do tempo até o dia nascer, ela contou uma história ao sultão. Mas, como ao amanhecer a história não havia terminado, o sultão, curioso, adiou a execução por um dia. Sherazade continuou a contar histórias que deram origem a outras histórias, que nunca terminavam antes do nascer do dia.

A curiosidade do sultão manteve Sherazade viva. Narrando, ela foi adiando a sua execução por um período em que teve três filhos. No fim, o sultão suspendeu a sentença de morte e eles viveram felizes para sempre.

Foram 1.001 narrativas que se reproduzem até hoje e que influenciaram, entre outros, escritores como Charles Dickens, Ítalo Calvino, Marcel Proust e Jorge Luis Borges.

Frases do Alcorão

No paraíso há os rios incorruptíveis de água, rios inalteráveis de leite, rios de vinho, delícia de quem bebe.

Aí uma fonte corrente, aí leitos e taças bem colocados, almofadas dispostas em fila e em tapetes estendidos [...].

No inferno, porém, mergulharão num vento abrasador, na água fervente, nas sombras da negra fumaça [...].

Bem-aventurados os crentes,

os que na sua oração são humildes

os que fogem da intriga,

os que dão esmola,

os que praticam a abstinência...

Na verdade, os que creem, os que praticam o judaísmo, os cristãos e os sabeus – os que creem em Deus e no Último Dia e praticam o bem – terão a recompensa junto do seu Senhor, para eles não há temor.

Do que vos concedemos, gastai na esmola antes que venha um dia em que não haverá redenção, nem amizade, nem intercessão.

Os que injustamente dissipam as riquezas dos órfãos, é como se nos seus ventres entrasse o fogo.

Os que tomam patronos, prescindindo de Deus, são como a casa que a aranha utiliza. Na verdade, a casa mais débil é a teia da aranha.

A intolerância geralmente é fruto da incompreensão. Temos a tendência a admirar ou odiar aquilo ou aqueles que não entendemos. E para compreender um povo é preciso estudá-lo. Como neste capítulo estudamos a educação árabe, vamos refletir um pouco mais sobre esse povo.

Em 2011, por exemplo, em diversos países árabes – Egito, Tunísia, Líbia, Síria e outros – houve grandes manifestações contra governos ditatoriais que se perpetuavam no poder. Muitas dessas manifestações foram convocadas e organizadas por jovens por meio das redes sociais, apesar das tentativas dos governos no sentido de limitar o seu alcance ou, até mesmo, de impedir o seu funcionamento.

Perguntamos então: essas redes constituem hoje importante instrumento de luta democrática? Por quê? A democracia representativa, como praticada no Ocidente, é um valor universal a ser implantado mesmo em países de cultura e tradições diferentes? Essas redes e a internet, de um modo geral, podem contribuir para melhorar o nível educacional? Como?

Tomás de Aquino e a educação medieval

Não pretendais ser chamados mestres.
(Tomás de Aquino, 1225-1274)

Tomás de Aquino é uma figura emblemática de seu tempo. Numa época em que a Igreja ainda buscava em Santo Agostinho a sustentação doutrinária, Tomás formulou um sistema filosófico que procurava conciliar a fé cristã com o pensamento de Aristóteles. Tal conciliação parecia impossível e até mesmo herética para os pensadores de então. Não se tratava apenas de propor princípios opostos aos de Agostinho que, como sabemos, inspirava-se no idealismo platônico, mas de trazer para dentro da Igreja o realismo aristotélico que, além de não conceber um Deus criador, não concebia a vida após a morte.

Para Aristóteles, a realidade material é fonte primordial de conhecimento científico. De acordo com Tomás, há no ser humano uma alma única, intrinsecamente unida ao corpo. Isso, para aquela época marcada pelo espiritualismo agostiniano, que nutria certo desprezo pela matéria, foi uma ideia revolucionária.

Um dos grandes méritos de Tomás, além da ênfase dada à matéria frente ao espírito, foi a valorização da razão humana frente à intuição e, até mesmo, frente à revelação. Aliás, a relação entre razão e fé está no centro dos interesses de Tomás, para quem, mesmo subordinada à fé, a razão funciona segundo leis próprias. Em outras palavras: o conhecimento não depende da fé nem da presença de uma verdade divina no interior da pessoa.

Tomás e o ensino

Com relação ao ensino, Tomás admite, como Agostinho, que Deus é o verdadeiro mestre que ensina dentro de nossa alma, porém, sublinha a necessidade da ajuda exterior. Se, como vimos, Agostinho escreveu uma importante obra denominada *De Magistro*, nove séculos depois, Tomás retoma o tema e também escreve uma obra denominada *De Magistro*, na qual discute os problemas pedagógicos de sua época.

Para ele, Deus é o verdadeiro agente da educação. E o professor está na mesma situação de um médico ou de um lavrador. O médico e o lavrador funcionam como agentes externos, pois a cura do doente ou o sucesso da plantação dependem da natureza do doente ou da qualidade do solo. Assim, da mesma forma, o professor também é um agente externo. Ele colabora na aprendizagem do aluno, mas esta depende do próprio aluno. Em outras palavras: o professor não pode comunicar a ciência, mas prepara para ela. Por isso, só Deus ensina e deve ser chamado de mestre.

A escolástica

Escolástica é tanto um sistema de pensamento quanto um método de ensino, ou seja, ela é a filosofia cristã da Idade Média e o método de ensino que predominou do século IX ao século XV.

E de onde lhe veio o nome de *escolástica*? É que, nos primeiros séculos da Idade Média, chamava-se *scolasticus* o professor de Artes Liberais e, em seguida, o de Filosofia ou Teologia que dava suas aulas, primeiro nas escolas do convento e, depois, na Universidade. Desse nome derivou escolástica, para dizer tanto a Filosofia ensinada quanto o método utilizado na escola.

O principal objetivo da escolástica era o de ensinar a verdade revelada através do exercício da atividade racional. Para tanto, recorria-se a duas formas de ensino: a *lectio*, que consistia em um comentário de um texto, e a *disputatio*, que era o estudo de um problema com a discussão dos argumentos *pró* e *contra*. Assim, na escolástica, os textos assumiram predominantemente a forma de *comentários*, ou de coleções de questões.

A escolástica medieval costuma ser dividida em três períodos:

1º) A *Alta escolástica*, do século IX ao século XII, caracterizada pela harmonia entre razão e fé.

64   História da educação

2º) *Florescer da escolástica,* de 1200 aos primeiros anos do século xiv, no qual a harmonia entre razão e fé é considerada só parcial, sem que, no entanto, se considere possível o contraste entre ambas.

3º) A *Dissolução da escolástica,* dos primeiros decênios do século xiv até o Renascimento, durante o qual o tema básico é justamente o contraste entre fé e razão.

No seu sentido mais amplo, a escolástica, além do ensino das verdades teológicas e filosóficas, abrange todas as demais atividades intelectuais das escolas medievais. Ela, portanto, não pode ser identificada com a filosofia e a Teologia. E o próprio Tomás de Aquino foi o responsável por elevá-la ao mais alto nível como método didático. De acordo com ele, o método da escolástica valorizava os dois fatores do processo educativo: o de considerar que o saber tem uma estrutura suscetível de ser ensinada e o de que o ser humano possui a capacidade de fazê-lo.

A escolástica, tanto como sistema de pensamento quanto como método, recebeu, no decorrer do tempo, diversas críticas. Uma das principais é o abuso do princípio de autoridade. Talvez seja por isso que a escolástica não representou por mais tempo o desenvolvimento intelectual e os processos educacionais mais avançados.

De qualquer maneira, no entanto, não se pode negar os benefícios que a cultura ocidental recebeu da escolástica. Entre outros podemos citar seu papel na superação daquele misticismo extremo que nos separa do mundo, a valorização da dialética clássica e do pensamento lógico, abrindo, assim, o caminho da investigação moderna.

Para o filósofo espanhol José Ortega y Gasset (1898-1955), "o maravilhoso escolasticismo foi a pedra de afiar sobre a qual durante cinco séculos se esteve afiando o corte do intelecto ocidental" (Ortega y Gasset, 1958 I: 68).

O abuso do princípio de autoridade é uma das principais críticas dirigidas à escolástica. E esse abuso foi um dos principais fatores de sua dissolução. Segundo o historiador francês Ernesto Renan (1823-1892), "a mediocridade fundou a autoridade". Isso acontece com os sistemas de pensamento, com as instituições e com as pessoas. Mas, se a mediocridade fundou a autoridade, a recíproca também pode ser verdadeira, ou seja, o abuso de autoridade fundou a mediocridade.

Na sala de aula, por exemplo, o professor abusa do princípio de autoridade quando, ao invés de incentivar o desenvolvimento do raciocínio, apresenta o conhecimento como uma verdade pronta e acabada, imutável. Seria medíocre o ensino ministrado por esse professor? Por quê? Até que ponto isso acontece em nossas escolas? Que fatores podem levar a essa situação? E que consequências a mesma pode acarretar em termos de motivação e interesse dos alunos pelo estudo?

As escolas medievais

O Concílio Lateranense, convocado por Alexandre III em 1179, estabeleceu que cada igreja catedral deveria criar um benefício para um mestre, que, por sua vez, deveria ensinar gratuitamente aos clérigos da mesma Igreja e aos pobres. A Igreja, como piedosa mãe, teria a obrigação de prover os pobres, que não podiam ter o apoio dos pais, para que, assim, não fossem privados da oportunidade de ler e progredir no estudo. Com esse objetivo, escolas deveriam ser instituídas em todas as igrejas e mosteiros.

Trinta e seis anos depois, em 1215, o novo Concílio Lateranense confirmou a obrigação de ensinar gratuitamente. Além disso, reafirmou que as escolas deveriam surgir nas igrejas catedrais e nas demais igrejas para atender aos clérigos e aos alunos pobres.

É no início do século XIII que as universidades se consolidam e se difundem. Graças ao poder papal e imperial (ou régio), que inicialmente interveio para regulamentá-las. Em seguida, esse mesmo poder tomou a iniciativa de criar novas universidades, tais como as de Salamanca, Roma, Nápoles, Viena, Praga, Cracóvia e outras cidades. Mas, originalmente, as universidades resultaram da confluência espontânea de clérigos de várias origens para ouvir aulas de algum mestre famoso.

Os clérigos vagantes e as universidades

Os clérigos vagantes são considerados os responsáveis pelo surgimento das universidades. Eles, de início, constituíram associações denominadas *societates scholarium* (associações de escolares). Essas, em seguida, tornaram-se *universitates,* isto é, associações de todos (*universi*) os *scholares,* juridicamente reconhecidas.

Nas relações com seus mestres, os estudantes detinham grande poder, pois eram eles, através das coletas, que os pagavam. Isso quando os pagavam!

Por muito tempo, os clérigos vagantes constituíram-se num problema para o poder público e para a Igreja. Por isso, eram severamente admoestados e ameaçados de serem privados de todos os privilégios sacerdotais. O Concílio de Salisburgo, de 1276, denunciava-os principalmente pela inoportunidade de sua ousadia. Mas é claro, nem todos eram desonestos. Havia aqueles que trabalhavam para poder estudar, como Pedro Lombardo, cujo biógrafo conta que na escola que frequentava prestava serviço aos estudantes e sua mãe lavava as camisas deles.

Os *clérigos vagantes*, de início, foram condenados pela Igreja, principalmente quando deixavam seus mosteiros sem a autorização de seus superiores. Eles, de maneira geral, não eram hóspedes agradáveis para as cidades. Alguns deles, inclusive, dedicavam-se mais aos divertimentos do que propriamente aos estudos sérios. Seus cantos, principalmente da coletânea dos *Carmina burana*, falam mais de mulheres, vinho, dinheiro, brigas com os mestres e cidadãos, do que de estudos. Através de algumas estrofes desses cantos, podemos ter uma ideia do que estabelecia a ordem dos vagantes (*ordo vagorum*):

> *1. Pois em todo o universo*
> *Canta-se: "Ite!"*
> *Trotam os padres,*
> *correm os monges,*
> *prontos os diáconos*
> *deixam a Bíblia*
> *para seguir nossa seita*
> *que da vida é a salvação.*
> *[...]*
> *6. Nossa seita acolhe*
> *honestos e malandros, coxos e famintos,*
> *fortes e impotentes,*
> *jovens em flor,*
> *ou velhos em langor,*
> *frígidos e ardentes*
> *na ebriedade do amor.*
>
> *7. Belicosos e plácidos,*
> *Frenéticos e sábios,*
> *Boêmios e Teutônicos,*
> *Romanos e Eslavos,*
> *os de média altura,*
> *gigantes e anões,*
> *humildes e também*
> *soberbos e vaidosos.*

[...]
10. Nossa ordem veda
sair cedo da cama:
e levantados, sentamos
num fresco cantinho;
e pedimos nos tragam
o vinho e galinhas,
e nós só tememos
do jogo as ruínas.

11. Nossa ordem veda
ter mais que um vestuário;
levar uma túnica,
é só permitido;
pois no jogo dos dados
jogas logo teu manto
até a cintura
no jogo sais perdendo.

12. O que está acima dito
se aplica ao seguinte:
não use cuecas
quem anda de camisão;
e se tu tens sandálias,
renuncia às botas,
se os dardos não queres
da nossa excomunhão.

As diversões não eram privilégio dos clérigos vagantes. As crianças, nas escolas, também tinham as suas e faziam das suas. De acordo com um texto da época, subiam nos telhados para pegar cegonhas, corvos e outros pássaros. Além disso, perturbavam brincando com paus e pedras.

O MÉTODO E O CONTEÚDO DO ENSINO

Podemos ter uma ideia sobre o método de ensino, através do depoimento de Odofredo, um professor de Direito em Bolonha do século XIII, que diz aos estudantes:

> Quanto ao método de ensino, seguirei [...] o seguinte: primeiro, darvos-ei um resumo de cada título antes de proceder à análise literal do texto; segundo, farei uma exposição a mais clara e explícita possível [...], terceiro, farei a leitura do texto [...] quarto, repetirei brevemente

o conteúdo [...]; quinto, esclarecerei as aparentes contradições [...]. As *disputationes* realizar-se-ão pelo menos duas vezes por ano: uma vez antes do Natal e uma vez antes da Páscoa, se estais de acordo.

Quanto ao conteúdo, no ensino medieval, predominava o esquema do *trívio* e do *quadrívio* com suas sete artes liberais. O *trívio* era a parte do ensino que compreendia as três primeiras artes liberais: a Gramática, a Retórica e a Dialética. Ao *trívio* seguia-se o *quadrívio*, que compreendia as quatro artes matemáticas: a Aritmética, a Geometria, a Música e a Astronomia. O quadrívio constituía a esfera superior das ciências. Porém, o conjunto dessas disciplinas e sua ordenação nem sempre coincidem nos diferentes autores. Aliás, o problema da classificação do saber foi sempre motivo de divergências.

Ao estudo das artes liberais seguia-se o ensino universitário cujo objetivo era o de aperfeiçoar a preparação formal e fornecer uma instrução concreta. Tal ensino fundamentava-se basicamente na Gramática que, pouco a pouco, foi deixando de lado a forma catequética de perguntas e respostas e inventando novas formas de ensino.

A influência das universidades na Idade Média

Mesmo não sendo instituições de pesquisa, mas limitadas apenas a transmitir e reter conhecimentos, as universidades medievais tiveram uma influência benéfica. Além de despertar o gosto pelo estudo, influíram na melhoria do ensino das escolas de cultura média e elementar. E, certamente, elas foram uma das grandes forças da Idade Média, pois, na época, representavam a cultura superior do espírito. Numa época em que não havia instituições científicas nem imprensa com seus jornais e revistas, elas contribuíram decisivamente para a formação da opinião pública. E não somente em assuntos científicos, mas também em assuntos políticos e eclesiásticos, pois não existiam organizações políticas regulamentares.

A UNIVERSIDADE DE PARIS NA ÉPOCA DE TOMÁS

Na época de Tomás de Aquino, a Universidade de Paris, então "capital da cristandade", dominava o panorama intelectual do Ocidente. É lá que se encontram os professores mais importantes, os colegas mais agressivos, as oposições mais radicais, os desafios mais provocantes e os estudantes mais turbulentos, vindos de todos os cantos da cristandade. As quatro "nações" – picardos, ingleses, alemães e franceses – em que se agrupavam mestres e alunos de Paris retratam a variedade das suas origens. Por isso mesmo, todas as novidades e todas as questões que lá se discutiam encontravam ressonância universal.

Foi no ambiente privilegiado dessa universidade que Tomás da Aquino desenvolveu o melhor da sua obra e da sua docência e enfrentou as mais duras batalhas intelectuais (Lauand, 1993: 17).

Frases de Tomás de Aquino

A razão é a imperfeição da inteligência.

Temo o homem de um só livro.

Assim como o homem não pode viver socialmente sem a verdade, assim também não o pode fazer sem alegria.

A posse do bem é a causa da alegria.

O homem é um animal mais familiar do que político.

O romancista e filósofo italiano Umberto Eco incluiu em sua obra *Viagem na irrealidade cotidiana* um capítulo intitulado "Elogio de Santo Tomás de Aquino". Tomás de Aquino, afirma Eco, se vivesse hoje, "ajustaria as contas com o marxismo, com a física relativista, com a lógica formal, com o existencialismo, com a fenomenologia. Não comentaria Aristóteles, e sim Marx e Freud. Depois mudaria o método argumentativo, que se tornaria um pouco menos harmônico e conciliante. E finalmente perceberia que não pode e não deve elaborar um sistema definitivo, fechado como uma arquitetura, mas uma espécie de sistema móvel, uma suma com páginas substituíveis, porque em enciclopédia das ciências entraria a noção de provisoriedade histórica." (1984: 342)

Com base nessa observação de Eco e na frase de Tomás de Aquino – "temo o homem de um só livro" –, reflitamos sobre as seguintes questões:

- Para a educação, é importante contextualizar cada pensador em sua época histórica? Por quê?
- Até que ponto a obra de um pensador é condicionada pela época histórica em que é produzida?
- Qual a importância da consulta e leitura de diversas fontes para a compreensão de uma época histórica e de um pensador?

Lutero e a educação protestante

Não é preciso perguntar como um texto latino
deve ser dito em alemão [...] mas é preciso
interrogar a mãe na casa, as crianças na rua,
o homem do povo no mercado [...] é preciso
observar como eles falam.
(Martinho Lutero, 1483-1546)

Por discordar dos costumes da Igreja de seu tempo, o monge alemão Martinho Lutero liderou a Reforma Protestante, responsável pela divisão do cristianismo e o surgimento de novas igrejas. Além de consequências religiosas, a Reforma teve consequências econômicas, políticas, sociais e educacionais.

Consequências educacionais

Lutero foi um dos responsáveis pela formulação do sistema de ensino público que serviu de modelo para a nossa escola atual. É dele a ideia da escola pública para todos organizada em três ciclos: fundamental, médio e superior. E, coerente com essa ideia, condenou a educação dada pelas escolas monásticas e eclesiásticas de sua época. Para ele, a educação não devia ser dominada pela Igreja.

Além disso, a educação não podia ser responsabilidade só da escola. A família também devia participar nessa tarefa. Por isso, ele defendia que as escolas fossem mais amplas e abertas do que eram em sua época.

Quanto ao currículo, o Latim e o Grego deveriam constituir a parte mais importante. E o Hebraico também precisaria estar ao alcance de todos. Para além do aspecto linguístico, ele incluía a Lógica, as Matemáticas, a Ciência, a Gramática e a Música. Aliás, a Música, por influência de Lutero, tornou-se obrigatória na educação de todos.

Lutero considerava a educação universal de fundamental importância para a Reforma. Por isso, insistia, em suas pregações, que o ensino deveria chegar a todo o povo, nobre e plebeu, rico e pobre. E contrariando o que se pensava e fazia na época, ele deveria beneficiar tanto os meninos quanto as meninas. Caberia ao Estado, finalmente, decretar a frequência obrigatória à escola.

Em sua opinião, o Estado tinha o dever de obrigar os seus súditos a enviar os filhos à escola, assim como compelir todos eles a prestar o serviço militar.

Lutero pode ser considerado um dos precursores da defesa da educação universal. Dizia em suas pregações que o ensino devia chegar a todo o povo, nobre e plebeu, rico e pobre. Dizia também que o ensino devia beneficiar tanto os meninos quanto as meninas. Perguntamos:
- Suas propostas podem ser consideradas avançadas para a época? Por quê?
- Até que ponto nossa educação é universal, atinge a todos os brasileiros?
- Sua qualidade é a mesma para todos, independentemente de classe ou gênero?
- O poder econômico interfere no tipo de ensino ministrado aos diversos grupos sociais? De que modo?

OS CONTINUADORES DE LUTERO

As ideias educacionais de Lutero foram postas em prática pelos seus continuadores, principalmente por Felipe Melanchthon (1479-1560), denominado o *Preceptor da Alemanha*. Melanchthon foi para a Alemanha, na Reforma educacional, o que Lutero foi na Reforma religiosa.

Merecido o título que recebeu, pois, por ocasião de sua morte, quase todas as escolas da Alemanha haviam incorporado as suas orientações. O centro irradiador dessas orientações foi Wittenberg, a universidade onde Melanchthon trabalhou durante os últimos 42 anos de sua vida. Essa universidade, que foi remodelada com base nas ideias humanistas e protestantes, tornou-se o modelo de muitas novas universidades alemãs.

Atraídos pelo prestígio de Melanchthon, vinham à Wittenberg estudantes de todos os lugares da Alemanha. E, por sua vez, dessa universidade saíam professores levando as ideias de Melanchthon para toda a Alemanha. Assim, por exemplo, se um príncipe precisava de um professor para sua universidade ou um reitor para suas escolas, recorria a Melanchthon, que escolhia um de seus alunos. Além disso, ele orientava as escolas através de correspondência e visitas.

Melanchthon foi, também, o autor de diversos livros didáticos. Escreveu uma gramática grega adotada por quase todas as escolas alemãs. O mesmo aconteceu com sua gramática latina. Além disso, também escreveu livros sobre Dialética, Retórica, Ética, Física e História, igualmente adotados nas escolas. E seu livro de Teologia estava em todas as universidades e escolas superiores protestantes.

Mas nem só livros didáticos ele escreveu. Tornaram-se importantes, também, seus escritos pedagógicos, que consistem em discursos e conferências. Esses discursos, de maneira geral, salientam o conteúdo e o espírito da educação humanista e, também, a importância das escolas. Escreveu ele:

> Uma cidade bem ordenada precisa de escolas onde as crianças, que são o viveiro da cidade, sejam instruídas: engana-se gravemente, de fato, quem pensa que sem instrução possa adquirir-se uma sólida virtude e ninguém é suficientemente idôneo para governar as cidades sem o conhecimento daquelas letras que contem o critério do governo de todas as cidades. (apud Manacorda, 2000: 198)

Em outro de seus escritos, apresenta um projeto de instrução que abrange Gramática, Dialética, Retórica, Matemática, Poesia e Oratória. Sem esses conteúdos, ninguém podia se considerar instruído. E nem estudar Filosofia, sob cujo nome compreendia-se a ciência da natureza, os critérios e os exemplos morais. E, para o estudo da Filosofia, era necessário conhecer, também, o Grego e, principalmente, História.

A Reforma Protestante e as escolas

Um resultado prático da Reforma foi o surgimento de sistemas de escolas controladas e parcialmente mantidas pelo Estado. Tais sistemas são considerados os primeiros de tipo moderno.

Em toda cidade e vila, havia escolas elementares de Latim. Acima dessas, havia as escolas superiores de Latim, que, mais tarde, foram incorporadas ao ginásio juntamente com as escolas elementares. E, acima de tudo, estava a universidade, cuja história foi determinada pelo progresso da religião protestante e pelo desenvolvimento da Teologia protestante.

IMPORTÂNCIA DA EDUCAÇÃO SEGUNDO LUTERO

Na concepção de mundo de Lutero, a educação era de fundamental importância. Em uma de suas cartas aos prefeitos e conselheiros alemães, escreveu:

> É realmente um pecado e uma vergonha que tenhamos de ser estimulados e incitados ao dever de educar nossas crianças e de considerar seus interesses mais sublimes, ao passo que a própria natureza dever-nos-ia impelir a isso e o exemplo dos brutos nos fornece variada instrução. Não há animal irracional que não cuide e instrua seu filhote no que este deve saber, exceção feita à avestruz, de quem diz Deus: "Ela (a fêmea avestruz) põe seus ovos na terra e os aquece na areia; e é dura para com seus filhotes, como se não fossem dela". E de que adiantaria se possuíssemos e realizássemos tudo o mais, e nos tornássemos santos perfeitos, se negligenciássemos aquilo por que essencialmente vivemos, a saber, cuidar dos jovens? Em minha opinião não há nenhuma outra ofensa visível que, aos olhos de Deus, seja um fardo tão pesado para o mundo e mereça castigo tão duro quanto a negligência na educação das crianças. (Lutero, apud Mayer, 1976: 250-251)

A CONTRARREFORMA E A EDUCAÇÃO

A Contrarreforma foi a reação da Igreja Católica à Reforma Protestante. Com o objetivo de combater as ideias protestantes e educar a juventude, em 1534, surgiu a Companhia de Jesus. Seu criador foi Inácio de Loyola (1491-1556), um militar espanhol ferido em batalha e que, não podendo retornar à carreira, colocou-se a serviço da Igreja. Ele organizou a Companhia de Jesus em moldes militares, obrigando seus membros a uma rigorosa disciplina e a uma total obediência ao papa.

Os jesuítas – como são chamados os integrantes dessa ordem –, graças ao seu rigoroso preparo intelectual, alcançaram grande êxito educativo. Entre eles, os que se destacavam intelectualmente eram escolhidos para exercer permanentemente a função.

O conteúdo de ensino das escolas jesuítas tinha um caráter essencialmente humanista. As matérias eram as mesmas das outras escolas. O que as diferenciava era o rigor do método de ensino, que se caracterizava por revisões frequentes da matéria. Cada dia, cada semana, cada mês e ano, terminavam com uma revisão.

No próximo capítulo, daremos mais atenção ao método pedagógico dos jesuítas.

FRASES DE LUTERO

O coração do homem é como um moinho que trabalha sem parar. Se não há nada para moer, corre o risco de triturar a si mesmo.

Quem não gosta de vinho, mulher e canção, vai ser um tolo por toda a vida.

A prosperidade, a saúde e a melhor força de uma cidade consistem em ter cidadãos instruídos, cultos, racionais, honestos e bem-educados, capazes de acumular tesouros e riquezas, conservá-los e usá-los bem...

A paz, se possível, mas a verdade a qualquer preço.

O cristão é um livre senhor de todas as coisas e não está submetido a ninguém. O cristão é em todas as coisas um servidor e está submetido a todo mundo.

Como lemos anteriormente, segundo Lutero, "o coração do homem é como um moinho que trabalha sem parar. Se não tem nada para moer, corre o risco de triturar a si mesmo". O que Lutero quis dizer com esta metáfora? O que representaria o "coração do homem" e qual a sua importância no processo educacional? Até que ponto esse coração é levado em consideração nas escolas? Os conteúdos escolares falam mais à razão ou ao coração? Que matérias falam mais ao coração? Seria desejável estabelecer um equilíbrio entre a razão e o coração? De que maneiras isso poderia ser feito?

José de Anchieta e a educação colonial

Vindo para aqui muitos cristãos, sujeitarão os gentios ao jugo de Cristo, e assim estes serão obrigados a fazer aquilo a que não é possível levá-los por amor.
(José de Anchieta, 1534-1597)

Como responsáveis praticamente exclusivos pela educação brasileira durante a maior parte do período colonial, de 1549 a 1759, os jesuítas prestaram decisiva contribuição ao processo de colonização do Brasil. A organização e o funcionamento do ensino jesuítico e as circunstâncias e consequências da sua interrupção constituem os principais assuntos deste capítulo.

E foi na tarefa de implantação e de organização da educação jesuítica que se destacou o padre José de Anchieta, ao longo da segunda metade do século XVI. Nascido em Tenerife, ilhas Canárias, em 1534, José de Anchieta transferiu-se para o Brasil com o governador Duarte da Costa, em 1553. Aqui atuou intensamente como missionário e catequista, tendo participado da fundação de Piratininga, atual São Paulo, em 25 de janeiro de 1554, sendo o primeiro professor do colégio que deu origem à cidade. Foi reitor do Colégio de São Vicente e superior do Colégio do Espírito Santo, onde faleceu em 1597.

Dentre suas obras destacam-se: *Arte da gramática da língua mais usada na costa do Brasil*; *Autos*; *Poesias*; *Poemas dos feitos de Mem de Sá*; *Primeiras letras*.

Numa de suas cartas, o padre José de Anchieta descreve o dia a dia dos índios aldeados pelos jesuítas:

Ensinam-lhes os padres todos os dias pela manhã a doutrina, esta geral, e lhes dizem missa, para os que a quiserem ouvir antes de irem para suas roças; depois disso ficam os meninos na escola, onde aprendem a ler e escrever, contar e outros bons costumes, pertencentes à política cristã; à tarde tem outra doutrina particular a gente que toma o Santíssimo Sacramento. [...] O castigo que os índios têm é dado por seus meirinhos feitos pelos governadores e não há mais que quando fazem alguns delitos, o meirinho os manda meter em um tronco um dia ou dois, como ele quer; não tem correntes nem outros ferros da justiça [...]. Os padres incitam sempre os índios que façam sempre suas roças e mais mantimentos, para que, se for necessário, ajudem com eles aos portugueses por seu resgate, como é verdade que muitos portugueses comem das aldeias, por onde se pode dizer que os padres da Companhia são pais dos índios, assim das almas como dos corpos. (apud Saga, 1981: 133)

A COLONIZAÇÃO E A BUSCA DO PARAÍSO

O paraíso que os colonizadores procuravam nas terras descobertas não era o mesmo que ofereciam aos povos colonizados. Os conquistadores estavam em busca da riqueza, do poder e da glória, e pareciam dispostos a tudo para alcançar o que procuravam, mesmo que fossem os crimes mais hediondos, pois tinham certeza do perdão, já que julgavam estar conquistando almas para o reino de Deus. Portanto, o que almejavam era uma espécie de "terra prometida", onde viveriam do bom e do melhor, ou seja, o paraíso terrestre.

Aos povos dominados, índios e escravos africanos, porém, ofereciam o paraíso celeste. Mas isso tinha um preço, que não era baixo: a renúncia ao seu modo de viver, às suas crenças, e a submissão pura e simples ao colonizador, para quem deveriam trabalhar como escravos. Essa vida seria passageira, e só aqueles que nela se sacrificassem, renunciando aos prazeres deste mundo, submetendo-se à vontade dos representantes de Deus na Terra – o papa e o rei – é que conquistariam a felicidade eterna após a morte.

Caio Prado Júnior dá-nos uma boa ideia sobre o sentido geral da colonização do Brasil. O que o governo de Portugal queria

para sua colônia americana é que fosse uma simples produtora e fornecedora de gêneros úteis ao comércio metropolitano e que se pudessem vender com grandes lucros nos mercados europeus. Este será o objetivo da política portuguesa até o fim da era colonial. E tal objetivo ela o alcançaria plenamente, embora mantivesse o Brasil, para isto, sob um rigoroso regime de restrições econômicas e opressão administrativa. (1970: 55)

A PARTICIPAÇÃO DOS JESUÍTAS

A Companhia de Jesus foi fundada por Inácio de Loyola em 1534, tendo sido oficializada pelo papa em 1540, no contexto do movimento de reação da Igreja Católica contra a Reforma Protestante, como vimos no capítulo anterior. Seu principal objetivo era deter o avanço protestante em duas frentes:

– através da educação das novas gerações;
– por meio da ação missionária, procurando converter à fé católica os povos das regiões que estavam sendo colonizadas.

O primeiro grupo de jesuítas chegou ao Brasil em 1549, juntamente com o primeiro governador-geral, Tomé de Sousa. Chefiados pelo padre Manuel da Nóbrega, os jesuítas procuravam alcançar o seu objetivo missionário ao mesmo tempo que se integravam à política colonizadora do rei de Portugal.

O raciocínio era simples: para os colonizadores seria mais fácil submeter o índio e tomar suas terras se aqui se apresentassem em nome de Deus, abençoados pela Igreja; para os jesuítas seria mais fácil converter à fé católica e catequizar os índios se contassem com a ajuda das armas portuguesas.

Dessa forma, a realeza e a Igreja aliaram-se na conquista e dominação do Novo Mundo, visando alcançar com mais eficiência os seus objetivos: a realeza procurava facilitar o trabalho missionário e educativo da Igreja e esta, na medida em que buscava converter os índios aos costumes europeus e à religião católica, favorecia o trabalho colonizador da Coroa portuguesa.

Os jesuítas dedicaram-se, portanto, a duas tarefas principais: a pregação da fé católica e a educação. Com seu trabalho missionário, procurando salvar as almas, abriam caminho à penetração dos colonizadores; com seu trabalho educativo, ensinavam as primeiras letras e a gramática latina visando facilitar a doutrinação católica e a imposição dos costumes europeus.

De Salvador, aonde chegaram em 1549, os jesuítas espalharam-se rapidamente pelas várias regiões da colônia, primeiro para o sul e, em seguida, para o norte. Ao serem expulsos, em 1759, mantinham 36 missões, escolas de ler e escrever em quase todas as povoações e aldeias por onde se espalhavam suas 25 residências, além de 18 estabelecimentos de ensino secundário, entre colégios e seminários, localizados nos pontos mais importantes do Brasil: Bahia, São Vicente (depois, São Paulo), Rio de Janeiro, Olinda, Espírito Santo, São Luís, Ilhéus, Recife, Paraíba, Santos, Pará, Colônia do Sacramento, Desterro (hoje, Florianópolis), Paranaguá, Porto Seguro, Alcântara e Vigia.

Vamos refletir um pouco sobre essa aliança entre a Igreja Católica e a Coroa portuguesa, não lá na Europa, nos gabinetes de Roma e de Lisboa, mas aqui, em terras brasileiras. A expansão da fé católica foi a razão explícita da conquista das novas terras pelos portugueses. No Regimento que entregou a Tomé de Sousa, primeiro governador-geral do Brasil, dizia o rei de Portugal Dom João III: "A principal coisa que me moveu a mandar povoar as ditas terras do Brasil foi para que a gente dela se convertesse à nossa santa fé católica".

Será que foi isso mesmo? Segundo Anísio Teixeira (1983: 243), "proclamavam os europeus aqui chegarem para expandir nestas plagas o cristianismo, mas, na realidade, movia-os o propósito de exploração e fortuna. [...] A vida do recém-descoberto continente foi, assim, desde o começo, marcada por essa duplicidade fundamental: jesuítas e bandeirantes; 'fé e império'; religião e ouro".

Quem será que tem razão? E, nessa mistura entre política e religião, quem saiu ganhando? Ou as duas instituições se beneficiaram? E quais as consequências dessa aliança para os povos dessas terras? Para os indígenas? Para os africanos escravizados? E para a educação de crianças e jovens, submetidos diuturnamente ao ensino confessional católico?

As escolas de primeiras letras

Os jesuítas logo perceberam que seria mais fácil converter os índios à fé católica ensinando-lhes ao mesmo tempo a leitura e a escrita. Assim, ensinavam-lhes a leitura e a escrita por meio das orações e do catecismo. Por isso, em todas as aldeias organizavam escolas de ler e escrever, nas quais também transmitiam o idioma e os costumes portugueses.

No ensino de primeiras letras, os jesuítas mostraram grande capacidade de adaptação. Penetravam com igual facilidade na casa-grande dos senhores de engenho, na senzala dos escravos e na aldeia indígena. Em todos os ambientes procuravam orientar na fé jovens e adultos e ensinar as primeiras letras às crianças, adaptando-se às condições específicas de cada grupo. Para o trabalho junto aos índios, aprendiam e ensinavam nos colégios; serviam-se de órfãos vindos de Portugal para atrair mais facilmente as crianças índias e, por meio destas, buscavam conquistar seus pais.

Os jesuítas, portanto, assumiram a educação dos filhos dos senhores de engenho, dos colonos, dos índios e dos escravos africanos. A todos procuravam transformar em filhos da Companhia de Jesus e da Igreja, exercendo grande influência em todas as camadas da população.

Aos que se convertessem à fé católica e fossem batizados, os padres acenavam com as glórias do paraíso; os que resistiam eram ameaçados com as penas do inferno:

> Estava um índio doente nesta aldeia e viu-se tão mal que parecia a todos que morria. Falou-lhe o padre Gaspar Lourenço se queria ser cristão: ele secamente respondeu que não queria sê-lo. Voltou o padre a replicar sobre isto, pondo-lhe diante a glória do paraíso e as penas do inferno, e que em mui breve (das duas) uma: ou se fazia filho de Deus e herdeiro da glória ou servo perpétuo do diabo e morador do inferno. (Paiva, 1982: 55)

O ensino secundário

Segundo a *Ratio studiorum* – plano completo dos estudos mantidos pela Companhia de Jesus, implantado em 1599 – além das aulas elementares de ler e escrever, eram oferecidos três cursos: o curso de Letras Humanas e o de Filosofia e Ciências, considerados de nível secundário, e o curso de Teologia e Ciências Sagradas, de nível superior e destinado principalmente à formação de padres.

Concluídos os cursos de Letras Humanas e de Filosofia e Ciências, os jovens que não se destinassem à carreira eclesiástica, e que pretendiam continuar os estudos, deviam fazê-lo na Europa. A Universidade de Coimbra (Portugal) era a mais procurada no campo das ciências teológicas e jurídicas, enquanto a de Montpellier (França) era o destino mais frequente na área de Medicina.

O curso de Letras Humanas abrangia estudos de Gramática Latina, Humanidades e Retórica.

> A gramática era ensinada, normalmente, em três classes: ínfima, média e suprema. Na ínfima aprendiam-se os elementos e as regras gerais da sintaxe; na média, estudavam-se, de modo geral, todas as partes da gramática; e, na superior, este estudo aprofundava-se com a análise dos problemas da prosódia latina e de todos os demais aspectos da gramática. (Carvalho, 1978: 112)

Terminada a gramática, os alunos passavam para a classe de Humanidades, que abrangia o estudo de História, Poesia e Retórica. Embora fosse, muitas vezes, encarada como uma classe à parte, parece que a Retórica também estava incluída na classe de Humanidades.

A duração dos estudos de Gramática, Humanidades e Retórica era variável, geralmente de cinco ou seis anos.

Concluído o curso de Letras Humanas, os estudantes frequentavam as classes de Filosofia. Esta compreendia estudos de Lógica, Metafísica, Moral, Matemática e Ciências Físicas e Naturais.

A duração global dessas classes chegava a três anos. Assim, os cursos de grau médio tinham uma duração total de oito ou nove anos.

O MÉTODO PEDAGÓGICO DOS JESUÍTAS

Das várias passagens da *Ratio studiorum*, selecionamos algumas regras destinadas aos professores, para que bem desempenhassem a sua função, que nos dão uma ideia aproximada a respeito do método de ensino dos jesuítas:

- Que o professor ensine os jovens confiados à educação da Companhia de modo que aprendam, com as letras, também os costumes dignos de um cristão.
- Antes do começo da aula recite para alguém uma oração breve e apropriada, que o professor e todos os alunos ouvirão atentamente de cabeça descoberta e de joelhos.
- Assistam todos à missa e à pregação; à missa diariamente, à pregação nos dias de festa.
- Nas classes de Gramática principalmente e, se for mister, também nas outras, aprenda-se e recite-se de cor a doutrina cristã, às sextas-feiras e aos sábados.
- Haja também às sextas-feiras ou aos sábados, por meia hora, uma exortação espiritual ou explicação da doutrina.
- Conserve todas as aulas no seu nível.
- Os alunos recitem as lições aprendidas de cor.
- Nas classes de gramática, todos os dias, apresentem-se, com exceção do sábado, trabalhos escritos.
- De regra, os trabalhos escritos deverão corrigir-se em particular e em voz baixa, com cada aluno, de modo que aos outros se

deixe, no intervalo, tempo para exercitarem-se no escrever. É bom, contudo, no princípio e no fim da aula, ler e comentar publicamente alguns espécimes ora dos melhores, ora dos piores.

- Todos os dias deveria o professor corrigir os trabalhos escritos de cada um.
- Enquanto corrige os trabalhos escritos, prescreva ora um ora outro exercício, de acordo com o nível da aula.
- Do mesmo modo, faça-se a repetição da lição do dia e da véspera, ou toda por um só aluno, ou, melhor, em partes por vários, a fim de que se exercitem todos; perguntem-se os pontos mais importantes e mais úteis, primeiro aos alunos mais adiantados depois também aos outros.
- Sabatina: no sábado recorde-se de tudo o que foi ensinado na semana.
- Na preleção só se expliquem os autores antigos, de modo algum os modernos.
- A forma geral da preleção é a seguinte: em primeiro lugar leia seguidamente todo o trecho; em segundo lugar exponha em poucas palavras o argumento e, onde for mister, a conexão com o que precede; em terceiro lugar leia cada período e, no caso de explicar em latim, esclareça os mais obscuros, ligue um ao outro e explane o pensamento; em quarto lugar, retomando o trecho de princípio faça as observações adaptadas a cada classe.
- Um mês, mais ou menos, antes do exame para assegurar promoção geral, em todas as classes, com exceção talvez da Retórica e nos pontos mais importantes, sejam os alunos submetidos a intensos exercícios. Se algum aluno se houver distinguido notavelmente no decurso do ano, informe o professor ao prefeito para que, após um exame privado, seja promovido à classe superior.
- Nada mantém tanto a disciplina quanto a observância das regras.
- Não seja precipitado no castigar, nem demasiado no inquirir; dissimule de preferência quando o puder sem prejuízo de ninguém; não só não inflija nenhum castigo físico (este é ofício do corretor), como também abstenha-se de qualquer injúria, por palavras ou atos; não chame ninguém senão pelo seu nome ou cognome; por vezes é útil em lugar do castigo acrescentar algum trabalho literário além do exercício de cada dia.

Pensemos um pouco mais nos procedimentos didáticos do método pedagógico dos jesuítas, em confronto com o que acontece em nossas escolas. Desses procedimentos, ainda subsistem alguns em nossas escolas? Quais? E são adequados à nossa realidade?

Dos procedimentos que não adotamos atualmente, existe algum que se deveria voltar a utilizar? Qual(is)? Por quê?

De um modo geral, pela pequena amostra apresentada, como pode ser avaliado o método pedagógico dos jesuítas? Será que os atuais professores desempenhariam melhor o seu papel se tivessem orientações e diretrizes claras, objetivas e diretas como os que atuavam em escolas jesuíticas? Por quê?

A EXPULSÃO DOS JESUÍTAS E A REFORMA DA EDUCAÇÃO

Sebastião José de Carvalho e Melo, o marquês de Pombal, foi primeiro-ministro de Portugal de 1750 a 1759. Em seu governo tomou várias medidas com vistas a centralizar a administração da colônia, de forma a controlá-la de maneira mais eficiente: suprimiu o sistema de capitanias hereditárias, elevou o Brasil à categoria de vice-reinado, transferiu a capital de Salvador para o Rio de Janeiro etc.

Também entrou em conflito com a Companhia de Jesus, atribuindo-lhes intenções de opor-se ao controle do governo português. Do conflito, chegou-se ao rompimento: os jesuítas foram expulsos de Portugal e de suas colônias e, por alvará de 28 de junho de 1759, o marquês de Pombal suprimiu as escolas jesuíticas. Em seu lugar foram criadas as aulas régias de Latim, Grego e Retórica que nem de longe chegaram a substituir o eficiente sistema de ensino organizado pela Companhia de Jesus.

Valnir Chagas explica o que são as aulas régias e as consequências da reforma pombalina para o ensino brasileiro da época:

> Pior é que, para substituir a monolítica organização da Companhia de Jesus, algo tão fluido se concebeu que, em última análise, nenhum sistema passou a existir. No reino, seria instalada uma longínqua e ausente Diretoria de Estudos que, em rigor, só começaria a operar após o afastamento de Pombal; na colônia imensa, uma *congérie* de aulas régias superintendidas pelo Vice-Rei. Cada aula régia constituía uma unidade de ensino, com professor único, instalada para determinada disciplina. Era autônoma e isolada, pois não se articulava com outras nem pertencia a qualquer escola. Não havia currículo, no

> sentido de um conjunto de estudos ordenados e hierarquizados, nem
> a duração prefixada se condicionava ao desenvolvimento de qualquer
> matéria. O aluno se matriculava em tantas "aulas" quantas fossem as
> disciplinas que desejasse. Para agravar esse quadro, os professores
> eram geralmente de baixo nível, porque improvisados e mal pagos,
> em contraste com o magistério dos jesuítas, cujo preparo chegava ao
> requinte. Nomeados em regra por indicação ou sob concordância de
> bispos, tornavam-se "proprietários'" das respectivas aulas régias que
> lhes eram atribuídas, vitaliciamente [...]. (1980: 9)

Na verdade, em comparação com a amplitude das escolas jesuíticas, poucas aulas régias chegaram a ser instaladas. Antes de 1772, sabe-se com certeza da existência de algumas aulas régias de Latim em Pernambuco. A partir desse ano, graças à criação de um imposto para o ensino – o subsídio literário –, foram instaladas 17 aulas de ler e escrever, 15 aulas de Gramática latina, 6 aulas de Retórica, 3 aulas de língua grega e 3 de Filosofia, em diferentes pontos da colônia.

Paralelamente às aulas régias, os estudos continuaram sendo ministrados em seminários de outras ordens religiosas. Merece destaque o Seminário de Olinda, criado em 1798 e instalado em 1800 por Dom Azeredo Coutinho, governador interino e bispo de Pernambuco. O Seminário de Olinda tornou-se centro de difusão de ideias liberais, dando especial ênfase ao estudo das matemáticas e das ciências naturais. Seus alunos e padres participaram de vários movimentos revoltosos, como a Revolução Pernambucana, de 1817, e a Confederação do Equador, de 1824.

Do ponto de vista formal, pode-se afirmar que o ensino secundário do Seminário de Olinda tinha uma estrutura curricular propriamente dita, os cursos tinham uma duração determinada e os estudantes eram reunidos em classe e trabalhavam de acordo com um plano previamente estabelecido.

Segundo o professor da Universidade de São Paulo (USP) e especialista na matéria, Laerte Ramos de Carvalho, o objetivo superior da reforma pombalina dos estudos

> foi criar a escola útil aos fins do Estado e, nesse sentido, ao invés
> de preconizarem uma política de difusão intensa e extensa do traba-
> lho escolar, pretenderam os homens de Pombal organizar a escola
> que, antes de servir aos interesses da fé, servisse aos imperativos
> da Coroa. (1978: 139)

Neste ponto, a classe pode ser dividida em grupos, a metade dos quais desenvolve argumentos a favor da expulsão dos jesuítas e das reformas pombalinas da educação; a outra metade argumenta a favor dos jesuítas e da educação por eles empreendida. Algumas questões podem facilitar a discussão:

- Pombal acertou ao expulsar os jesuítas? Por quê?
- As aulas régias eram melhores que as aulas das escolas jesuíticas?
- O que seria melhor para a formação de crianças e jovens: a escola que servia "aos interesses da fé" ou a escola que "servisse aos imperativos da Coroa"?
- Ou, ainda, nenhum dos dois sistemas foi satisfatório em termos de educação? Por quê?

Frases do padre José de Anchieta

Este gentio é de qualidade que não se quer por bem, senão por temor e sujeição, como se tem experimentado e por isso, se V. S. os quer ver convertidos, mande-os sujeitar.

Parece-nos agora que estão as portas abertas nesta Capitania para a conversão dos gentios, se Deus Nosso Senhor quiser dar maneira, com que sejam postos debaixo de jugo, porque para este gênero de gente não há melhor pregação do que espada e vara de ferro.

As camas [dos missionários] são redes, que os índios costuram; os cobertores, o fogo que os aquenta, para o qual os irmãos, acabada a lição da tarde, vão ao mato em busca de lenha e a trazem às costas para passar a noite; o vestido é muito pobre, de algodão, sem calças, nem sapatos.

[Os missionários] fazem alpercatas de cardos bravos, que lhes servem de sapatos; aprendem a sangradores, barbeiros e todos os mais modos e ofícios que podem ser de préstimo a todos os próximos neste desterro de mundo.

Comênio e a educação moderna

*Não se deve aprender coisa alguma
exclusivamente para a escola, mas para
a vida, a fim de que os alunos não tenham de
lançar ao vento nenhuma de suas
aquisições ao sair da escola.*
(João Amós Comênio, 1592-1670)

Comênio foi considerado o mais importante pensador educacional do século XVII. Escreveu mais de cem tratados e livros. Suas principais ideias educacionais estão contidas em sua obra *Didática magna*, que trata de numerosos assuntos relacionados com a educação, afirmando, por exemplo, que o objetivo da educação é auxiliar o homem a alcançar o seu fim último, ou seja, a sua felicidade eterna com Deus. Mas isso não era novidade, pois todos os educadores da época concordavam nesse ponto.

Comênio, porém, inovou. Enquanto os outros afirmavam que a educação, para alcançar seu objetivo, deveria tentar destruir os desejos naturais, instintos e emoções, Comênio afirma que o objetivo devia ser alcançado pelo domínio de si mesmo, o qual é assegurado pelo autoconhecimento e pelo conhecimento de todas as coisas úteis.

Mas, sendo ele um clérigo, acreditava que isso só seria possível alcançar através da universalização da mensagem divina, com a leitura da Bíblia e com a moralização das grandes massas. Nesse sentido, a *Didática magna*, publicada em 1632, seria de fundamental importância. A proposta didática de Comênio é grandiosa: ensinar tudo a todos.

A Didática magna e os modelos mecânicos

Influenciado pelos novos modelos mecânicos, Comênio estabeleceu sua teoria geral do ensino com base na necessidade da ordem sob os aspectos mais gerais. Toda sua concepção de ensino se funda sobre as necessidades da produção de massa. Assim, na sua tentativa de tornar suficientemente barata a educação para incluir os pobres, ele procurou economizar graças a uma boa utilização do tempo. [...] "Eu sustento que não é somente possível para um professor ensinar a várias centenas de alunos por vez, declara ele, mas que a coisa é, além do mais, essencial." (apud Mumford, 1974: 135-136)

Graças à prensa de imprimir, que pode cobrir milhares de folhas por dia com a mais limpa escrita, já não será difícil ensinar a não importa que número desejado de alunos. Na parte final da *Didática magna*, Comênio afirma:

> Desejamos que o método de ensino seja levado a tal perfeição que entre a forma de instrução comum, até agora usada, e a nova forma haja diferença idêntica à que se observa entre a técnica usada antigamente para transcrever livros à mão e a arte tipográfica depois descoberta e agora em uso. (2006: 361)

A questão central do método de Comênio

Ao formular seu método, Comênio considerou a eficácia na transmissão como uma questão central. Tanto que observou:

> Como até hoje, o método de educar tem sido tão vago que só uns poucos têm coragem de dizer: "conduzirei esta criança até este ponto em tantos e tantos anos, e a instruirei deste e daquele modo", será preciso estudar como essa arte da plantação espiritual pode ser edificada sobre fundações tão sólidas que nunca possa falhar, mas apenas prosseguir com segurança. (2006: 146)

A ideia do método e da ordem era muito cara a Comênio. A novidade do seu método, mais do que em qualquer outra coisa, residia em seu caráter sistemático e em seu fundamento na natureza. Ele preconizou a sala de aula que hoje chamamos de "tradicional", com o professor como figura central, que expõe didaticamente a matéria aos alunos, que, por sua vez, o escutam e obedecem. Nesse caso, o problema central é como conseguir que os alunos escutem. A esse propósito, Comênio anuncia o que, em sua época, era uma proposta nova: "Para qualquer estudo encetado, é preciso predispor as mentes dos alunos. [...] Devem ser afastados dos estudantes todos os tipos de obstáculos. 'De nada aproveitará ditar preceitos se antes não forem afastados os obstáculos', diz Sêneca" (2006: 153).

O método de Comênio, com sua nova proposta, surge num momento importante da história da educação, ou seja, quando a educação elementar passa a ser obrigatória.

Mecanização: uma metáfora recorrente

Pelas propostas do método de Comênio, não é de estranhar que, ao analisá-lo, a mecanização surja como metáfora recorrente. Assim, segundo Mumford, Comênio não foi apenas o precursor, mas também o inventor da educação mecanicamente programada. É dele a seguinte afirmação: "Será tão agradável ver a educação realizada segundo meu plano como olhar uma máquina automática, e o procedimento será tão isento de fracasso como estas invenções mecânicas, quando são corretamente fabricadas." (apud Mumford, 1974: 136)

Maravilhado, Comênio indaga:

> Não é uma coisa na verdade maravilhosa que uma máquina, um objeto sem alma, possa se mover de maneira tão semelhante à vida, tão contínua, tão regular? Antes da invenção dos relógios, a existência dessas coisas não parecia tão impossível como o fato de que as árvores pudessem andar, ou as pedras falar? (apud Mumford, 1974: 137)

Mais tarde, com a invenção de uma grande variedade delas, com capacidades fabulosas, superando de muito as de qualquer relógio, aumentou ainda mais o envolvimento afetivo de Comênio com as máquinas. É o mesmo sentimento que se observa hoje, em nossos teóricos, em relação às possibilidades educacionais da informática.

Vemos que Comênio era fascinado pelas máquinas, propondo um ensino "automático", que funcionasse com tanta eficiência quanto elas. Hoje máquinas e robôs dominam a produção industrial e os computadores exercem tanto ou até mais fascínio que as primeiras máquinas admiradas por Comênio.

A introdução maciça do computador nas escolas tem implicações fundamentais no modo como as crianças conhecem e experimentam o mundo. As simulações do computador, por exemplo, apresentam situações em que as crianças não precisam considerar as experiências e limitações do seu mundo real. Além disso, o uso intenso do computador pode provocar o surgimento ou aumento da solidão, diminuindo as chances de interação real entre as pessoas.

Tais observações suscitam interessantes questões para a nossa reflexão:

– Na escola, em termos de conhecimento, o que existe além do computador e que só o professor pode ensinar?

– As crianças devem ser expostas à informática desde a sua mais tenra idade? Por quê?

- Os computadores e seus programas são essenciais para a educação infantil?
- O que podemos esperar que as crianças ganhem com isso?
- O que elas podem perder?

(Questões baseadas em Armstrong e Casement, 2001: 13-14)

Comênio: para além da metáfora mecânica

A proposta pedagógica de Comênio não chegou a se concretizar completamente. E, como vimos, não é autor de uma obra só – a *Didática magna*. Escreveu outras obras, tais como os livros didáticos *sensoriais*, que ensinavam por meio de imagens.

Para além da educação mecanicamente programada, sua preocupação era com a comunicação. Tanto que, para ele, seria preciso

> inventar uma pedagogia da comunicação, atraente, sem fraqueza, aberta a todos, aplicável ao mais vasto campo – tanto espiritual como profissional – uma metodologia sem autoritarismo, doce, clara, eficaz, que renda aos valores morais os cuidados que merecem. [...] Trata-se de colocar à disposição de todos uma ética intelectual fundada sobre a comunicabilidade dos seres, uma verdadeira antropologia, cujos alicerces repousam sobre a transmissão e cujos aspectos se inscrevem em termos tanto políticos como econômicos. (Strivay, 2006: 190)

Para além da metáfora mecânica, as ideias que serviram de fundamento à didática de Comênio continuam e continuarão importantes. Essas ideias são basicamente três: naturalidade, intuição e autoatividade. A arte de ensinar, segundo Comênio, não exige outra coisa senão a judiciosa disposição do tempo e das coisas. E tal disposição deve apoiar-se na natureza como sobre uma rocha inabalável. Para Comênio, a arte não pode ser outra coisa que a imitação da natureza. E tudo o que é natural avança por si mesmo.

Nos tratados de história da educação, Comênio tem um lugar de destaque. Ele é considerado o fundador da Pedagogia moderna, profeta da moderna escola democrática e pai dos modernos métodos de ensino.

Frases de Comênio

O espírito humano é um celeiro de tal modo impossível de encher que, do ponto de vista do conhecimento, ele representa um abismo.

Quanto mais numerosos são os problemas sobre os quais se reflete, maior é o risco de não compreender nenhum.

Três coisas dão ao aluno a possibilidade de superar o mestre: colocar muitas questões, reter as respostas, ensinar.

Demolindo casas, ninguém jamais aprendeu a se tornar pedreiro, nem a se tornar alfaiate rasgando roupas.

Quem projeta construir começa, geralmente, por desobstruir o terreno indo até a demolição do velho edifício pouco cômodo e ameaçando ruir.

O que são os ricos sem sabedoria senão porcos engordados pelo farelo? O que são os pobres que nada compreendem senão asnos infelizes condenados a carregar a carga?

Age insensatamente aquele que se esgota querendo ensinar aos alunos, não tanto aquilo que eles podem saber, mas aquilo que ele deseja que saibam.

Sábio é quem conhece as coisas úteis, não quem conhece muitas coisas.

Comênio percebeu e criticou as falhas da escola, sobretudo as de natureza metodológica. Tanto que afirmou: "Na educação da juventude usa-se quase sempre um método tão duro que as escolas são consideradas espantalhos das crianças ou câmaras de tortura das inteligências... O que se pode inculcar e infundir suavemente nos espíritos é neles impresso violentamente, ou melhor, é neles enterrado e ensacado. O que pode ser posto diante dos olhos de modo claro e distinto é apresentado de modo obscuro e confuso e intrincado, como por meio de enigmas." (apud Covello, 1991: 19).

Passados cerca de 400 anos dessas observações, perguntamos se nossas escolas melhoraram significativamente em relação aos seus métodos de ensino. Em que aspectos precisam ainda melhorar? Que fatores impedem essa mudança para melhor?

Pensando agora nas propostas de Comênio para a educação, quais as que ainda permanecem atuais e importantes? E quais as que já estão superadas?

Rousseau e a educação romântica

Tudo é bom ao sair das mãos do autor da natureza;
mas tudo se degenera nas mãos do homem.
(Jean-Jacques Rousseau, 1712-1778)

As ideias de Jean-Jacques Rousseau, somadas às de outros pensadores de sua época, influenciaram eficazmente na Revolução Francesa de 1789. Dos três lemas dos revolucionários – liberdade, igualdade e fraternidade –, apenas o último não foi tratado por Rousseau.

Rousseau: romântico e naturalista

Em suas obras, Rousseau deu amplo espaço ao sentimento e à natureza. Por isso, ele é considerado *romântico* e *naturalista*. De acordo com ele, o ser humano é naturalmente bom. É a sociedade e a civilização que o põem a perder.

Na educação, o movimento naturalista representou uma revolução. É que, na última parte do século XVII e maior parte do século XVIII, o formalismo estéril e sem vida que dominou a religião se refletiu, também, na educação. A filosofia romântica e do sentimento reage contra esse formalismo e, em seu lugar, propõe uma concepção da vida espontânea e sincera. Assim, os românticos atacam a concepção racionalista do mundo e da vida e defendem a importância do sentimento, da fantasia, da intuição, do desejo e das forças irracionais da vida.

Rousseau, o profeta do romantismo, contrapõe-se frontalmente às ideias predominantes na época sobre a natureza humana. De acordo com essas ideias, a natureza humana seria essencialmente má e caberia à educação destruir a natureza original e substituí-la por outra modelada pela sociedade. Opondo-se a essa maneira de pensar, Rousseau começa sua importante obra *Emílio ou da educação* com a seguinte afirmação: "Tudo é certo em saindo das mãos do Autor das coisas, tudo degenera nas mãos do homem" (Rousseau, 1968: 9).

Rousseau representou uma total transformação na concepção da Pedagogia. Privilegiou a abordagem antropológica – o sujeito, a criança – em detrimento da epistemológica, centrada no saber e sua transmissão à criança como algo já pronto. Centralizou sua abordagem na criança, considerada não apenas um ser em construção, mas simplesmente uma criança, isto é, como um ser perfeito.

Outros aspectos considerados positivos no pensamento pedagógico de Rousseau referem-se à redescoberta da educação dos sentidos, à valorização do jogo, do trabalho manual, do exercício físico e da higiene.

Quanto a aspectos negativos, podemos mencionar o papel que Rousseau atribui ao trabalho. Trata-se de um papel que não leva em conta a realidade da Revolução Industrial. Os enciclopedistas, por exemplo, tiveram bem mais consciência dessa realidade.

ROUSSEAU E OS ENCICLOPEDISTAS

Enciclopedistas é o nome pelo qual se designam os homens de ciência franceses que redigiram a *Enciclopédia* ou *Dicionário Raciocinado das Ciências, das Artes e dos Ofícios*. Dirigida por D'Alembert e Diderot, a *Enciclopédia* tinha por objetivo tornar conhecidos os progressos da ciência e do pensamento em todos os campos. Os principais enciclopedistas, além dos dois já citados, foram Voltaire, Jaucourt, Montesquieu e o próprio Rousseau.

Porém, entre Rousseau e os demais enciclopedistas havia mais desacordo do que harmonia. Enquanto seus pares exaltavam a razão e a cultura acumulada ao longo da história, Rousseau, como vimos, defendia a primazia da emoção. Além disso, ele afirmava que a civilização havia afastado o ser humano da felicidade. Assim, enquanto seus pares sistematizavam, na *Enciclopédia*, todo o saber do mundo, ele pregava a experiência direta, a simplicidade e a intuição ao invés da erudição. Mesmo assim, Rousseau encarregou-se do verbete sobre música na obra conjunta dos enciclopedistas.

Com o tempo, no entanto, as relações entre Rousseau e os demais enciclopedistas chegaram ao conflito aberto. Tanto que Voltaire fez campanha pública contra ele, divulgando o fato de ter entregado os filhos à adoção. Rousseau, porém, tinha seus seguidores. Eles estavam principalmente entre os artistas ligados ao Romantismo. Foram eles os responsáveis pela divulgação das suas ideias, que tiveram uma influência profunda no espírito da época.

Influências e críticas

Rousseau é considerado, na educação, o *pai do espontaneísmo* e da *Escola Nova*. É considerado, também, o precursor do *laissez-faire*, isto é, de deixar a criança em desenvolvimento totalmente livre da interferência do adulto.

Muitos educadores foram influenciados pelas ideias pedagógicas de Rousseau. Alguns, inclusive, chegaram a realizá-las no campo da própria escola. Entre outros, podemos citar Pestalozzi, Froebel, Maria Montessori e John Dewey.

Diversos pensadores da educação, no entanto, criticaram certos aspectos do pensamento pedagógico rousseauniano. Uma das principais críticas refere-se à sua ausência de visão histórica. E a educação de acordo com a natureza humana é incompreensível sem a história, pois nossa consciência é memória e tendência, e, ao mesmo tempo, tradição e renovação.

Essa ausência de visão histórica é inerente a todo naturalismo, que não considera os bens da cultura como forças modeladoras de fundamental importância. No entanto, como se sabe, não existe uma natureza humana geral e abstrata. Todo ser humano desenvolve-se numa e por uma comunidade histórica e concreta.

Outra crítica que se lhe faz é a de não ter dado valor à educação pública. Além disso, seu conceito de educação feminina é deficiente e tradicional, se comparado às demais propostas de sua pedagogia. Ele afirma, por exemplo, que toda a educação das mulheres deve ser relativa aos homens. Diz que elas devem gostar deles, cuidar deles, ser-lhes úteis, aconselhá-los, consolá-los, enfim, tornar-lhes a vida agradável e doce. Esses, segundo ele, seriam os deveres das mulheres de todos os tempos.

Sua crença na superioridade absoluta dos povos primitivos também recebeu muitas críticas. Seu contemporâneo Voltaire, por exemplo, zombou muito dessa crença, e os dois tornaram-se inimigos justamente por isso.

Tanto que, quando recebeu de Rousseau o livro *O discurso sobre a origem da desigualdade entre os homens*, Voltaire, numa carta, lhe respondeu:

> Recebi Senhor, o seu novo livro contra o gênero humano, muito obrigado. O Senhor agradará aos homens, aos quais diz umas verdades, mas não há de corrigi-los. Não se pode pintar com cores mais fortes os horrores da sociedade humana. [...] Nunca se usou tanto espírito com o propósito de nos fazer estúpidos: a gente tem vontade de andar de quatro, quando se lê sua obra. (apud Oster, 1993: 280)

Apesar de divergirem no campo das ideias, Voltaire e Rousseau tinham uma coisa em comum: frequentemente se viam obrigados a fugir de seu país e a adotar nomes falsos para escapar da perseguição das autoridades enraivecidas com as ideias de ambos.

Hegel, outro filósofo que dirigiu críticas a Rousseau, considerava que o estado de natureza é insuficiente, pois sua rudeza e sua violência conduzem à barbárie. Kant, no entanto, confessava não conseguir reler *Emílio* sem um novo entusiasmo. Houve um tempo, dizia ele, "em que eu pensava orgulhosamente que o saber constituía a honra da humanidade e desprezava o povo ignorante. Esta ilusória superioridade desapareceu: aprendi a honrar os homens" (apud Rolland, 1940: 31).

Augusto Comte, em sua obra *Curso de filosofia positiva*, observa: "A presidência revolucionária devia flutuar entre a escola filosófica de Voltaire e a escola política de Rousseau: uma, cética, proclama a liberdade, a outra, anárquica, devotada à igualdade; a primeira frívola, a segunda declamatória; as duas incapazes de construir alguma coisa." (apud Oster, 1993: 473)

Independentemente da opinião e da conclusão de Comte, o certo é que Rousseau, de um lado, e Voltaire e os enciclopedistas, de outro, andaram sempre às turras. Os dois lados tinham suas razões. Para chegar a ideias mais claras sobre essas razões, a turma pode se dividir em duas partes para desenvolver e debater argumentos a favor de Rousseau, uma parte, ou a favor de Voltaire e dos enciclopedistas, a outra metade da turma. Algumas questões podem facilitar a discussão:

– O que cada lado exaltava?
– Que aspectos do pensamento pedagógico de Rousseau foram mais elogiados? E quais foram mais criticados?
– O que pretendiam os enciclopedistas ao redigir a *Enciclopédia*?

Obras e méritos de Rousseau

Se Kant ficava entusiasmado ao reler *Emílio*, o conjunto da obra de Rousseau, além das críticas, despertou grande entusiasmo através do tempo. Qual o motivo? Romain Rolland (1866-1944), por exemplo, afirmou que Rousseau "possuía um generoso instinto da verdadeira moral, sã e viva, nada dogmática, nada abstrata, nunca sujeita a princípios ou a um Credo, mas adaptada às justas necessidades de fraquezas profundamente humanas" (Rolland, 1940: 34).

Emílio ou da educação é um romance pedagógico em que Rousseau pretende ensinar como se devem formar as pessoas partindo do princípio de que *o homem é naturalmente bom* e de que, sendo má a educação dada pela sociedade, convém estabelecer uma educação negativa como a melhor ou, antes, como a única boa. Segundo ele, a educação negativa consiste em não ensinar os princípios da virtude ou da verdade, mas em proteger o coração contra o vício e o espírito contra o erro.

Assim, para Rousseau, toda a educação da criança deveria surgir do livre desenvolvimento da sua própria natureza. Em outras palavras, de suas próprias potencialidades e de suas inclinações naturais. Por isso, a vontade da criança não deveria ser contrariada.

Numa de suas cartas, Rousseau, ao defender o princípio da bondade natural que fundamenta o *Emílio*, estabelece a *educação negativa como a melhor ou, melhor dizendo, a única boa*. Mas em que consiste a educação negativa? Ele explica:

> Chamo de educação negativa aquela que tende a aperfeiçoar os órgãos, instrumentos dos nossos conhecimentos, e que prepara à razão pelo exercício dos sentidos. A educação negativa não é ociosa, longe disso. Ela não traz virtudes, mas previne os vícios; ela não ensina a verdade, mas protege do erro. Ela dispõe a criança de tudo o que possa levá-la ao verdadeiro quando ela está em condições de entendê-lo; e ao bem quando ela está em condições de amá-lo. (apud Cerizara, 1990: 100-101)

E a educação positiva? Em que consiste? "Eu chamo educação positiva", escreve Rousseau, "aquela que tende a formar o espírito antes da idade e dar à criança o conhecimento dos deveres do homem" (apud Cerizara, 1990: 100).

Rousseau estruturou o seu livro *Emílio* em cinco partes, seguindo as diferentes fases da vida do personagem, desde o seu nascimento até a idade de 25 anos. Essa divisão tem a ver com a sua intenção de reconstruir a história do indivíduo humano da mesma forma como tratou a história da espécie no *Discurso sobre a origem da desigualdade entre homens*, em que ele condena a influência corrosiva da sociedade educada, incluindo as artes e a política, na formação da humanidade.

Outra obra fundamental de Rousseau é *O contrato social*, que inicia com a famosa frase: "O ser humano nasce livre e em toda parte está a ferros" (Rousseau, 2010: 23).

Escreveu também uma obra autobiográfica intitulada *As confissões*, na qual nada oculta do que fez de bom e de mal. Essa obra só foi publicada após sua morte.

Quanto aos méritos de Rousseau na educação, geralmente, citam-se os seguintes:

a) O de ter feito da *criança o verdadeiro fator do processo educativo*. Enquanto a pedagogia anterior se deteve na consideração dos fins da educação, subordinando a eles a natureza da criança, ele proclamou que o objeto e guia da educação é o sujeito que se educa.

b) O de ter considerado a *educação como um processo vital*, que dura a vida toda. E, além disso, de ser um processo que tem significado e valor em si mesmo e não somente em função de uma vida futura. Por isso, ele indagou: "Que pensar então dessa educação bárbara que sacrifica o presente a um futuro incerto, que acumula a criança de cadeias de toda espécie e começa por torná-la miserável a fim de preparar-lhe, ao longe, não sei que pretensa felicidade de que provavelmente não gozará nunca?" (Rousseau, 1968: 60)

c) O de ter acentuado a importância de ensinar pelo *interesse natural da criança* e não pelo esforço artificial. A respeito disso ele afirmou: "O interesse imediato, eis o grande móvel, o único que leva longe e com segurança" (Rousseau, 1968: 110).

d) O de ter proclamado a vantagem da *educação ativa*, ou melhor, *autoativa*. Sobre isso ele afirmou: "Nas educações mais cuidadas, o mestre manda e pensa governar: é na realidade a criança que governa. Ela se vale do que exigis dela para obter o que lhe agrada." (Rousseau, 1968: 144).

e) O de ter mostrado a importância do *ensino intuitivo*. Guiado pelo mestre, Emílio percorre a localidade onde vive e, com isso, adquire por intuição, por visão imediata, conhecimentos de Geografia e de História Natural.

Os méritos de Rousseau caminham lado a lado com seus paradoxos e contradições. É o caso, por exemplo, de afirmar que

> o preceptor nada deve fazer pela criança, desde que mantenha sob controle tanto o meio educativo quanto o aluno; deve deixar seu aluno livre para agir desde que tenha tudo planejado e previsto. [...] Contradições à parte, o texto rousseauniano provoca o pensamento e coloca-nos num movimento pendular entre o possível e o desejável. Sem constituir defeito, o paradoxo revela-se o motor de um pensamento que não mais se contentará com fórmulas feitas, mas estará sempre se questionando, sempre em busca de novas sínteses. (Cerizara, 1990: 167)

De acordo com Stendhal, Rousseau "é um desses autores insolentes que forçam os leitores a pensar" (apud Cerizara, 1990: 157). Então, podemos pensar e tentar responder às seguintes questões:

- É possível ensinar pelo *interesse natural da criança* e pelo esforço artificial?
- Em sua opinião, o ensino intuitivo é valorizado nas nossas escolas?
- O que você pensa a respeito da afirmação de Rousseau de que "o homem é naturalmente bom"?
- Qual a diferença entre educação negativa e educação positiva de acordo com Rousseau?
- Você concorda com a posição de Rousseau em relação à educação negativa e a educação positiva?

SEGUIDORES DE ROUSSEAU

Dentre os seguidores de Rousseau no campo educacional, além de Maria Montessori, que apresentaremos no capítulo "Maria Montessori e a educação científica", destacam-se Pestalozzi, Herbart e Froebel.

PESTALOZZI

Johann Heinrich Pestalozzi (1746-1827) tentou colocar em prática e desenvolver as ideias de Rousseau sobre a educação, inicialmente com seu próprio filho; em seguida, quando dirigiu a que foi, provavelmente, a primeira escola profissional para pobres (1775-1780); depois, com os escritos literários, defendendo a educação como fator de reforma social (1780-1798); e, finalmente, tornando-se mestre-escola aos 50 anos, função que exerceu durante 20 anos.

Suas principais obras foram *Leonardo e Gertrudes* (1781) e *Como Gertrudes ensina seus filhos* (1801). Na primeira descreve a vida simples do povo rural e as grandes mudanças ali promovidas pela inteligência de Gertrudes, uma mulher simples que conquista todos os vizinhos e reforma toda a aldeia através da educação. Na segunda obra, Pestalozzi procura definir os conhecimentos e habilidades práticas necessários para a criança e como deveriam ser ensinados.

Pestalozzi encarava a educação, a ser promovida naturalmente segundo o desenvolvimento das crianças, como o principal meio de reforma social. Para ele, a educação consistia no desenvolvimento moral, mental e físico da natureza da criança, permitindo ao povo a superação de sua ignorância, imundície e miséria.

Dentre os princípios gerais dos métodos propostos por Pestalozzi, Morf, um de seus discípulos, elencou os seguintes (apud Monroe, 1983: 288):

1. A observação ou percepção sensorial (intuição) é a base da instrução.
2. A linguagem deve estar sempre ligada à observação (intuição), isto é, ao objeto ou conteúdo.
3. A época de aprender não é época de julgamento e crítica.
4. Em qualquer ramo, o ensino deve começar pelos elementos mais simples e proceder gradualmente de acordo com o desenvolvimento da criança, isto é, em ordem psicológica.
5. Tempo suficiente deve ser consagrado a cada ponto do ensino, a fim de assegurar o domínio completo dele pelo aluno.
6. O ensino deve ter por alvo o desenvolvimento e não a exposição dogmática.
7. O mestre deve respeitar a individualidade do aluno.
8. O fim principal do ensino elementar não é ministrar conhecimentos e talento ao aluno, mas sim desenvolver e aumentar os poderes da sua inteligência.
9. O saber deve corresponder ao poder e a aprendizagem à conquista de técnicas.
10. As relações entre o professor e o aluno, especialmente em disciplina, devem ser baseadas e reguladas pelo amor.
11. A instrução deve estar subordinada ao fim mais elevado da educação.

HERBART

Como professor de Filosofia e Educação nas universidades de Göttingen e Königsberg, na Alemanha, Johann Friedrich Herbart

(1776-1841) aprofundou as propostas de Pestalozzi, dando-lhe um cunho mais teórico. Na universidade de Königsberg, entretanto, Herbart não deixou de ter uma preocupação pela prática educacional: aí organizou um seminário pedagógico, com uma escola prática anexa, a precursora das escolas de aplicação e de experimentação universitária.

Para Herbart, a instrução como mera informação não é educativa. Só é educativa a instrução que modifica os grupos de ideias já possuídas pelo espírito, levando-as a formar uma nova unidade ou uma série de unidades harmoniosas, que determinam a conduta. A educação só é possível na medida em que se desperta o interesse dos alunos pelas matérias escolares. E esse interesse só pode ser despertado pela seleção adequada dos conteúdos de instrução e pela utilização de métodos condizentes com o desenvolvimento psicológico do aluno.

Herbart dá grande importância à instrução e à técnica de ensino, sem as quais não há educação. Para ele, a instrução formará o círculo do pensamento, ao passo que a educação desenvolverá o caráter, apesar de não ser nada sem a instrução. Toda a sua pedagogia estaria contida nesse ponto fundamental.

Froebel

Enquanto Herbart deu mais relevância à instrução e ao professor, Friedrich Froebel (1782-1852), também professor universitário, mas com mais experiência em trabalhos práticos, enfatizou a importância da criança, destacando suas atividades estimuladas e dirigidas.

A grande contribuição de Froebel à educação reside em seus estudos e aplicações práticas acerca dos jardins de infância, dos quais é considerado o iniciador. Ele dedicou os últimos 20 anos de sua vida à atuação junto a jardins de infância e à propaganda a respeito da importância da educação durante os primeiros anos da vida infantil.

Partindo dos interesses e tendências inatos da criança para a ação, o jardim de infância deve ajudar os alunos a expressarem-se e a desenvolverem-se, baseando-se na autoatividade. A aquisição de conhecimentos está em segundo plano, subordinada ao crescimento por meio da atividade.

O gesto, o canto e a linguagem são as formas de expressão de sentimentos e ideias apropriados à educação infantil. A história contada pela professora, por exemplo, deve ser expressa pela criança "não somente na sua própria linguagem, mas por meio de canções, representações, figuras ou construção de objetos simples com papel, barro ou outro material adequado". Assim, nascem as ideias, estimula-se o pensamento, aviva-se a imaginação, treinam-se as mãos e os olhos, coordenam-se os músculos, fortalece-se a natureza moral.

FRASES DE ROUSSEAU

O homem diz o que sabe, a mulher o que gosta.

A felicidade que preciso não é fazer o que quero, mas não fazer o que não quero.

A paciência é amarga, mas seu fruto é doce.

Censura pode ser útil para a preservação da moralidade, mas não para a sua restauração.

Medo e esperança são os dois grandes instrumentos para o controle do homem.

Tem-se de tudo com dinheiro, menos costumes e cidadãos.

As palavras pátria e cidadão devem ser apagadas das línguas modernas.

Ousarei expor aqui a mais importante, a maior e mais útil regra de toda educação? É não ganhar tempo, mas perdê-lo.

Geralmente as pessoas que sabem pouco falam muito e as que sabem muito falam pouco.

Fazer alguém feliz é merecer ser feliz.

A Pedagogia moderna inspirou-se, em grande parte, na obra *Emílio*, de Rousseau. Essa obra, no entanto, teve um início público conturbado. Menos de vinte dias após o seu aparecimento na Holanda, e antes que tivesse sido divulgada na França, o Parlamento de Paris condenou-a à fogueira e decretou a prisão do autor em 9 de junho de 1762.

Segundo Rolland (1940: 23), "no dia 11 de junho a obra foi rasgada e queimada junto à grande escada do Palácio da Justiça de Paris, e dizia-se abertamente que não era suficiente queimar o livro. Seria também preciso queimar o autor".

Um dos principais motivos de tal reação, certamente, está no fato de Rousseau ter-se insurgido contra as concepções dominantes na educação do seu tempo. Em outras palavras, ele foi contra a ideologia dominante. Assim como na França de Rousseau, existiria hoje, na sociedade e na educação brasileira, uma ideologia dominante? Qual seria esta ideologia? O que ela defende? A quem ela serve? A quem prejudica? Quais os meios utilizados para torná-la dominante? E o que acontece com aqueles que se insurgem contra ela?

Comte e a educação positivista

> *O amor como princípio, a ordem como base,*
> *e o progresso como fim, eis [...] o caráter*
> *fundamental do regime definitivo que o*
> *positivismo vem inaugurar.*
> (Augusto Comte, 1798-1857)

O filósofo francês Augusto Comte, criador do positivismo, é considerado o pai da Sociologia moderna. Foi o primeiro a utilizar a palavra *sociologia* para designar o estudo das questões humanas através da utilização dos mesmos métodos usados pelos cientistas no estudo do mundo físico.

O sistema positivista repousa sobre três princípios básicos: a *lei dos três estados*, a *classificação das ciências* e a *religião da humanidade*.

A lei dos três estados

Segundo Comte, a humanidade passou por três estados sucessivos: o *estado teológico*, o *estado metafísico* e o *estado positivo*. Eis as características de cada um deles:

- *Estado teológico*: Nesse estado o espírito humano representa para si os fenômenos como produzidos pela ação direta e contínua de agentes sobrenaturais mais ou menos numerosos, cuja intervenção explica todas as anomalias aparentes do universo.
- *Estado metafísico*: É o estado em que o espírito humano já não imagina forças sobrenaturais por trás de cada fenômeno, mas recorre a entidades abstratas sobre as quais ele não tem nenhuma experiência: o ser, o um, o todo, a alma, a harmonia etc. A poesia está bastante próxima deste estado metafísico.
- *Estado positivo*: Também denominado *científico*. O espírito humano já não se preocupa mais com a origem nem com a finalidade do curso das coisas. O cientista observa os fatos. E, das relações

invariáveis observadas entre os grupos de fatos, ele tira as *leis*, verificadas através da experiência. Essas leis constituem um conhecimento relativo, mas preciso e certo, que lhe permite agir sobre a natureza. O estado positivo é considerado o mais elevado.

A cada estado corresponde uma determinada forma de sociedade:

- ao estado teológico corresponde uma sociedade clerical e feudal;
- ao estado metafísico, uma sociedade revolucionária; e
- ao estado positivo, uma sociedade científica e industrial.

A CLASSIFICAÇÃO DAS CIÊNCIAS

De acordo com o positivismo, a sociedade evoluiu segundo o progresso da ciência. A classificação das ciências mostra a direção dessa evolução. No cume estão as Matemáticas. Em seguida a Astronomia, a Física, a Química, a Biologia e a Sociologia.

Comte define a Sociologia como uma *física social*, cujo objeto próprio é o estudo dos fenômenos sociais, isto é, as relações humanas. Para ele a Sociologia ainda não havia alcançado o nível de *ciência positiva*. Por isso, seria preciso desenvolvê-la nesse sentido, para que as condições de vida social pudessem ser melhoradas, graças a uma previsão confiável dos desenvolvimentos sociais.

A poesia e a cultura estética só serviriam como

> elementos de uma formação preliminar – "elas destinar-se-ão, no conjunto dos estudos positivos, a preparar a contemplação científica" – como meios a serviço das celebrações e rituais e das obras do positivismo. Preparam o conhecimento positivo, servem e celebram a política positiva; é sua tarefa "idealizar e estimular", em conformidade com os princípios da filosofia positiva que, fora destas funções, não deixariam de ceder novamente ao "delírio" do "orgulho político" e ao "negativismo sistemático dos letrados" (Duborgel, 1995: 277).

A classificação das ciências segundo o positivismo, que coloca as matemáticas no ponto mais alto, como as mais importantes, está na base da valorização das ciências naturais e exatas em oposição às ciências humanas. Isso se reflete em nosso atual currículo escolar que, por exemplo, atribui um número bem maior de aulas à Matemática do que à História. Também para Comte, como vimos, a poesia e a cultura estética nada mais seriam do que elementos de uma formação preliminar à contemplação científica.

A partir dessas considerações, podemos, analisando a nossa realidade escolar, refletir sobre pontos tais como:

- Que contribuições trazem as ciências naturais e exatas para a humanidade e para a formação de crianças e jovens?
- E as ciências humanas?
- Quais os objetivos de umas e outras?
- Pode haver uma conciliação e um equilíbrio no tempo escolar dedicado a ambas? De que modo?
- A poesia e a cultura estética seriam apenas preliminares à ciência? Poderiam contribuir para o desenvolvimento de valores e saberes que ultrapassam o conhecimento meramente científico, contribuindo para a educação integral do ser humano?

A RELIGIÃO DA HUMANIDADE

Comte pretendeu, em 1847,

> fundar a religião da Humanidade, com seus nove sacramentos, seu calendário, seus santos, seu grande-padre. Com a segurança de um profeta, ele escreveu a um amigo: "Estou persuadido de que, antes do ano de 1860, anunciarei o positivismo na Notre-Dame como a única religião real e completa." Ele se enganou. A morte, que ele não previu, o ceifou três anos antes. (Riffard, 2004: 98)

Os santos dessa nova religião, aos quais se prestaria culto, seriam os grandes homens, os mortos ilustres, que ocupam o mais alto nível no *Grande Ser*. A religião positivista fundar-se-ia essencialmente sobre o amor da humanidade enquanto ser supremo. Comte designa esse amor com a palavra altruísmo.

COMTE E A EDUCAÇÃO

Nas últimas páginas de seu *Curso de filosofia positiva*, Comte expressa o desejo de compor um tratado sobre educação. Esse desejo, no entanto, não foi realizado. Mesmo assim, em suas obras, é possível descobrir numerosas indicações sobre uma educação positivista. De acordo com ele, a educação comporta dois períodos gerais. O chamado período *espontâneo*, que vai dos 7 aos 14 anos, no qual a criança, que é sobretudo um ser físico e sensorial, depende da mãe e da família, que deverão exercer uma educação de índole estética e linguística.

O segundo período, denominado *sistemático*, vai da puberdade à maioridade, tem um caráter intelectual e realiza-se em instituições públicas, que deverão exercer uma educação através de um ensino enciclopédico. Antes da puberdade, a educação será dominada pela preocupação com o concreto. Qualquer lição formal deve ser adiada para o segundo período, no qual a prática da observação e as ciências destinadas a facilitar a adaptação do corpo às atividades habituais são mais importantes.

A concepção positivista da educação repousa, basicamente, sobre a lei dos três estados e a classificação das ciências. As etapas psicopedagógicas propostas por Comte e seus seguidores, adequadas à

> lei dos três estados, fazem pensar, em alguns aspectos, nos estádios concatenados da psicologia genética piagetiana. Mas, se estas ou aquelas descrições positivistas da evolução psicopedagógica da infância são eventualmente comparáveis às descrições piagetianas da construção das operações e da "representação do mundo por parte da criança", é porque talvez os valores gerais ("positividade", racionalidade etc.) e o esquema de progresso ("lei dos três estados") privilegiado pelo positivismo continuam a ser, de algum modo, o subsolo mais ou menos implícito e difuso de onde provém a nossa representação favorita dos vetores psicogenéticos. (Duborgel, 1995: 284)

A lei dos três estados é pedagógica por excelência. Por isso, ela descreve e prescreve. E essa descrição-prescrição é a base da educação positivista, responsável pela manutenção e pela reforma social. Segundo Comte, só a educação positivista pode servir de base à reforma social. Assim, um programa político social das *repúblicas positivas* é detalhado no *Catecismo positivista*. Aí tudo está previsto, desde sua superfície, número de habitantes e até mesmo o número de cientistas, de chefes industriais, de proletários e seus respectivos salários.

De acordo com o escritor francês Anatole France (1844-1986), o positivismo "dá à existência uma figura geométrica. Toda curiosidade do espírito é, nela, reprimida severamente. Ela só admite os conhecimentos úteis e refreia toda a curiosidade" (apud Rónai, 1985: 788).

Pensemos um pouco no que acontece em nossas salas de aula, em todos os níveis de ensino, da educação infantil ao superior. De um modo geral, o nível de curiosidade intelectual pode ser considerado baixo, médio ou alto? O que mais contribui para que seja assim classificado? Como se pode elevar o nível de curiosidade intelectual de crianças e jovens? E os conhecimentos que não têm uma utilidade imediata, que tratamento recebem de professores e alunos? Por que são assim tratados?

Apreciação crítica

O positivismo associa a precisão científica à previsão do futuro da humanidade. Assim, *saber* é *prever*, para *prover*. Integra-se inteiramente, portanto, num entusiasmo por uma organização científica da vida social e numa filosofia progressista da história.

A crítica ao positivismo feita pelo o escritor francês Zola (1840-1902) chama a atenção pela sua contundência:

> Coloquei minha fé na vida, que considero eternamente boa e única construtora da saúde e da força. Só ela é fecunda, só ela trabalha para a cidade de amanhã. Se combato a regra estreita do positivismo, é porque ela é a balaustrada da demência dos espíritos, deste idealismo que cai tão facilmente nas piores perversões, nos mais mortais perigos sociais. (apud Oster, 1993: 608)

Comte era excessivamente preocupado com a constituição de uma ordem social estável. Uma ordem sem convulsões, revoluções e conflitos. A expressão *Ordem e Progresso*, inscrita na bandeira brasileira, segue a orientação positivista.

Merece crítica, também, o valor excessivo que ele atribui às ideias científicas. Elas, certamente, são importantes. Comte, no entanto, exagera ao atribuir-lhe todo o poder espiritual e a direção suprema da educação.

Sua concepção de educação parece estreita. Para ele, educação, em sua acepção mais extensa, consiste no sistema completo de hábitos necessários à preparação dos indivíduos para a ordem social na qual devem viver, e para adaptá-los, tanto quanto possível, ao papel particular que devem desempenhar.

Sem contar que a palavra *progresso*, tão cara a Comte, naturalmente, significa coisas diferentes segundo a orientação filosófica de cada um dos pensadores da educação.

POSITIVISMO HOJE

O positivismo, ao reduzir a filosofia a algumas poucas teses, tornou-se tão belo, tão simples, que os autores de manuais ainda hoje rejubilam. Tanto mais que Augusto Comte parece ter tudo o necessário para encher de contentamento os professores:

> "Os seus livros são cursos, os seus capítulos lições, as suas visões interiores são conferências", nota o seu biógrafo, Henri Gouthier.

[...] O Curso de Filosofia Positiva, na sua integralidade, continua a ser um monumento. O seu gigantismo até assusta: sessenta lições, doze anos de trabalho intenso, milhares de páginas. Não o lemos unicamente por curiosidade ou por amor dos arquivos, mas para confirmar quanto a herança de Comte ainda pesa nos trabalhos das ciências humanas dos nossos dias. Claro que o essencial dos temas comtianos (a desconfiança relativamente a toda metafísica, o culto da experiência, a eficácia moral e social da ciência...) pertence ao clima do século XIX. Mas, para lá da sua letra, há o método do positivismo. Estaremos nós verdadeiramente livres de toda a crença no progresso do saber? Ter-nos-emos realmente tornado estranhos à ideia de que a cientificidade existe, comum a todas as ciências? Devemos a Comte muito mais do que parece. (Droit, 2004: 200)

FRASES DE AUGUSTO COMTE

Os vivos são sempre, e cada vez mais, dominados pelos mortos.

Os mortos governam os vivos.

Não se conhece completamente uma ciência enquanto não se lhe sabe a história.

O público humano é o verdadeiro autor.

O positivismo só admite deveres, de todos para com todos.

O positivismo, afirmou Comte, só admite deveres de todos para com todos. Mas, perguntamos, aos deveres não correspondem direitos? Não têm as pessoas deveres e direitos? Observamos que, se alguns lutam muito por seus direitos, esquecendo os seus deveres, há outros, principalmente quando investidos de autoridade, que exigem o cumprimento dos deveres e não respeitam os direitos.

Todo aluno, por exemplo, tem direitos e deveres. O mesmo se pode dizer do professor. Quantos conflitos escolares poderiam ser evitados se alunos e professores praticassem essa verdade fundamental! Perguntamos:

- Que deveres, geralmente, alunos e professores descumprem?
- Que direitos são muitas vezes desrespeitados?
- Cabe à escola educar para o cumprimento dos deveres e o respeito aos direitos? E como pode fazer isso? No desempenho dessa tarefa, o que é mais importante: a teoria ou o exemplo? Ou ambos? Por quê?

Nísia Floresta e a educação imperial

Quanto mais ignorante é um povo tanto mais
fácil é a um governo absoluto exercer sobre ele
o seu ilimitado poder.
(Nísia Floresta, 1810-1885)

Neste capítulo, após analisarmos as principais características da educação brasileira no período imperial (1822-1889), tratamos do pioneirismo de Nísia Floresta, que se destacou tanto por suas críticas ao ensino da época quanto pela defesa dos direitos da mulher, sobretudo das meninas, que, praticamente, não tinham acesso à escola.

A Independência e a educação

Com a vinda da família real portuguesa para o Brasil (1808) e com a Independência (1822), a preocupação fundamental do governo, no que se refere à educação, passou a ser a formação das elites dirigentes do país.

Ao invés de procurar organizar um sistema nacional de ensino, integrado em todos os seus graus e modalidades, as autoridades priorizaram a criação de algumas escolas superiores e a regulamentação das vias de acesso a elas, especialmente através do curso secundário e dos exames de ingresso aos estudos de nível superior.

No final do século XVIII e ao longo do século XIX, numerosas transformações modificaram radicalmente a face do mundo:

- no plano político, a burguesia desbancou a nobreza e assumiu o poder do Estado, como, por exemplo, na França, com a Revolução de 1789;
- no campo econômico, a Revolução Industrial, desenvolvida na segunda metade do século XVIII com o emprego da máquina e a produção em grandes fábricas, produziu um grande avanço do capitalismo, paralelamente às miseráveis condições de trabalho e de vida dos operários;
- no aspecto social, cresceram as grandes cidades em torno das indústrias e surgiu uma nova classe, a dos proletários – trabalhadores assalariados cuja única riqueza são a prole numerosa e a força de trabalho, que são obrigados a vender em troca de salários aviltantes;
- tentando compreender e explicar as transformações políticas, econômicas e sociais, e nelas influir, desenvolveram-se as ciências humanas – a História, a Sociologia, a Psicologia, a Antropologia e outras.

A Inglaterra, berço e centro difusor da Revolução Industrial, tinha enorme necessidade de mercados onde pudesse comprar, a preços baixos, matérias-primas para as suas indústrias e onde pudesse vender, com grandes lucros, seus produtos manufaturados. Daí o seu grande interesse pela independência das colônias espanholas e portuguesas.

Em troca, entre outras coisas, do auxílio que prestou à transferência da família real portuguesa para o Brasil, com seus cerca de 15 mil funcionários, a Inglaterra consolidou a sua posição privilegiada sobre a economia brasileira. Em 1810, foi assinado um tratado pelo qual os produtos ingleses vendidos no Brasil pagariam uma taxa alfandegária de 15%, mais baixa até mesmo que a taxa paga sobre mercadorias portuguesas (16%) e bem mais baixa que a referente aos demais países (24%). Em 1844, instituiu-se a taxa alfandegária única de 44%.

É nesse contexto que a vinda da família real e, posteriormente, a Independência produziram modificações na educação brasileira. Pode-se afirmar que o objetivo das reformas pombalinas, de criar a escola útil aos fins do Estado, passaria a ser concretizado, embora apenas no que diz respeito ao ensino superior. Agora, seria necessário formar no Brasil a elite dirigente do país. Nesse sentido, Dom João criou diversos cursos:

- no Rio de Janeiro, Academia de Marinha (1808), cursos de Anatomia e Cirurgia (1808), Academia Real Militar (1810), laboratório de Química (1812), curso de Agricultura (1814), Escola Real de Ciências, Artes e Ofícios (1816);
- na Bahia, curso de Cirurgia (1808), cadeira de Economia (1808), curso de Agricultura (1812), curso de Química (1817), curso de Desenho Técnico (1817).

Ainda em 1808, Dom João também fundou a imprensa régia, colocando em circulação a *Gazeta do Rio de Janeiro*, e, em 1814, criou nossa primeira biblioteca pública, com 60 mil volumes cedidos por ele mesmo.

Analisando o início do período imperial e a nossa primeira Constituição, Emília Viotti da Costa (1968: 138) chama a atenção para a distância entre as disposições jurídicas e a realidade:

Afirmava-se a liberdade e a igualdade de todos perante a lei, mas a maioria da população vivia escrava. Garantia-se o direito de propriedade, mas 19/20 da população, segundo calculava Tollenare, quando não era escrava, compunha-se de "moradores" vivendo nas fazendas em terras alheias, podendo ser mandados embora a qualquer hora. Garantia-se a segurança individual, mas podia-se matar impunemente um homem. Afirmava-se a liberdade de pensamento e de expressão, mas Davi Pamplona ou Líbero Badaró pagaram caro por ela. Enquanto o texto da lei garantia a independência da justiça, ela se transformava num instrumento dos grandes proprietários. Aboliam-se as torturas, mas, nas senzalas, os troncos, os anjinhos, os açoites, as gargalheiras continuavam a ser usados, e o senhor era o supremo juiz decidindo da vida e da morte dos seus homens.

Como se pode explicar tal discrepância entre os "valores proclamados" – as leis, os discursos – e os "valores reais" – a prática cotidiana – para usarmos as expressões de Anísio Teixeira? Essa discrepância ainda se verifica atualmente?

De que maneira essa discrepância poderia influir na educação do período? Sendo reproduzida nas relações educacionais? Como?

O ensino primário

Em relação ao ensino de primeiras letras, poucas foram as iniciativas do governo da União durante o período imperial:

- em 1823, por decreto de 1º de março, foi criada no Rio de Janeiro uma escola que deveria trabalhar segundo o método Lancaster, ou seja, do ensino mútuo. Conforme esse método, baseado na obra de Joseph Lancaster (*Sistema monitorial*, 1798), visando ampliar o acesso à educação, haveria apenas um professor por escola e, para grupo de dez alunos (decúria), um aluno menos ignorante (decurião) transmitiria aos demais os conhecimentos recebidos do professor;
- a Constituição outorgada em 1824 limitou-se a estabelecer que "a instrução primária é gratuita a todos os cidadãos" (art. 179), sem, contudo, determinar competências no sentido da criação de escolas que garantissem tal gratuidade;
- uma lei de 15 de outubro 1827 – razão da escolha de 15 de outubro como dia do professor – determinou que deveriam ser criadas escolas de primeiras letras em todas as cidades, vilas e lugarejos, e escolas de meninas nas cidades mais populosas, dispositivos que nunca chegaram a ser cumpridos;
- conforme Valnir Chagas (1980: 16), em 1854, seguindo inspiração francesa, o ensino primário foi dividido em elementar e superior. No elementar, ensinava-se instrução moral e religiosa, leitura e escrita, noções essenciais de Gramática, princípios elementares de Aritmética e o sistema de pesos e medidas; no superior poderiam incluir-se dez disciplinas, desdobradas do ensino elementar.

Deixado ao encargo das províncias, o ensino primário era pouco difundido pelas seguintes razões, dentre outras: os orçamentos provinciais eram escassos; os escravos eram proibidos de frequentar a escola; o curso primário não era exigido para o ingresso no secundário.

O TÉCNICO-PROFISSIONAL E O NORMAL

Assim como no primário, durante o período imperial, também quase nada se fez em relação ao ensino normal e ao ensino técnico-profissional. Este foi duplamente marginalizado:

- pelo próprio poder público, já que aos concluintes do ensino profissional não se facultava o ingresso ao ensino superior;
- pela clientela escolar, na medida em que aqueles que conseguiam estudar eram oriundos da elite e procuravam a escola apenas como via de acesso ao ensino superior e às profissões liberais.

Para que se tenha uma ideia da situação de abandono do ensino profissional de grau médio, basta dizer que, em 1864, em todo o Brasil, segundo Fernando de Azevedo (1971: 582-583), havia apenas 106 alunos matriculados no ensino técnico: 53 no Instituto Comercial do Rio de Janeiro, 25 no Curso Comercial de Pernambuco, 14 na Escola de Agricultura do Pará e 14 na Escola de Agricultura do Maranhão.

De igual forma, na mesma época, pouco ou nada se fez para a formação dos professores. De acordo com a já citada lei de 15 de outubro de 1827, eram "vitalícios os provimentos dos professores e mestres", e os que não estivessem capacitados deveriam "instruir-se em curto prazo, e à custa dos seus ordenados, nas escolas das capitais".

Resultado desses dispositivos, e do descaso a que sempre foi relegado o trabalho do professor, foi o baixo desempenho quase sempre alcançado. Na inexistência de cursos destinados à formação dos professores, estes eram selecionados com base em três condições: maioridade, moralidade e capacidade, sendo que a última, às vezes, era avaliada por meio de concurso.

As primeiras escolas normais foram criadas nas províncias da Bahia e do Rio de Janeiro, na década de 1830, mas seus resultados foram pouco promissores. Na capital do Império, em 1875, foram instituídas duas escolas normais, uma para cada sexo, transformadas em escola única em 1880, quando se iniciou realmente o desenvolvimento das escolas normais no Brasil.

Os estudos normais abrangiam, além do ensino literário característico do curso secundário, algumas matérias relacionadas à função docente. Na escola mantida pelo poder central na capital do país, Rio de Janeiro, essas matérias vinculavam-se às áreas de Direito, Economia Doméstica, Agricultura e Pedagogia.

Segundo Valnir Chagas:

> prescreviam-se também Caligrafia, Desenho, Música Vocal, Trabalhos de Costura (para alunas), Ginástica e Prática Manual (para os alunos). A idade mínima para o ingresso era de 16 anos, exigindo-se exame de admissão ao nível da escola primária elementar, e a duração do curso, abrangendo seis séries anuais em 1880, passou a quatro em 1881 e a três em 1888. O funcionamento era noturno, com frequência nominalmente obrigatória, e os estudos podiam ser parcelados, guardada a ordem das séries. (1980: 24)

As dificuldades enfrentadas pelo curso normal foram numerosas, desde a inexistência da prática de ensino (pelo simples fato de que o curso era noturno, período em que não funcionava o ensino primário, no qual tal prática poderia ser efetivada), até a falta de professores qualificados, especialmente para as cadeiras didáticas.

O ENSINO SECUNDÁRIO E O SUPERIOR

Quanto ao ensino secundário, o período colonial legou ao imperial uma série de aulas avulsas e dispersas. Sua principal função era preparar os estudantes para o ingresso nos cursos superiores, constituídos por escolas isoladas de formação profissional.

Às escolas fundadas por Dom João somaram-se, por lei de 11 de agosto de 1827, os cursos de Ciências Jurídicas e Sociais. Foram as duas primeiras faculdades de Direito do Brasil, instaladas no Convento de São Francisco (São Paulo), em 1º de março de 1828, e no Mosteiro de São Bento (Olinda), em 15 de maio do mesmo ano.

Esse sistema de aulas avulsas, no nível secundário, e de escolas isoladas, no nível superior, só seria modificado no decorrer do período republicano.

O ato adicional de 1834 (Lei n. 16, de 12 de agosto) conferiu às províncias:

> o direito de legislar sobre a instrução pública e estabelecimentos próprios a promovê-la, excluindo, porém, de sua competência as Faculdades de Medicina, os cursos jurídicos, academias então existentes e outros quaisquer estabelecimentos que, no futuro, fossem criados por lei geral. (Haidar, 1972: 17)

A partir de então, a atuação do poder central limitou-se ao ensino superior, em geral, e ao ensino primário e secundário no município da capital; as províncias limitaram-se a promover, muito precariamente, o ensino primário e secundário, deixando para o governo da União o monopólio dos estudos superiores.

Após o ato adicional, as províncias começaram a criar os liceus provinciais. Estes constituíram-se mais pelo ajuntamento, no mesmo estabelecimento, das aulas que antes funcionavam de forma dispersa, do que por uma estrutura orgânica e hierarquizada. Sua preocupação predominante era oferecer aos alunos as disciplinas exigidas nos exames para o ingresso ao ensino superior.

Os primeiros estabelecimentos provinciais públicos de ensino secundário foram o Ateneu do Rio Grande do Norte, criado em 1835, e os liceus da Bahia e da Paraíba, fundados em 1836.

No município da Corte, por decreto de 2 de dezembro de 1837, o Seminário de São Joaquim foi transformado em estabelecimento de ensino secundário mantido pelo poder central, com o nome de Colégio de Pedro II. Destinado exclusivamente ao sexo masculino, só seria aberto a meninas 88 anos após a sua fundação, em pleno século XX.

Com os seus estudos organizados de forma seriada e orgânica, e fornecendo aos concluintes o grau de bacharel em Letras, que dava direito a ingresso em qualquer curso superior sem necessidade de novos exames, o Colégio de Pedro II foi a primeira tentativa do poder central de organizar o ensino secundário regular no país. Deveria, por isso mesmo, constituir-se em modelo para os demais estabelecimentos de ensino secundário.

A partir da situação estabelecida pelo ato adicional de 1834 criaram-se, portanto, dois sistemas paralelos de ensino secundário, que haveriam de perdurar mesmo durante a Primeira República:

- o sistema regular, seriado, oferecido pelo Colégio de Pedro II e, eventualmente, pelos liceus provinciais e alguns poucos estabelecimentos particulares;
- o sistema irregular, inorgânico, constituído pelos cursos preparatórios e exames parcelados de ingresso ao ensino superior, mantido pelos estabelecimentos provinciais e particulares.

A dualidade de sistemas, com grande predominância dos preparatórios sobre o ensino regular, era favorecida pelas próprias normas que regulamentavam o ingresso ao ensino superior: para tanto não se exigia a conclusão do ensino secundário regular, bastava comprovar determinada idade e ser aprovado nos exames parcelados. Por outro lado, a conclusão do curso secundário regular nos liceus provinciais e nos particulares não dava direito a ingresso nos cursos superiores sem a prestação dos exames.

A consequência dessa dualidade de critérios foi a total fragmentação do ensino secundário. No final do Império, o próprio Colégio de Pedro II, ao invés de impor-se como padrão a ser seguido pelos demais estabelecimentos, também passou a adotar o sistema de cursos avulsos, com frequência livre e exames parcelados.

Na capital do Império, os alunos matriculados no Pedro II representavam na época uma média de 10% em relação aos que frequentavam outros estabelecimentos; o caminho para os cursos superiores era mais rápido quando não passava pelo Pedro II.

Desde a sua fundação, em 1838, até o final do Império, o Colégio de Pedro II passou por oito reformas em seus estatutos, nos seguintes anos: 1841, 1855, 1857, 1862, 1870, 1876, 1878 e 1881. Tantas reformas para tão poucos alunos!

A duração do curso secundário era de sete anos. As matérias estudadas, de acordo com o regulamento de 1881, eram as seguintes:

1º ano: História Sagrada, Português, Geografia, Aritmética e Geometria.

2º ano: Português, Francês, Latim, Matemáticas elementares.

3º ano: Português, Francês, Latim, Geografia, Matemáticas elementares, Aritmética e Álgebra.

4º ano: Português, Francês, Latim, Geografia e Cosmografia, Matemáticas elementares.

5º ano: Português, Inglês, Latim, História Geral, Física e Química.

6º ano: Alemão, Grego, História Natural e Higiene, Retórica, Poética e Literatura Nacional, Filosofia.

7º ano: Italiano, Alemão, Grego, Português e História Literária, Filosofia, Corografia e História do Brasil.

A maior parte do tempo era dedicada ao estudo de Humanidades. Dividindo-se as horas de estudo entre as diversas áreas, chegamos aos seguintes índices médios, nos currículos imperiais: Humanidades: 60%; Matemática e Ciências: 20%; Estudos Sociais: 17%; outros estudos: 3%.

A herança do Império

A herança educacional que o Império legou à República pode ser vista sob dois aspectos: quantitativo e qualitativo.

• Aspecto quantitativo

As estatísticas educacionais referentes ao Império são escassas. Os números que conseguimos referem-se ao seu período intermediário:

– 1864: 8.600 matriculados nos estabelecimentos públicos e privados de ensino secundário; 826 alunos inscritos nas Faculdades de Direito do Recife e de São Paulo; 116 alunos matriculados nas escolas técnicas.

– 1867: 107.483 alunos matriculados nas escolas primárias de todo o país, correspondendo a cerca de 10% das crianças em idade de receber instrução primária.

– 1870: 10.911 estudantes do ensino secundário (2.769 inscritos em escolas oficiais e 8.142 em estabelecimentos particulares).

No final do Império, para uma população de quase 14 milhões de habitantes, tínhamos cerca de 250 mil matriculados nas escolas primárias. Se a eles juntarmos os inscritos em todos os outros cursos chegaremos próximos a 300 mil estudantes, cerca de 15% da população em idade escolar.

- **Aspecto qualitativo**

No decorrer do capítulo, já fizemos referência aos aspectos qualitativos do ensino no tempo do Império. Vamos revê-los:

Primário: ministrado, em grande parte, por professores leigos, já que não havia escolas normais para a preparação daqueles que se destinassem ao magistério.

Secundário: predominância dos cursos avulsos, de frequência livre, sem organização hierárquica das matérias e das séries; ênfase nas matérias de Humanidades.

Superior: reduzido a umas poucas escolas isoladas, destinadas à formação de profissionais liberais, especialmente no campo do Direito.

Ao terminar o período imperial, o Brasil não dispunha de um sistema integrado de ensino:

– o primário nada tinha a ver com o secundário, para o ingresso no qual o aluno não precisava ter concluído o primário;

– o curso secundário, excetuando o Colégio de Pedro II e outros poucos estabelecimentos, nem chegava a se constituir num curso seriado, orgânico; era formado por matérias avulsas, orientadas para os exames de ingresso aos cursos superiores; não se exigia a conclusão do secundário para iniciar estudos de nível superior;

– não tínhamos uma universidade, mas apenas escolas isoladas de nível superior, como as Faculdades de Direito de São Paulo e Recife, as Faculdades de Medicina do Rio de Janeiro e de Salvador e a Escola de Engenharia do Rio de Janeiro.

Quanto aos métodos de ensino e às práticas escolares, o Império herdou da tradição jesuítica e legou à República o exercício da repetição para a memorização que, apesar dos diversos movimentos renovadores ocorridos ao longo do período republicano, ainda subsiste em muitas das nossas salas de aula.

Maria Cecília C. C. de Souza, professora da Faculdade de Educação da USP, dedicou-se ao estudo das práticas escolares do final do século XIX, focalizando a memorização, que aparece "em muitas obras memorialísticas como uma prática odiosa, geralmente associada ao uso da palmatória". Em sua interessante pesquisa intitulada "Decorar, lembrar e repetir: o significado de práticas escolares na escola brasileira do final do século XIX", assevera que:

> tradição da memorização mecânica, no olhar de Rui Barbosa, tinha relação direta com o ensino religioso, principalmente do catecismo. De fato, no ambiente contrarreformista em que o catecismo foi instituído, a repetição mecânica era necessária – não se podia aceitar que o catecúmeno reproduzisse com suas próprias palavras e desenvolvesse ideias próprias sobre aquilo que era dogma de fé, sob o risco de heresia. A memorização mecânica só foi tornada possível, entretanto, numa cultura letrada, onde um texto pode servir de cânon para as repetições exatas. O formato do catecismo, feito de perguntas e respostas mecanizadas, tornou-se um modelo de cultura – as avaliações escolares espelhavam esse protótipo. Os professores ensinavam dessa forma porque era essa a maneira com que eles próprios, e seus alunos, eram avaliados. (1998: 83-84)

Diante de tal quadro, em 1883, Rui Barbosa, em seus importantes e famosos pareceres sobre a reforma do ensino primário, afirmava:

> num país onde o ensino não existe, quem disser que é "conservador em matéria de ensino" volteia as costas ao futuro, e desposa os interesses da ignorância. É preciso criar tudo; porquanto o que aí está, salvo raras exceções, e quase todas no ensino superior, constitui uma perfeita humilhação nacional. (1947, t. 1: 143)

Diante do quadro da educação que o Império legou à República, muitas questões podem ser suscitadas, começando pela criação embrionária de dois sistemas: o da União e o das províncias. A União responsabilizando-se pela formação da elite dirigente – no curso secundário e no superior – e as províncias assumindo precariamente a educação popular. Atendo-nos às iniciativas da União em termos de organização do ensino, pode-se afirmar que começou a construção pelo telhado – o curso superior – com a criação das faculdades de Direito, prosseguiu com as paredes – curso secundário – com a fundação do Colégio de Pedro II, mas nunca se preocupou com os alicerces – curso primário – que dariam sustentação ao edifício.

Como se pode explicar tal fato? A que interesses respondia esse tratamento dispensado à educação do período, embora fosse proclamada como prioridade em todos os discursos oficiais?

Que dados da realidade dão sustentação à afirmação de Rui Barbosa de que "é preciso criar tudo"?

O pioneirismo de Nísia Floresta

Nísia Floresta Brasileira Augusta é o pseudônimo de Dionísia Gonçalves Pinto, nascida no sítio Floresta, Papari (atual Nísia Floresta), no Rio Grande do Norte, em 12 de outubro de 1810. Faleceu em Rouen, França, em 24 de maio de 1885, e seus restos mortais foram repatriados em 1954. Educadora e indianista, escritora e poeta, abolicionista e nacionalista, autora do primeiro livro feminista conhecido (*Direitos das mulheres e injustiça dos homens*, de 1832), foi pioneira tanto em suas propostas de renovação educacional, apregoando a superação de métodos autoritários ultrapassados e o fim dos castigos físicos, quanto na defesa dos direitos da mulher, em especial o direito à educação, praticamente vedado às meninas.

Em 1832, transferiu-se para o Rio Grande do Sul e passou a dirigir um colégio para meninas. Transtornos provocados pela Revolução Farroupilha (1835-1845) levam-na a mudar-se para o Rio de Janeiro em 1837, onde fundou, em 1838, o Colégio Augusto, destinado à educação de meninas, que passou a dirigir.

Segundo Luciana Martins Castro a proposta inovadora de Nísia Floresta

[...] permitia às meninas o aprendizado de ciências, até então reservado apenas aos meninos. Dentre as inovações destacamos o ensino de latim, francês, italiano e inglês, com suas respectivas gramáticas e literaturas; o estudo da geografia e história do Brasil; a prática de educação física e a limitação do número de alunas por turma, como forma de garantir a qualidade de ensino.

Para a sociedade da época, o que Nísia Floresta ensinava às meninas não passava de inutilidades, pois se acreditava que à mulher bastaria a alfabetização. Às meninas só se ensinava a ler, escrever, contar, os trabalhos domésticos e os de agulha. O ensino de latim era considerado indispensável aos meninos da elite, mas as meninas não deveriam ter acesso a esse tipo de cultura. Se este era o modelo vigente de educação feminina, podemos considerar que o Colégio Augusto foi pioneiro e inovador com sua pedagogia, que propunha uma educação para a mulher no nível dos melhores colégios masculinos da Corte. (2010: 240-241)

Em 1849, em busca de novos ares para a filha que sofrera um acidente, viajou para a França, onde passou a residir e publicar suas obras em italiano e em francês ao mesmo tempo que manda artigos para publicação em jornais cariocas.

Em 1853, publicou sua mais importante obra – *Opúsculo humanitário* –, coletânea de artigos em que discute a questão feminina e os problemas do ensino no Brasil, em especial os relativos à educação das meninas. A obra, da qual extraímos as frases a seguir, teria sido elogiada por Augusto Comte, criador do positivismo (assunto do capítulo anterior), com quem Nísia teve vários contatos, recebendo-o em sua casa em Paris, e trocou sete cartas.

PROFESSORA NEGRA, LUCIANA DE ABREU
DEFENDE DIREITOS DAS MULHERES
15 ANOS ANTES DA ABOLIÇÃO

Recém-nascida, filha de senhor branco e escrava, Luciana foi abandonada na Roda dos Expostos da Santa Casa de Misericórdia de Porto Alegre, no dia 11 de julho de 1847. Adotada por outro senhor e sua esposa, desde cedo manifestou interesse pelos estudos e pela escrita e fez parte da primeira turma da Escola Normal Porto Alegre, criada em 5 de abril de 1869, formando-se professora em 1872.

Logo adquire fama de professora talentosa e dedicada e, após atuar em duas escolas provinciais, cria a sua própria escola, sendo a mais concorrida entre as 26 da Província, com 153 alunos, com 22 mulheres e 131 homens. Vítima da tuberculose, faleceu em 13 de junho de 1880, com cerca de 33 anos.

Militando desde jovem pela causa das mulheres e da educação, dizia em palestra de agosto de 1873:

> O que convém pedir, o que venho pedir em vosso nome e altamente reclamar, é, de parceria com a educação, instrução superior comum a ambos os sexos: é a liberdade de esclarecer-nos, de exercer as profissões a que nossas aptidões nos levam. Deem-nos a educação e instrução: nós faremos o mais.

Em outra ocasião reclamava:

> Nós temos sido caluniadas, dizendo-se que somos incapazes de grandes cometimentos, que somos de inteligência fraca, de perspicácia mesquinha; e que não devemos passar de seres caseiros, de meros instrumentos de prazer e das conveniências dos homens [...]. Nós temos sido condenadas à ignorância, privadas dos direitos dos cidadãos, e reduzidas a escravas dos caprichos políticos de legisladores e egoístas [...]. (Adaptado de Letícia Garcia, *Jornal do Comércio*, Porto Alegre, 21/02/2018).

Frases de Nísia Floresta

As escolas de ensino primário tinham antes o aspecto de casas penitenciárias do que de casas de educação. O método da palmatória e da vara era geralmente adotado como o melhor incentivo para o desenvolvimento da inteligência.

Falamos essencialmente das causas que estorvam os progressos de nossa educação, concernentes à negligência dos governantes e à inaptidão da maior parte dos encarregados do ensino de nossa mocidade.

Repelindo com profunda indignação o princípio daqueles que apresentam a mulher naturalmente inclinada a fixar a atenção do homem pelas graças exteriores, incapaz de reflexão e apta somente para oferecer-lhe agradáveis passatempos, fazemos justiça à maioria dos nossos conterrâneos para pensar que, não eles, mas somente os libertinos podem assim agredir os domínios da razão e profanar a dignidade da virtude.

É, portanto, em favor de todas as mulheres brasileiras que escrevemos, é a sua geral prosperidade o alvo de nossos anelos, quando os elementos dessa prosperidade se acham ainda tão confusamente marulhados no labirinto de inveterados costumes e arriscadas inovações.

Por mais rigorosas que tenham sido as instituições dos povos, concernentes à exclusão absoluta da mulher de toda a sorte de governo público, quem há aí que ignore ter ela a maior influência nas ações dos homens e, por conseguinte, nos destinos dos povos?

Educai, para isto, a mulher e com ela marchai avante, na imensa via do progresso, à glória que leva o renome dos povos à mais remota posteridade!

Pensemos um pouco sobre a atuação de Nísia Floresta, especialmente nos campos da educação de meninas e da emancipação feminina, em relação ao que acontece em nossos dias.

Hoje, meninas e meninos têm igual direito à educação e igual acesso à escola. Mas, no âmbito escolar, o tratamento é igualitário? Ou há diferenças?

E, no caso das mulheres, alcançaram a igualdade em relação aos homens? As causas pelas quais lutou Nísia Floresta perderam a sua razão de ser? Ou ainda temos desafios a vencer?

De que forma a educação pode contribuir tanto para a efetiva igualdade entre alunos e alunas, na escola, quanto para a igualdade entre mulheres e homens, na sociedade?

José Verissimo e a educação republicana

> *O nosso sistema geral de instrução pública não*
> *merece de modo algum o nome de educação*
> *nacional. É em todos os ramos – primário,*
> *secundário e superior – apenas um acervo de*
> *matérias, amontoadas, ao menos nos dois primeiros,*
> *sem nexo ou lógica, e estranho completamente a*
> *qualquer concepção elevada de Pátria.*
> (José Verissimo, 1857-1916)

José Verissimo Dias de Matos nasceu no Pará em 1857, transferiu-se para o Rio de Janeiro em 1891, onde faleceu em 1916.

Jornalista e crítico literário, também fez da educação uma das suas principais preocupações: no Pará, fundou o Colégio Americano e foi Diretor de Instrução Pública. No Rio de Janeiro, foi durante sete anos diretor do Externato do Ginásio Nacional (antigo Colégio de Pedro II). Professor até os seus últimos dias, teve como aluno o poeta Manuel Bandeira.

Suas primeiras obras foram publicadas ainda no Pará: *Primeiras páginas* (1878), *Cenas da vida amazônica* (1886) e a primeira série dos *Estudos brasileiros* (1889), tendo a segunda série sido publicada no Rio de Janeiro, em 1894. Mas a parte mais importante da sua obra virá a público no Rio de Janeiro, primeiro nas páginas do *Jornal do Brasil* e, depois, em *O Imparcial*.

Sua obra mais conhecida – *A educação nacional* – foi publicada ainda no Pará em 1890, portanto, no alvorecer da República, e ganhou nova edição no Rio de Janeiro, em 1906, acrescida de novos textos, como "A instrução no Brasil atualmente", no qual critica as primeiras reformas educacionais republicanas. Em sua versão de 1906, além da citada introdução, o livro compreende oito capítulos: "A educação nacional", "As características brasileiras", "A educação do caráter", "A educação física", "A Geografia Pátria e a educação nacional", "A História Pátria e a educação nacional", "A educação da mulher brasileira", "Brasil e Estados Unidos".

Sua principal crítica à instrução da época é a de que ela não se constituía em uma verdadeira educação nacional, isto é, não formava um sistema orgânico, integrando todos os graus e modalidades de ensino, baseado num projeto que interessasse a todo o país.

Os ideais e os fatos

Neste capítulo tratamos do desenvolvimento da educação brasileira durante a Primeira República (1889-1930), período no qual se colocou em questão o modelo educacional herdado do Império, que privilegiava a educação da elite – secundário e superior – em prejuízo da educação popular – primário e profissional.

O questionamento da educação elitista acentuou-se na década de 1920 quando também se tornou mais aguda a crise de outros setores da vida brasileira – político, econômico, social e cultural – desembocando na chamada Revolução de 1930, cujas iniciativas no campo educacional estudaremos no próximo capítulo.

Os ideais republicanos alimentaram intensamente projetos de um novo Brasil: uma federação democrática que favorecesse a convivência social de todos os brasileiros, promovesse o progresso econômico e a independência cultural.

Entretanto, o que se viu na realidade foi bem diferente. A frustração dos ideais republicanos conduziu o Brasil, às vésperas da Revolução de 1930, a enfrentar sérias crises em todos os setores da vida nacional. Crises que foram importantes fatores de mudança que fizeram avançar a nossa história:

- A federação foi frustrada pela centralização do poder promovida pelo controle do coronelismo, pela política dos governadores e pela "política do café com leite", pela qual paulistas e mineiros revezavam-se na presidência da República.
- Vários fatos contribuíram para a frustração do ideal democrático: só podiam votar os maiores de 21 anos do sexo masculino que fossem alfabetizados; as eleições eram fraudadas, para manter

sempre o mesmo grupo no poder – atas eleitorais eram falsificadas, a mesma pessoa votava diversas vezes etc.

– A convivência social viu-se frustrada pelo impedimento à participação, nas estruturas do poder, por parte das classes médias e dos trabalhadores, cujas organizações eram severamente reprimidas.

– A dependência do café e dos mercados internacionais frustrou o progresso econômico, levando o Brasil a enfrentar dura crise e depressão econômica, principalmente no final do período.

– A dependência cultural de modelos europeus levou uma parte de nossos intelectuais e artistas a se rebelarem e organizarem a Semana de Arte Moderna, em 1922, propondo uma cultura autenticamente brasileira.

Aqueles que, embalados talvez por uma concepção ingênua ou idealista da nossa história, com o nascer e o desenvolvimento do novo regime, acalentaram sonhos republicanos, federalistas e democráticos defrontaram-se com a dura realidade: a ditadura militar dos primeiros anos; o coronelismo, a política dos governadores e a república café com leite; os movimentos tenentistas dos anos 1920 e sua vitória em 1930; o golpe do Estado Novo em 1937; a deposição do presidente em 1945; as sucessivas tentativas golpistas dos anos 1950; o ensaio de 1961, quando o presidente Jânio Quadros renunciou e os chefes militares tentaram impedir o vice João Goulart de tomar posse, e a instalação da ditadura militar em 1964; o golpe do Ato Institucional n. 5, em 1968, e o golpe de 1969, que impediu o vice-presidente de assumir a presidência; o grande acordo das forças conservadoras em 1985, que levou à chamada Nova República, via Colégio Eleitoral... Finalmente, a partir da última década do século passado, parece que o país veio consolidando passo a passo a democracia, caminho no qual esperamos que prossiga.

Competências educacionais

Durante toda a Primeira República manteve-se a dualidade de sistemas e de competências em matéria educacional: de um lado, o sistema federal, cuja principal preocupação era a formação das elites, através dos cursos secundário e superior; de outro lado, os sistemas estaduais que, embora legalmente pudessem instituir escolas de todos os graus e modalidades, limitavam-se a organizar e manter a educação das camadas populares – ensino primário e profissional – e assim mesmo de forma bastante precária.

A Constituição de 1891, em seu artigo 34, estabeleceu ser da competência privativa do Congresso Federal, e não do Poder Executivo, "legislar sobre [...] o ensino superior e os demais serviços que na capital forem reservados para o governo da União". Em seu artigo 35 estabeleceu como incumbências não exclusivas do Congresso "criar instituições de ensino superior e secundário nos Estados e prover a instrução secundária no Distrito Federal".

Na verdade, ao longo de toda a Primeira República, o governo da União limitou-se a manter o ensino superior e a *prover a instrução secundária no Distrito Federal*, isto é, a sustentar o antigo Colégio de Pedro II. Não criou estabelecimento de ensino secundário nos estados; antes, extinguiu os que existiam mantidos pelo governo federal, como os cursos anexos às faculdades de Direito de São Paulo e do Recife, fechados em 1896.

Muito menos houve interferência do governo federal no sentido de promover e melhorar o ensino primário. Quanto a isso, a única intervenção do governo da União ocorreu em 1918, em consequência da Primeira Grande Guerra: pelo decreto federal n. 13.014, de 4 de maio, o governo determinou a substituição das escolas estrangeiras existentes no sul do país por instituições nacionais.

Se, ao longo do período imperial, pouco ou nada se fez no sentido da construção de um sistema nacional de educação, articulado em todos os seus ramos e níveis, esperava-se que, com a República, a situação mudaria de figura. No entanto, não foi o que se viu. Ao longo de todo o primeiro período republicano persistiu a dualidade de sistemas: o ensino de âmbito federal para as elites e o dos estados para as classes populares.

Talvez uma das explicações para tal fato esteja no que José Verissimo (1985: 41-42) afirmava já em 1890, no alvorecer do novo regime: "O fato da mudança de governo [...] não é, entretanto, de per si mesmo bastante para facultar-nos uma nova era de regeneração. As formas de governo têm um valor relativo, mesmo porque, conforme o demonstra a história e o ensinam os mais alumiados pensadores, a força progressista das nações atua de baixo para cima e não de cima para baixo."

A situação hoje é diferente? Podemos dizer que, praticamente, todas as crianças têm acesso ao ensino fundamental, a educação de fato se expandiu. Isso se traduz em maior participação popular nas decisões dos governos, em particular naquelas que dizem respeito à educação? Ou tais decisões continuam sendo tomadas pelos governantes e impostas de cima para baixo?

As reformas federais da educação elitista

Em matéria de ensino secundário, durante todo o primeiro período republicano perdurou a luta entre o regime regular e o regime de parcelados, o primeiro regulamentado por decretos do Poder Executivo, baixados com autorização do Legislativo, e o segundo sempre prorrogado por leis do Legislativo, geralmente atendendo a interesses particulares, que pretendiam facilitar o acesso aos cursos superiores.

Cabia ao governo federal legislar sobre o ensino secundário por ele mantido. Essa legislação, entretanto, indiretamente, atingia também os estabelecimentos mantidos pelos estados e pela iniciativa particular, por duas razões mais importantes:

– Era o governo federal que controlava e regulamentava o ingresso aos cursos superiores, levando os estabelecimentos de ensino secundário a procurarem adequar seus cursos a tais exigências.
– Aqueles estabelecimentos estaduais e particulares que seguissem as normas federais seriam equiparados ao Ginásio Nacional (antigo Colégio de Pedro II), isto é, os alunos neles formados teriam os mesmos direitos que os do Ginásio Nacional, podendo, por exemplo, ingressar em cursos superiores sem prestar novos exames.

Embora legislar sobre o ensino mantido pelo governo federal fosse, como vimos, competência do Congresso Nacional, este abdicou de sua responsabilidade, dando ao Poder Executivo autorização para proceder a tal legislação por via de decretos. Dessa maneira, as cinco principais reformas a que foram submetidos o ensino secundário e o superior, durante a Primeira República – Benjamin Constant (1890), Epitácio Pessoa (1901), Rivadavia Correia (1911), Carlos Maximiliano (1915) e João Luis Alves (1925) – foram promovidas pelo Poder Executivo, mediante expressa autorização do Legislativo. Em relação a essas reformas, vejamos mais de perto algumas considerações sobre os seus objetivos, a duração e os conteúdos curriculares do curso secundário.

Em relação aos *objetivos*, pode-se afirmar que o curso secundário existia em função do curso superior, não tinha autonomia, isto é, funcionava mais como preparatório para o ingresso ao ensino superior. Tanto que o secundário e o superior eram formados pelo mesmo decreto.

Com exceção da reforma de 1911 – praticamente nem chegou a vigorar, já que outra reforma seria feita em 1915 –, que se propôs a libertar o curso secundário da preocupação subalterna de curso preparatório, as demais enfatizaram o objetivo de preparar os estudantes para a matrícula nos cursos superiores.

A *duração* do curso secundário oscilou de sete a quatro anos – 1890: sete anos; 1901: seis anos; 1911: seis anos (externato) e quatro anos (internato); 1915: cinco anos; 1925: cinco anos (certificado de aprovação) e seis anos (bacharelado em Ciências e Letras).

Quanto aos *conteúdos curriculares*, verificou-se uma redução da carga horária dedicada às Humanidades e aos Estudos Sociais, em benefício de Matemática e Ciências e outros estudos, com os seguintes índices médios: Humanidades, 41,2%; Ciências e Matemática, 27,3%; Estudos Sociais, 13,3%; outros estudos, 18,2%. Pela reforma de 1925, os alunos do secundário deveriam estudar nada menos que 20 disciplinas, assim distribuídas:

1º ano: Português, Aritmética, Geografia Geral, Inglês, Francês, Instrução Moral e Cívica, Desenho.

2º ano: Português, Aritmética, Geografia (Corografia do Brasil), História Universal, Francês, Inglês ou Alemão, Latim, Desenho.

3º ano: Português, História Universal, Francês, Inglês ou Alemão, Latim, Álgebra, Desenho.

4º ano: Português (Gramática Histórica), Latim, Geometria e Trigonometria, História do Brasil, Física, Química, História Natural, Desenho.

5º ano: Português (Noções de Literatura), Cosmografia, Latim, Física, Química, História Natural, Filosofia, Desenho.

6º ano: Literatura Brasileira, Literatura das Línguas Latinas, História da Filosofia, Sociologia.

Como curiosidade, chama a atenção o estudo de Desenho em cinco séries; como novidade, a introdução de seis novas disciplinas que antes não faziam parte do currículo: Instrução Moral e Cívica, Filosofia, História da Filosofia, Literatura Brasileira, Literatura das Línguas Latinas e Sociologia.

O *ensino superior* manteve as mesmas características do tempo do Império: escolas superiores isoladas, em pequeno número, subordinadas à legislação federal, predominando o ensino profissionalizante. Merece destaque, durante o período, a criação de algumas escolas superiores pelo governo do estado de São Paulo: Escola Politécnica (1896), Escola Superior de Agricultura de Piracicaba (1905) e Faculdade de Medicina (1913).

Reformas personalistas – levam o nome do ministro da vez – pretendiam apresentar a solução definitiva, mas, cuja vigência não passa de alguns anos, até a posse do novo ministro, que, por sua vez, também tem a solução definitiva.

Há problemas reais? Fácil! Muda-se a lei, nova reforma! Segundo Anísio Teixeira (1983: 245), "a lei era algo mágico, capaz de subitamente mudar a face das coisas". Porém, a realidade não muda! Qual a solução? Nova lei, na verdade, decreto, nova reforma! Assim caminhou a educação elitista do período.

Para Sérgio Buarque de Holanda (1984: 118), nada mais que fuga da realidade: "De todas as formas de evasão da realidade, a crença no poder mágico das ideias pareceu-nos a mais significativa em nossa adolescência política e social".

Novamente a pergunta: que interesses dão sustentação a tal malversação da política? A mera tradição? Herança da colonização, do sistema escravista? O descaso pela sorte do povo? O apego ao poder que a instrução e a organização das massas poderiam pôr em risco?

Frases de José Verissimo

Na nossa instrução pública, hoje como ontem, a coisa de que mais carecemos é de verdade.

Precisamos acabar de uma vez com a espetaculosidade de regulamentos, programas, instituições e organizações que ficam na prática sem nenhuma realidade.

Nós dizemos sempre instrução; outros povos dizem cultura; e com razão. O primeiro termo leva-nos a considerar materialmente as coisas apreendidas; o outro, o grau de fertilidade adquirida pelo espírito.

A educação não deve ser uma simples aquisição de saber; porém uma cultura de forças vivas, que tenha por fim obter a vantagem para as ideias-forças mais elevadas.

Nas sociedades, como nos indivíduos, os produtos da inteligência e da experiência estimulam e dirigem todas as demais funções sociais.

É esta a causa do grande mal, da profunda diátese que nos mina e arruína – não termos, não havermos jamais pensado em ter educação nacional.

Além da ausência de um verdadeiro sistema nacional de educação, mencionada no início do capítulo, as frases de José Verissimo levantam uma série de questões cujo alcance não se esgota na época em que foram escritas, no início do período republicano. Tais questões, por sua importância e atualidade, merecem reflexão e discussão. Entre outras, chamamos a atenção para as seguintes:

– a questão da verdade na educação pública;
– a questão de regulamentos e programas sem nenhuma base na realidade;
– a questão da educação que vai além da pura e simples aquisição do saber.

Como se pode definir essas questões? Qual o seu significado e a sua importância para o encaminhamento dos problemas educacionais? Elas continuam atuais? Nos organismos burocráticos? Nas instâncias decisórias? Na própria escola? Como podem ser enfrentadas na escola?

MARIA MONTESSORI E A EDUCAÇÃO CIENTÍFICA

A educação é compartilhada pela mestra e pelo ambiente. A antiga mestra "instrutora" é substituída por todo um conjunto, muito mais complexo; isto é, muitos objetos [...] coexistem com a mestra e cooperam para a educação da criança.
(Maria Montessori, 1870-1952)

Maria Montessori nasceu em 1870, no norte da Itália. Filha única de um casal de classe média, desde cedo se interessou pelas ciências. Quando decidiu estudar Medicina na Universidade de Roma, teve que enfrentar a resistência do pai e dos que estavam à sua volta. Na Medicina, orientou seu estudo para a Psiquiatria, em que se interessou pelo estudo de crianças com retardo mental. Isso mudaria não só a sua vida, mas a própria história da educação. É que ela percebeu que aquelas crianças consideradas pela sociedade como ineducáveis respondiam com rapidez e entusiasmo quando estimuladas a realizar trabalhos domésticos, exercitando suas habilidades motoras e gozando de autonomia.

Em seguida, juntando sua observação prática à sua pesquisa acadêmica, desenvolveu experiências com crianças ditas normais. Graduou-se, então, em Pedagogia, Antropologia e Psicologia. Teve, depois, a oportunidade de colocar suas ideias em prática na primeira Casa dei Bambini (Casa das Crianças), aberta numa região pobre no centro de Roma. Logo outras casas foram surgindo em diversos lugares da Itália. O sucesso alcançado por essas casas tornou-a uma celebridade nacional. Tanto que, em 1922, o governo a nomeou inspetora-geral das escolas da Itália. Mas, com a ascensão do regime fascista, ela decidiu deixar o país em 1934. Trabalhou, então, na Espanha, no Ceilão (hoje Sri Lanka), na Índia e na Holanda, onde morreu aos 81 anos, em 1952.

As bases da teoria montessoriana

Maria Montessori é dos poucos nomes da história da educação conhecidos fora dos círculos dos especialistas. Seu nome é associado à educação infantil. Ela, que foi a primeira mulher a se formar em Medicina em seu país, foi também a pioneira em dar mais ênfase à autoeducação do aluno do que ao papel do professor. Para ela, a educação é, acima de tudo, uma conquista da criança.

Por isso, estabeleceu como bases da sua teoria a individualidade, a atividade e a liberdade do aluno. Estabeleceu, também, que a educação deve ir além do acúmulo de informações e que o principal objetivo da escola é dar aos alunos uma formação integral que lhes sirva para a vida. Para isso, o melhor método de ensino é aquele que procura desenvolver neles, desde a primeira infância, o potencial criativo. Entre as obras escritas por Maria Montessori, destacam-se: *Antropologia pedagógica, Método de pedagogia científica, Manual prático do método, Autoeducação na escola elementar.*

O método Montessori

O método Montessori é essencialmente biológico. Ele se fundamenta em informações científicas sobre o desenvolvimento infantil. Segundo tais informações, a evolução mental da criança acompanha o seu crescimento biológico. Assim, podem-se identificar, nessa evolução, determinadas fases, cada uma mais adequada a certos conteúdos de aprendizagem. O respeito às necessidades e interesses de cada criança, de acordo com os estágios de desenvolvimento correspondentes às faixas etárias, é de fundamental importância.

O método, de acordo com Montessori, não pode contrariar a natureza humana. Justamente por isso, o seu método era mais eficiente do que os tradicionais. Era um método em que as crianças conduziam o seu próprio aprendizado, e o professor ficava atento para detectar a maneira particular de cada criança manifestar seu potencial.

Montessori, com seu método, inverte o foco da sala de aula tradicional, centrada no professor. Em suas escolas, o centro é a criança, que ela não considera um pretenso adulto ou um ser incompleto. A criança, desde o seu nascimento, já é um ser humano integral. Assim, não é por acaso que as escolas que ela fundou se chamavam Casa dei Bambini (Casa das Crianças). E foi nessas casas que ela colocou em prática duas de suas ideias fundamentais: a educação pelos sentidos e a educação pelo movimento.

O espaço interno, na escola montessoriana, é cuidadosamente preparado para permitir às crianças movimentos livres, ajudando-as a desenvolver sua independência e sua iniciativa pessoal. Além do ambiente, as atividades sensorial e motora desempenham função essencial na educação, pois as crianças precisam dar vazão à sua tendência natural de tocar e manipular tudo o que está à sua volta.

De acordo com Montessori, o caminho do intelecto passa pelas mãos. Assim, é por meio do movimento e do toque que as crianças reconhecem o mundo em que vivem. *A criança ama tocar os objetos para depois poder reconhecê-los*, afirmou em certa ocasião.

O método Montessori parte do concreto para o abstrato. Para tornar esse processo o mais rico possível, a educadora italiana desenvolveu os materiais didáticos adequados. Trata-se de objetos simples, mas muito atraentes e projetados para provocar o raciocínio. Eram projetados para auxiliar em todo o tipo de aprendizagem, do sistema decimal à estrutura da linguagem. Tal a importância desse material que, segundo Montessori, a professora tem de ver-se substituída pelo material didático que corrige por si mesmo os erros e permite que a criança se eduque a si própria. E, na escola montessoriana, as carteiras cedem lugar às mesinhas individuais. Se preferirem, as crianças podem até sentar-se no chão.

O material didático deveria agir "como uma escada", costumava repetir Maria Montessori. De acordo com ela "o material sensorial pode ser considerado [...] como 'abstração materializada'... Quando a criança pequena se encontra diante do material, ela responde com um trabalho concentrado, sério, que parece extraído do melhor de sua consciência. Dir-se-ia que, na verdade, as crianças estão atingindo a maior conquista de que suas mentes são capazes: o material abre à inteligência determinadas vias que, nessa idade, seriam inacessíveis sem ele" (apud Gauthier e Tardif, 2014: 209).

Além do material didático, o método recomenda exercícios físicos e rítmicos. Porém, são os exercícios da vida prática que constituem o centro da educação motriz. Esses exercícios referem-se aos cuidados da pessoa consigo mesma e com o ambiente. Por isso, as crianças aprendem a vestir-se, tirar a roupa, lavar-se, tirar manchas, limpar objetos, preparar e tirar a mesa etc.

No método Montessori, os trabalhos dos alunos recebem sempre um reforço, como *muito bem, parabéns* etc., de maneira que haja sempre um contato afetivo entre professor e educando e se estabeleça, assim, a confiança entre os dois.

Para Maria Montessori, são os exercícios da vida prática que constituem o centro da educação motriz. Esses exercícios abrangem os cuidados da criança consigo mesma e com o ambiente. Por isso, os alunos são treinados a vestir-se e desvestir-se, lavar-se, tirar manchas, limpar objetos, preparar e tirar a mesa, colocar as cadeiras no lugar etc.

Perguntamos: atualmente tais exercícios continuam importantes e necessários? Por quê? E, envolvidas com televisão, celular, *videogames*, computador, que tempo sobra às crianças para tais exercícios? Seria possível seguir hoje as orientações de Montessori? Seria necessário que os pais limitassem as atividades sedentárias dos filhos e incentivassem mais os exercícios físicos e a sua participação em atividades domésticas? Isso também seria importante na educação escolar? Por quê? Em nossas escolas, pode-se dizer que as crianças aprendem a cuidar de si e do ambiente?

GÊNESE E LEGADO DAS IDEIAS DE MARIA MONTESSORI

As ideias de Maria Montessori refletem sua época, ou seja, a virada do século XIX para o XX, caracterizada pela efervescência intelectual e pelo fascínio pela mente humana. Na primeira metade da vida de Montessori, o mundo conheceu a luz elétrica, o rádio, o telefone, o cinema. Tais descobertas da ciência criavam grandes expectativas para o futuro. Além disso, novas pesquisas no campo da Medicina tornavam mais eficaz e mais humano o tratamento dos doentes mentais e, ao mesmo tempo, lançavam luz sobre o cérebro dos considerados *normais*.

A época se caracterizou, também, por uma mudança nos costumes. Tanto que Maria Montessori escolheu uma profissão *de homens* e, mais tarde, teve um filho sem se casar, o que a obrigou a afastar-se dele nos primeiros anos de vida para não causar escândalo. Sem contar que, como vimos, no auge de sua carreira, teve que deixar seu país por ver o triunfo momentâneo dos valores fascistas, totalmente opostos aos que ela sempre defendeu.

A importância de suas ideias é comprovada pela quantidade de escolas que, hoje, adotam as suas concepções pedagógicas e o seu método. Atualmente existem escolas montessorianas nos cinco continentes, em geral agrupadas em associações que trocam informações entre si. Só no Brasil existem em torno de cem associações montessorianas.

E a presidente da Associação Brasileira de Educação Montessoriana, Talita de Oliveira Almeida, chamou a atenção para o fato de que as ideias de Maria Montessori se alicerçam numa crença. "Ela acreditava que a educação é uma conquista da criança, pois percebeu que já nascemos com a capacidade de ensinar a nós mesmos se nos forem dadas condições" (*Nova Escola*, s. d.: 65).

FRASES DE MARIA MONTESSORI

A principal função do educador é cuidar para que ele não confunda o bem com a passividade e o mal com a atividade.

Ajude-me a agir por mim mesmo.

Homens que têm mãos e não têm cabeça e homens que têm cabeça e não têm mãos igualmente não têm lugar na comunidade moderna.

O método Montessori não recebeu só elogios, mas também muitas críticas. As mais comuns "referem-se ao enfoque individualista e ao excesso de materiais e procedimentos construídos dentro da escola – o que dificultaria a adaptação dos alunos a outros sistemas de ensino e ao 'mundo real'. Os montessorianos argumentam que, ao contrário, o método se volta para a vida em comunidade e cooperação." (*Nova Escola*, s. d.: 67). E você? Acha que dar atenção individual aos alunos é um modo de contrabalançar a tendência contemporânea à massificação, inclusive do ensino?

Essa questão pode ser objeto de debate, com a apresentação de argumentos a favor e contra o método Montessori, no contexto da época e na atualidade, podendo ser consideradas as seguintes perguntas:

– O individual exclui necessariamente o coletivo?
– Os alunos formados pelo método montessoriano deveriam necessariamente se adaptar ao "mundo real" ou poderiam modificá-lo em função das suas aprendizagens?
– A massificação do ensino é uma tendência exclusivamente contemporânea?
– Em que consiste essa massificação e que fatores contribuem para a mesma?

John Dewey e a educação nova

> *Por outras palavras, ensinar bem é ensinar*
> *apelando para as capacidades que o aluno já*
> *possui, dando-lhe, do mesmo passo, tanto material*
> *novo quanto seja necessário para que ele reconstrua*
> *aquelas capacidades em nova direção, reconstrução*
> *que exige pensamento, isto é, esforço inteligente.*
> (John Dewey, 1859-1952)

O filósofo e pedagogo norte-americano John Dewey, no final do século XIX e primeira metade do século XX, formulou um pensamento educacional que ainda tem muito a contribuir para a teoria e prática pedagógicas e que ficou conhecido como Escola Nova.

Dewey nasceu na cidade de Burlington, estado de Vermont, em 20 de outubro de 1859, em uma família de comerciantes de religião protestante congregacionalista, mais preocupada em educá-lo para a realização de tarefas práticas do dia a dia, para o trabalho e para os valores comunitários e religiosos, do que propriamente em proporcionar-lhe uma formação escolar considerada de excelência na época.

Mesmo assim, o jovem John ingressou na Universidade do Estado de Vermont com 15 anos. Aos 20 anos já estava formado e iniciava sua carreira no magistério em sua terra natal, ao mesmo tempo que era um praticante ativo de sua religiosidade cristã, o que o levava a escrever artigos e dar palestras sobre a Bíblia e inúmeros temas religiosos.

Entre os anos de 1882 e 1884, Dewey realizou o seu doutorado em Filosofia, na Universidade Johns Hopkins, defendendo uma tese sobre a psicologia do filósofo alemão Immanuel Kant, mas desenvolvendo um interesse intelectual que combinava ainda o estudo da Biologia e da teoria da evolução de Darwin com a filosofia de Hegel, estudos que contribuíram para que elaborasse o seu primeiro livro em 1887, intitulado *Psicologia*.

Ainda em 1884, Dewey passa a trabalhar como professor de Filosofia na Universidade de Michigan. Em 1887, casa-se com Alice Chipman, com quem terá cinco filhos e viverá por quarenta anos. Sua esposa falece em 1927. Em 1946 Dewey volta a se casar, desta vez com Roberta Grant, então com 42 anos. O casal adota duas crianças. Em 1952, no dia 1º de junho, falece em Nova York.

Ao mesmo tempo que se dedicava ao magistério, quando trabalhava na Universidade de Michigan, a partir de 1884, John Dewey entra em contato com as ideias de Willian James (1842-1910), Charles Sanders Peirce (1839-1914) e George Herbert Mead (1863-1931) e começa a desenvolver o seu pensamento numa direção oposta em relação à filosofia de Hegel, que o influenciara na juventude.

Inspirado por Mead, Dewey elabora novas concepções psicológicas, relacionando o cérebro e o sistema nervoso com as condições sociais em que os indivíduos vivem. Com James, além de também aprender uma nova abordagem da Psicologia, Dewey é estimulado a investigar em que medida as ideias provocam efeitos práticos sobre as condutas humanas. Por Peirce, Dewey foi influenciado a acreditar que o objetivo do pensamento é justamente gerar os hábitos e crenças nos indivíduos. Essa corrente de pensamento filosófico nascida em solo norte-americano ficará conhecida como *pragmatismo*.

Dewey se tornaria um dos seus principais expoentes, mas preferia chamá-la de *instrumentalismo pragmático*, e seu objetivo seria aliar o conhecimento e a prática na realização livre de experiências que irão guiar a vida dos seres humanos. O instrumentalismo de Dewey o levará a valorizar a experiência humana como o principal meio para o desenvolvimento da capacidade prática. "Somente a prática pode revelar o quanto de verdade as nossas certezas contêm", sintetizou o professor Marcus Vinicius da Cunha (2010: 12), estudioso da obra de Dewey.

A formação intelectual e o início da carreira de Dewey coincidem com grandes mudanças sociais, políticas e econômicas nos Estados Unidos. Após passar por uma sangrenta Guerra Civil, entre 1861 e 1865, que culminou com o fim da escravidão, o país se industrializa aceleradamente, com uma forte migração de trabalhadores do campo para a cidade.

Como decorrência dessas circunstâncias históricas, a educação escolar norte-americana passou por um processo de reformulação dos currículos conhecido como *americanização*, para que os estudantes filhos de imigrantes e camponeses aprendessem na escola noções de higiene, disciplina, atividades domésticas e artes manuais. Isso para que fossem capacitados para a vida nos centros urbanos e para o trabalho na indústria e nos serviços.

> Uma das acusações mais frequentes à nossa educação escolar é a de que ela tem sido muito "livresca", "teórica", "verbalista", sem nenhuma preocupação com a prática e a realidade em que se localiza a escola e vivem os alunos. Será que, atualmente, essa acusação ainda condiz com o que acontece em nossas escolas?
>
> Com o seu "instrumentalismo pragmático", Dewey propunha aliar o conhecimento e a prática na realização livre de experiências. Será este o caminho? Se for, como implementá-lo em nosso cotidiano escolar? Aliando conhecimento e prática, estarão os nossos alunos mais motivados e interessados no estudo das matérias escolares? Por quê?
>
> Como tentativa de adequar-se à nova população que chegava à escola – filhos de imigrantes e camponeses – teria sido válido o processo de "americanização" da educação com noções de higiene, disciplina, atividades domésticas e artes manuais? Por quê? Resultaria em uma escola de segunda categoria para essa população?
>
> As eventuais dúvidas sobre a validade do processo não tiram o mérito da sua intenção de adaptar o currículo à nova população escolar. No Brasil, por volta dos anos 1960, a população, antes majoritariamente rural, passou a predominantemente urbana. Apesar disso, nenhuma iniciativa foi tomada no sentido de adequar a escola às características dos novos alunos. Como se pode explicar essa diferença de encaminhamento da educação escolar entre os Estados Unidos e o Brasil?

Escola Laboratório

A partir de 1894, Dewey se transfere para a Universidade de Chicago e passa a elaborar uma combinação original entre a Psicologia e a Filosofia, para aplicação teórica e prática na ação pedagógica com a ajuda de vários colaboradores e amigos. É assim que nasce sua experiência pedagógica da Escola Laboratório.

Afirma o professor Marcus Vinicius da Cunha (2010: 13):

> Dewey organizou uma escola de ensino elementar em bases inovadoras, com o objetivo de verificar a aplicabilidade de suas concepções filosóficas e psicológicas e incentivar a criação de novos métodos e técnicas de ensino. Sua esposa, Alice, atuava como professora e diretora da escola. Os princípios por ele adotados contrariavam frontalmente os pilares do ensino tradicional, fundamentado na ordem, na disciplina e na passividade dos estudantes. Tratava-se de uma verdadeira experiência educacional, razão pela qual a instituição ficou conhecida como Escola Laboratório.

Na concepção e na prática de Dewey, a educação escolar não poderia ser dissociada da vida dos indivíduos e da sociedade, por isso a escola não poderia se restringir a um ensino repetitivo de verdades eternas e imutáveis que colocasse a competência acadêmica em primeiro lugar, mas, pelo contrário, deveria ser orientada pela busca dos saberes e competências que seriam necessários para a vida como cidadão numa sociedade democrática e em transformação constante.

Em termos práticos, essa concepção de Dewey se fazia presente no currículo de sua Escola Laboratório, na Universidade de Chicago, fazendo com que as aulas teóricas de Física, Química e Biologia, por exemplo, fossem combinadas com a atividade de preparação do lanche das crianças. Para difundir suas concepções educacionais, que eram muito criticadas na época, Dewey realizou, no ano de 1899, três conferências que foram publicadas no livro *Escola e sociedade* e obtiveram uma grande repercussão favorável, além de vários outros livros como *Meu credo pedagógico* (1897), *A criança e o currículo* (1902) e *A situação educacional* (1902). Mesmo assim, dez anos após o seu nascimento, a experiência da escola teve que ser encerrada na Universidade de Chicago, o que levou Dewey a romper com a instituição e se transferir, em 1905, para a Universidade de Colúmbia, em Nova York.

A ESCOLA DE DEWEY

Em 1894, Dewey confiou à esposa:

> Tenho em minha mente, cada vez mais presente, a imagem de uma escola em que, no centro e na origem de tudo, esteja alguma atividade verdadeiramente construtiva e a partir da qual o trabalho se desenvolva sempre em dois sentidos: por um lado

a dimensão social dessa atividade construtiva; e, por outro, o contato com a natureza que lhe fornece sua matéria-prima. Posso ver perfeitamente, em teoria, como a atividade de carpintaria instalada para construir uma maquete de casa, por exemplo, venha a ser o centro de uma formação, por um lado, social e, por outro, científica – tudo isso acompanhado de um treinamento físico, concreto e positivo, da vista e das mãos. (Apud Gauthier e Tardif, 2014: 189)

Uma nova concepção de educação

Na nova concepção de Dewey, a educação deveria ser definida como "uma reconstrução ou reorganização da experiência, que esclarece e aumenta o sentido desta e também a nossa aptidão para dirigirmos o curso das experiências subsequentes" (Dewey, 1959: 83). Os estudantes e educadores desenvolveriam na escola uma relação comunitária centrada na formação das crianças para a autonomia, de modo que fossem preparadas para o autogoverno em uma sociedade democrática mais ampla.

Ao invés da imposição da disciplina e dos conteúdos de *cima para baixo*, a nova escola, na proposta de Dewey, buscaria a *expressão e o cultivo da individualidade* e a realização de atividades livres. As crianças aprenderiam mais através das próprias experiências, tornando subsidiários os professores e os livros. A escola não seria mais um local de *preparação para a vida* em um futuro remoto, mas seria *a própria vida*, uma vez que deveria ser valorizada a vivência no presente, para a reconstrução constante da experiência de viver em sociedade em constante mudança (Dewey, 1971: 3-11).

O livro *Democracia e educação,* publicado originariamente em 1916, e considerado uma síntese das concepções educacionais de John Dewey, possibilita que entendamos melhor os vínculos que o autor estabelecia entre a educação escolar e a sociedade como um todo. No livro aparecem os elementos centrais de sua concepção de uma *educação progressiva* guiada pelo ideal da vida em uma sociedade verdadeiramente democrática, como ele acreditava que deveria ser a sociedade norte-americana, baseada na participação ativa e consciente da população na gestão pública, graças a um consentimento esclarecido de cada cidadão ao governo.

Para Dewey, a educação deveria ser voltada para a preparação das novas gerações para a democracia, esta entendida como "mais que uma forma de governo; é primeiramente, um modo de viver em sociedade, de experiência partilhada conjuntamente" (Dewey, 1959: 91).

Por sua vez, o funcionamento democrático de uma civilização dependeria da educação, pois, segundo Dewey, "tendo em vista que uma sociedade democrática repudia o princípio de uma autoridade externa, tem que encontrar um substitutivo na disposição e no interesse voluntários e estes só podem ser criados através da educação" (Dewey, 1959: 91). A partir deste raciocínio, podemos entender também a defesa que Dewey fazia da necessidade de universalização da educação escolar, que representaria, no seu entendimento, o mais importante fundamento para um verdadeiro processo de democratização da sociedade.

Dewey insiste na importância da experiência, continuamente reconstruída, como motor do desenvolvimento humano e, no caso da educação, como meio de aprendizagem. Criou uma escola laboratório para testar suas concepções, propondo, a partir dessas experiências concretas, uma nova concepção de educação como:

- reconstrução ou reorganização da experiência;
- expressão e cultivo da individualidade;
- formação para a autonomia e o autogoverno;
- aprendizagem através da própria experiência;
- não como preparação para a vida, mas, como a própria vida;
- experiência democrática para viver numa sociedade democrática.

Onde estaria a novidade desta concepção em relação com a chamada "educação tradicional"? Em nossas escolas estão presentes esses elementos da concepção educacional de Dewey? Ou ainda predominam métodos impositivos no tocante à disciplina e à transmissão dos conteúdos? Há necessidade de mudança? Como fazer isso?

O PENSAMENTO REFLEXIVO

Aprofundando filosoficamente as suas concepções pedagógicas, Dewey passou a produzir uma vasta e consistente obra filosófica a partir da década de 1910, publicando inúmeras obras sobre teoria do conhecimento, Lógica, Ética, Psicologia e Educação, que contribuíram para que desenvolvesse o conceito de pensamento reflexivo, a partir de então, amplamente empregado no pensamento educacional do século xx.

Para Dewey o pensamento reflexivo possibilita que os seres humanos formem a sua opinião conscientemente, prevendo as consequências das suas ações e assim orientando-as de forma ética. Sintetizando didaticamente a noção de pensamento reflexivo, o professor Marcus Vinicius da Cunha (2010: 27) ensina que, segundo Dewey, "pensamos de maneira reflexiva quando fazemos um exame cuidadoso e atento dos fatores envolvidos em determinada situação, com o objetivo de alcançar uma conclusão que nos forneça certa garantia sobre o problema em estudo".

O pensamento reflexivo necessita que o ser humano desenvolva uma atitude investigativa diante da vida, que consistiria em pesquisar para esclarecer uma dúvida. A dúvida torna possível a formulação de um problema, que por mais simples que seja coloca o pensamento em estado de *perplexidade* que o incita a buscar novos conhecimentos.

> O problema nos põe diante de caminhos alternativos, situações desconcertantes e ambíguas, impondo-nos a necessidade de buscar respostas. Para isso, procedemos, primeiramente, a um levantamento dos dados envolvidos na situação; em seguida, raciocinamos sobre esses dados e elaboramos hipóteses indicativas de solução. Quando testamos essas hipóteses e verificamos qual delas se aplica mais adequadamente ao objetivo almejado, damos a isso o nome de conhecimento. (Cunha, 2010: 27)

Na linguagem pedagógica e filosófica empregada por Dewey, o objetivo primordial da educação e, portanto, dos educadores, não seria transmitir conhecimentos e verdades definitivas, mas sim desenvolver o pensamento reflexivo nos educandos, contribuindo para que experienciem situações de aprendizagem que os levem a pensar reflexivamente e adotar condutas eticamente responsáveis em relação à vida social democrática. Essa concepção filosófica de educação orientou a atuação de Dewey no movimento da Educação Progressiva nos Estados Unidos, voltado para transformar a educação escolar através do aprendizado da experiência e do desenvolvimento da capacidade científica de *aprender a aprender.*

Repercussões da obra de Dewey

A obra filosófica e pedagógica de Dewey alcançou uma grande repercussão nos Estados Unidos e inspirou o pensamento e a ação do educador Willian H. Kilpatrick, criador do *Método de Projetos*, centrado na valorização da experiência dos educandos.

Entretanto, em virtude da independência e do conteúdo crítico e democrático do seu pensamento filosófico e educacional, a partir dos anos 1930, mas principalmente após a Segunda Guerra Mundial e durante o período da Guerra Fria, Dewey e sua obra despertaram uma considerável rejeição por parte dos conservadores, que o acusaram de comunista e simpatizante da União Soviética, o que dificultou que suas concepções educacionais fossem mais amplamente divulgadas e colocadas em prática nas escolas norte-americanas.

Internacionalmente, a projeção dos trabalhos de Dewey levou-o a realizar conferências no Japão, China, União Soviética, Itália, México, Turquia, entre outros países. Seus livros chegaram a muitos países e, no Brasil, Dewey contou com o engajamento entusiasta do educador Anísio Teixeira, que foi seu aluno, tradutor e divulgador de sua obra, que também inspirou sua atuação política e educacional como líder do movimento da Escola Nova – ao lado de Fernando de Azevedo, Lourenço Filho e outros, como veremos no capítulo "Fernando de Azevedo e a educação pública" – e à frente do Instituto Nacional de Estudos Pedagógicos – Inep.

FRASES DE JOHN DEWEY

Os elementos fundamentais do processo educativo são, de um lado, um ser imaturo e não evoluído – a criança – e, de outro, certos fins, ideias e valores sociais representados pela experiência amadurecida do adulto. O processo educativo consiste na adequada interação desses elementos.

A criança vive em um mundo em que tudo é contato pessoal. Dificilmente penetrará no campo da sua experiência qualquer coisa que não interesse diretamente seu bem-estar ou o de sua família e amigos.

Vai ela (a criança) para a escola. E que sucede? Diversos estudos dividem e fracionam o seu mundo. A geografia seleciona, abstrai e analisa uma série de fatos, de um ponto de vista particular. A aritmética é outra divisão; outro departamento a gramática, e assim por diante.

A fraqueza da educação antiga estava nas suas irritantes comparações entre a imaturidade da criança e a maturidade do adulto [...] o perigo da nova educação está em considerar as forças e interesses presentes da criança como coisas de significação definitiva.

Cada matéria ou ciência tem assim dois aspectos: um para o cientista, como cientista; outro, para o professor, como professor. Esses aspectos não se opõem, mas também não são idênticos.

Mas, se por tarefa se entende qualquer coisa sem interesse, que nos seja completamente alheia e, portanto, desagradável, então não há lugar para ela em atividades educativas.

Centremos nossa reflexão e nossa discussão em dois pontos fundamentais suscitados pela trajetória de John Dewey.

Em primeiro lugar, a noção de pensamento reflexivo, por meio do qual o indivíduo elabora conscientemente o seu ponto de vista e suas decisões, o que exige uma atitude investigativa diante da vida, levantando e testando hipóteses e alternativas, adotando a que mais se aproxima da verdade ou, no caso de um problema, da sua solução. Na sala de aula, trata-se de uma mudança radical: a matéria não transmitida como verdade absoluta, dogma imutável, mas como problema a ser investigado.

A questão é: esse procedimento é importante para a educação de crianças e jovens? Por quê? Ele é adotado em nossas escolas? Seria necessário implementá-lo? Como fazer isso?

O segundo ponto refere-se à repercussão da obra de Dewey, que alcançou indistintamente países capitalistas e socialistas, e que, como vimos, chegou ao Brasil por meio do seu aluno Anísio Teixeira. Porém, por conta dela, paradoxalmente, foi perseguido em sua própria terra, acusado de comunista, tendo suas concepções encontrado enormes dificuldades para entrar em escolas dos Estados Unidos. Perguntamos: levando em conta que os Estados Unidos viviam na época num contexto histórico e político anticomunista, no âmbito da Guerra Fria, que colocava em campos opostos Estados Unidos e União Soviética, que perigo poderia se esconder atrás de um pensamento reflexivo como o proposto por Dewey?

NADEZHDA KRUPSKAIA E A EDUCAÇÃO SOCIALISTA

*A fim de proporcionar a todo mundo livros, é
necessário aumentar a publicação cem ou mil
vezes. [...] O uso coletivo dos livros é possível
somente com o desenvolvimento de uma ampla
rede de bibliotecas.*
(Nadezhda Krupskaia, 1869-1939)

Um estudo mais abrangente sobre a história do pensamento educacional no século XX não pode deixar de tratar da contribuição teórica e prática da educadora e revolucionária russa Nadezhda K. Krupskaia (1869-1939). Ancorada nas concepções filosóficas e políticas marxistas, como educadora, Krupskaia desenvolveu um pensamento voltado para a formação do ser humano em suas múltiplas dimensões, tanto intelectuais quanto corporais, bem como de suas competências práticas, com especial ênfase na sua preparação para a participação política revolucionária. A concepção educacional de Krupskaia, construída no contexto histórico que levou à Revolução Russa de 1917 e à tentativa de construção de uma sociedade socialista, tem na busca da igualdade social, econômica e de gênero e no compromisso com o desenvolvimento do sentimento de respeito à coletividade seus principais pilares.

Nadezhda Konstantínova Krupskaia nasceu em São Petersburgo, uma cidade de grande ebulição política e cultural, a mesma em que também viveu o escritor Fiodor Dostoievski, em uma família de origem nobre e escolarizada, porém empobrecida, em 26 de fevereiro de 1869. Seguindo os passos da mãe, que era professora, desde a adolescência ela começou a trabalhar como professora e atuar politicamente em cursos de alfabetização e formação política de operários e em grupos de estudo sobre a obra de Marx.

Com essa inclinação revolucionária e já com conhecimento da obra de Marx, em 1893, Nadezhda Krupskaia conhece o estudioso e ativista político Vladmir Lênin, com o qual passa a compartilhar a mesma preocupação política de organizar um partido voltado para a revolução proletária, atuando juntos na construção de algumas associações e sindicados operários, a partir da defesa da redução da jornada de trabalho e da ampliação dos direitos dos trabalhadores. Nos anos de 1895 e 1896, Krupskaia e Lênin já mantinham um relacionamento amoroso quando foram presos em razão da participação política nas lutas operárias de São Petersburgo. Mesmo presos, os dois se casam e são deportados para um exílio na Sibéria. Vivendo juntos no exílio, Krupskaia e Lênin continuam estudando e publicando textos jornalísticos e de propaganda política, até que conseguem se mudar para a Alemanha em 1901 e iniciam juntos a edição do famoso jornal revolucionário russo *Iskra*, que contribui para a construção de um partido bolchevique, no qual Krupskaia faria parte do Comitê Central e atuaria em defesa da emancipação feminina. Depois da Revolução Russa de 1917, Nadezhda Krupskaia continuará sua atuação política dedicando-se aos programas de educação dos jovens.

De acordo com os estudos realizados pelas professoras Samantha Lodi-Corrêa e Mara Regina Martins Jacomeli (2011: 5),

> A proposta de Krupskaia era converter a mentalidade humana individualista, posta pelo capitalismo, em uma mentalidade coletivista. Em uma sociedade de classes a educação se desenvolve de maneira classista, levando os pais a explorarem seus próprios filhos para sobreviver. Em uma sociedade alforriada do capitalismo "o livre desenvolvimento de cada um será a condição para o desenvolvimento de todos". Preocupada em pôr fim à exploração infantil faz referência à ideia apresentada por Marx de criar uma legislação que protegesse os filhos da exploração dos pais e assegurasse a educação. Por educação reforça três características que devem ser conjugadas: educação mental, educação física e educação tecnológica. Sobre a educação pública, deixa bem clara sua posição. O Estado deve manter financeiramente as escolas públicas, mas não deve de maneira alguma se nomear o educador do povo. A escola deve estar livre da influência do governo assim como da influência da igreja.

A educadora russa parte de uma crítica ao individualismo e à competição, próprios da educação nas sociedades capitalistas, para propor uma escola igualitária, universalista e formativa, respeitando as características psicológicas de cada ser humano e combinando as dimensões teóricas com a formação tecnológica para o trabalho (Krupskaia, 1986: 52).

Como ressaltou Franco Campi, em sua *História da pedagogia*, no período que se inicia com a Revolução Russa de 1917 e vai até 1930, ocorreu uma grande efervescência cultural com um "forte entusiasmo construtivo e por uma vontade profunda de renovação das instituições" (Cambi, 1999: 558). A educadora Nadezhda Krupskaia, ao lado de do também intelectual e educador Anatol Lunatsharski, redige o primeiro programa soviético de educação, em 1917, e realiza uma grande atualização do debate pedagógico e das ações didáticas nas escolas soviéticas, em direção a uma concepção da educação indissociavelmente ligada ao trabalho como atividade ontológica de formação do ser humano como um ser social e coletivo.

> Realiza-se, assim, aquela "escola única do trabalho" que, marxisticamente, conjugava trabalho intelectual e manual (produtivo), que se afirma como uma escola 'de cultura geral e politécnica', baseada na união de trabalho, natureza e sociedade. (Cambi, 1999: 558)

Para Cambi, em síntese,

> a criação mais significativa da pedagogia soviética foi o princípio da escola politécnica do trabalho, empenhada em conjugar instrução e trabalho de fábrica, mas também em "ampliar o horizonte cultural dos alunos", como sublinhava Krupskaia, substituindo a velha escola nacionalista e religiosa, com seus manuais e seus métodos. (Cambi, 1999: 580)

Ainda atuando profissionalmente e respeitada em toda a União das Repúblicas Socialistas Soviéticas, Nadezhda Krupskaia falece na cidade de Moscou aos 70 anos, em 27 de fevereiro de 1839, deixando uma obra pedagógica que combinou de forma radical e consequente a inovação teórica e didática na construção de uma concepção educacional formativa de uma mentalidade igualitária e coletivista.

Os pensadores socialistas que trataram o tema da educação, como, por exemplo, Karl Marx, Antonio Gramsci, Anton Makarenko ou István Mészáros, entre outros, buscaram combinar a teoria com a prática política e pedagógica. As concepções socialistas de educação nascem, primeiramente, da crítica às formas como a educação das novas gerações ocorrem nas sociedades capitalistas, tanto na vida cotidiana dos indivíduos no seu meio social e familiar, como através dos sistemas escolares. Depois de criticarem a educação que ocorre nas sociedades capitalistas, os teóricos socialistas que tratam da educação em suas obras se preocuparam com a preparação dos seres humanos para a construção de uma sociedade comunista no futuro.

Então, podemos dizer que as concepções educativas socialistas apresentam propostas para a fase de transição do capitalismo para o comunismo, uma fase em que a sociedade ainda é desigual, hierárquica e carrega o peso das injustiças da sociedade capitalista e individualista do passado. Por isso precisa de uma educação que critique tais injustiças, ao mesmo tempo que está empenhada em preparar os seres humanos para a construção de uma sociedade socialista, até que seja possível que todos vivam em uma sociedade totalmente igualitária e livre, a sociedade comunista. Um pedagogo como Anton Makarenko sempre enfatizou em sua obra teórica e na ação educativa prática que "a pedagogia socialista deve centrar sua atenção na educação do coletivo e aí, sim, estará educando o novo caráter coletivista da cada criança em particular" (apud Luedemann, 2002: 5).

CRÍTICA À EDUCAÇÃO CAPITALISTA

Uma educação simplesmente adequada às demandas da divisão do trabalho capitalista difunde entre os seres humanos uma consciência social parcelarizada, que aceita a divisão entre concepção e execução, entre trabalho intelectual e braçal, e reduz o trabalhador às características de sua ocupação funcional, impedindo-o de realizar todas as suas potencialidades humanas. Uma educação alienada torna-se alienante ao formar os futuros trabalhadores como seres unilaterais, especializados, que não estão interessados nas consequências de sua atividade de trabalho para os demais seres humanos, mas estão preocupados apenas com o salário que receberão após a atividade.

Os grupos humanos, deliberadamente ou não, sempre desenvolveram formas de preparar os seus membros para o trabalho, educando-os para a realização de determinadas atividades produtivas e sobre a maneira como devem relacionar-se com os outros membros da coletividade. No pensamento marxiano, a educação pode ser considerada como uma superestrutura social que guarda uma correspondência com o estágio de desenvolvimento das forças produtivas e da divisão social do trabalho.

Os trabalhadores reproduzem a sua força de trabalho gerando, alimentando e educando filhos que ocuparão os seus lugares no futuro. A educação torna-se, assim, uma forma de preparar as novas gerações de proprietários e de não proprietários para as posições que irão ocupar na hierarquia do processo de produção. A este respeito, Henri Lefebvre recorda que a crítica pedagógica francesa evidenciou que na *escola de massas*, onde ocorre a instrução primária,

> os métodos, os locais, a arrumação do espaço, reduzem o aluno à passividade, habituando-o a trabalhar sem prazer [...]. O espaço pedagógico é repressivo, mas esta estrutura tem um significado mais vasto do que a repressão local: o saber imposto, engolido pelos alunos, vomitado nos exames, corresponde à divisão do trabalho na sociedade burguesa, serve-lhe, portanto, de suporte [...]. A escola prepara proletários e a universidade prepara dirigentes, tecnocratas e gestores da produção capitalista. Sucedem-se as gerações assim formadas, substituindo-se umas pelas outras na sociedade dividida em classes e hierarquizada [...]. A escola e a universidade propagam o conhecimento e formam as gerações jovens segundo padrões que convêm tanto ao patronato como à paternidade e ao patrimônio. (1984: 226)

A ideia de que a escola é um local de democratização do saber encobre a contradição fundamental da sociedade capitalista, escondendo que a escola classista é mais um dos espaços destinados à reprodução da hierarquia econômica, entre proprietários e não proprietários; da hierarquia social, entre burgueses e proletários; e da hierarquia política, entre governantes e governados.

Vamos refletir um pouco sobre algumas das críticas feitas à educação capitalista e tentar verificar até que ponto as situações analisadas têm alguma semelhança ou, até mesmo, se identificam com o que acontece em nossas escolas, de um modo geral:

– uma educação adequada às demandas da divisão do trabalho capitalista;
– uma educação que aceita a divisão entre concepção e execução, entre trabalho intelectual e braçal;
– uma educação alienada, que forma trabalhadores unilaterais, especializados;
– uma educação cujos métodos, locais, arrumação do espaço reduzem o aluno à passividade, a trabalhar sem prazer;
– uma educação que perpetua a divisão social entre a classe dirigente – preparada pela universidade – e os trabalhadores, formados pela escola básica;
– uma educação do saber imposto, vomitado nos exames.

Pensando em nossas escolas, a partir dessas críticas, pode-se considerar que elas reproduzem todas essas situações? Ou, mais algumas delas? Quais seriam as mais presentes no cotidiano escolar?

Conclui-se daí que nossa educação é uma educação capitalista? E haveria como fugir disso, já que vivemos dentro de um regime capitalista? Numa escola capitalista, haveria possibilidade de implementar propostas pedagógicas que fujam às características mencionadas?

Indo além, em nossa realidade concreta, as características da educação capitalista destacadas são todas condenáveis para a formação das nossas crianças e jovens? Ou algumas seriam até necessárias? Quais? Por quê?

As propostas marxistas para a educação

Ao discutirmos o posicionamento político e as propostas de Marx a respeito das medidas educacionais adequadas à Europa de sua época, o século XIX, temos que levar em consideração que ele estava preocupado com os problemas mais imediatos e que exigiam que fossem colocados em prática alguns "indispensáveis antídotos contra as tendências de um sistema social que degrada o operário a mero instrumento para a cumulação de capital, e que transforma pais, devido às suas necessidades, em proprietários de escravos, vendedores dos seus próprios filhos" (Marx e Engels, 1983: 83).

As propostas educacionais de Marx evidenciam, assim, as nuanças de um pensamento que mantinha como horizonte a transformação revolucionária da sociedade, sem, contudo, abster-se diante dos desafios colocados pela prática política em uma sociedade de classes.

Como consta já no *Manifesto do Partido Comunista*, de 1848, redigido em parceria com Engels, Marx defendia a implementação de uma *educação pública gratuita de todas as crianças* (Marx e Engels, 1982: 125), com a eliminação do trabalho infantil, na forma como esse era então explorado pelos empresários capitalistas, e a proposição de uma modalidade combinada de educação, voltada para a formação de todas as dimensões humanas, incluindo a atividade produtiva, a sensibilidade artística, a formação científica e o cultivo do corpo.

No pensamento de Marx, a educação é uma relação social que expressa a forma como os sujeitos sociais são preparados, preparam-se para viver e convivem em uma sociedade dada, a qual se encontra em um momento histórico que pode ser identificado como pertencente a determinado modo de produção, possibilitando a reprodução das relações sociais de produção e das forças produtivas.

Em cada modo de produção ocorre uma determinada forma de divisão do trabalho, que pressupõe uma educação adequada ao domínio que é exercido sobre a natureza. Os membros das camadas e classes sociais são educados para a caça e a coleta, para a agricultura e a pecuária, para o artesanato ou para os serviços e a indústria baseada na maquinofatura. O modo de produção também sofre as consequências das ações revolucionárias realizadas pelos seres humanos para a superação dos problemas que a vida social lhes apresenta.

É necessário, pois, um processo social de aprendizagem da cultura que envolve a aprendizagem das técnicas de produção, de relacionamento interpessoal e também de representação simbólica da vida social e participação na vida política da sociedade. Em conjunto, esse processo de aprendizagem é chamado de processo de socialização; resulta da relação social entre os membros de uma coletividade para garantir tanto a continuidade da coletividade no tempo quanto a sua transformação para que consiga solucionar os novos problemas com que se depara, para a garantia dos recursos materiais de que necessita e da forma de integração social mínima entre os seus membros. Em Marx, a educação deve ser concebida, portanto, como um processo de formação de um ser que é, ao mesmo tempo, produto da história e seu agente transformador. O que torna imprescindível para os processos educacionais a crítica ao existente.

MARXISMO E EDUCAÇÃO BURGUESA

O marxismo não rejeita, mas assume todas as conquistas ideais e práticas da burguesia no campo da instrução: universalidade, laicidade, estabilidade, gratuidade, renovação cultural, assunção da temática do trabalho; como também a compreensão dos aspectos literário, intelectual, moral, físico, industrial e cívico. O que o marxismo acrescenta de próprio é, além de uma clara crítica à burguesia pela incapacidade de realizar estes seus programas, uma assunção mais radical e consequente destas premissas e uma concepção mais orgânica da união instrução-trabalho na perspectiva oweniana* da formação total de todos os homens. (Manacorda, 2000: 296)

*Oweniana= Refere-se a Robert Owen (1771-1858), industrial e filantropo escocês que pretendeu instituir um sistema de instrução e de organização do trabalho, visando restituir dignidade humana e cultura aos operários e aos seus filhos.

A educação unitária de Antonio Gramsci

Para o filósofo italiano Antonio Gramsci, que era um adepto das concepções de Marx, porém, a escola deveria unificar a sua formação, de modo a abranger a educação tradicional com forte conteúdo teórico, literário, filosófico e científico com a formação para o trabalho prático. Segundo as próprias palavras de Gramsci (2006a: 33-34), é necessário uma

> escola única inicial de cultura geral, humanista, formativa, que equilibre de modo justo o desenvolvimento da capacidade de trabalhar manualmente (tecnicamente, industrialmente) e o desenvolvimento das capacidades de trabalho intelectual. Deste tipo de escola única, através de experiências repetidas de orientação profissional, passar-se-á a uma das escolas especializadas ou ao trabalho produtivo.

A perspectiva teórica desta concepção gramsciana de escola unitária envolve uma crítica à divisão dicotômica entre uma formação educacional livresca, teórica, filosófica e abstrata para as classes dominantes, e a escola utilitarista e tecnicista para a formação da massa de trabalhadores subalternos. Em outras palavras, a crítica deve problematizar a formação educacional baseada na separação hierárquica entre trabalho intelectual e braçal, uma vez que para Gramsci todos os seres humanos são intelectuais e todos os tipos de trabalho envolvem alguma forma de elaboração mental para a sua execução.

Para usarmos as próprias palavras de Gramsci (2006a: 18), "seria possível dizer que todos os homens são intelectuais, mas nem todos os homens têm na sociedade a função intelectual". Ainda:

> Não há atividade humana da qual se possa excluir toda intervenção intelectual, não se pode separar o *Homo faber* do *Homo sapiens*. Em suma, todo homem, fora de sua profissão, desenvolve uma atividade intelectual qualquer, ou seja, é um "filósofo", um artista, um homem de gosto, participa de uma concepção de mundo, possui uma linha consciente de conduta moral, contribui assim para manter ou para modificar uma concepção do mundo, isto é, para suscitar novas maneiras de pensar. (Gramsci, 2006a: 53)

Nas sociedades modernas, a organização escolar é responsável pelo aprofundamento e pela ampliação da *intelectualidade de cada indivíduo*, multiplicando, aperfeiçoando e especializando as funções intelectuais:

> A escola é o instrumento para elaborar os intelectuais de diversos níveis. A complexidade da função intelectual nos vários Estados pode ser objetivamente medida pela quantidade das escolas especializadas e pela sua hierarquização: quanto mais extensa for a *área* escolar e quanto mais numerosos forem os *graus verticais* da escola, tão mais complexo será o mundo cultural, a civilização, de um determinado Estado. (Gramsci, 2006a: 19)

O problema é que a educação escolar nas sociedades modernas de sua época, a Itália das primeiras décadas do século xx, passava por uma profunda crise que gerava uma

> progressiva degenerescência: as escolas de tipo profissional, isto é, preocupadas em satisfazer interesses práticos imediatos, predominam sobre a escola formativa, imediatamente desinteressada. O aspecto mais paradoxal reside em que este novo tipo de escola parece e é louvado como democrático, quando, na realidade, não só é destinado a perpetuar as diferenças sociais, como ainda a cristalizá-las em formas chinesas. (Gramsci, 2006a: 49)

Por outro lado, é apontada também a necessidade de uma reunificação da educação, para que todos sejam trabalhadores intelectuais teóricos e práticos. O professor Paolo Nosella argumenta que:

> Gramsci não está disposto a jogar fora a essência metodológica da escola humanista tradicional que é justamente o seu caráter de cultura formativa **desinteressada**. Tampouco está disposto a desperdiçar o espírito eficientista e técnico da escola técnico-profissional. Encaminha, portanto, a solução da crise na direção da unitariedade ou integração da cultura. (Nosella, 1992: 114; grifo do autor)

A função educacional da escola é exatamente essa difusão da ideologia das classes dominantes pelos intelectuais tradicionais. Mas isso não impede, ao contrário, até favorece que as classes sociais subalternas formulem para si a estratégia que Gramsci denomina como "guerra de posições", para se contrapor à hegemonia das classes dominantes, através da construção de uma nova hegemonia política e cultural, para a qual os intelectuais orgânicos atuariam na formulação e na difusão de uma ideologia portadora de uma nova concepção de sociedade. Como afirmava Gramsci, "em política a guerra de posição é a hegemonia, e a hegemonia é o governo pelo consentimento permanentemente organizado" (apud Anderson, 1986: 66).

A conexão entre o contexto histórico, ou seja, as circunstâncias práticas e objetivas nas quais os processos educativos estão inseridos, e a concepção materialista de história levam Gramsci a sempre pensar a educação em geral e a educação escolar de modo a que correspondam às condições e às necessidades das sociedades e dos seres humanos que nelas vivem. Segundo as palavras de Gramsci, é necessário "desenvolver a escola de forma que se aproxime mais à realidade concreta para que corresponda às exigências da nossa classe" (apud Nosella, 1992: 64).

Entretanto, segundo a avaliação do professor Paolo Nosella, para Gramsci jamais

> a escola, por ter o trabalho industrial moderno como seu princípio pedagógico, deverá ser uma mesquinha ou monstruosa máquina de preparação de mão de obra. O homem, até os 16-18 anos, deve frequentar uma escola, disciplinada, concreta sim, isto é, informada pelo *éthos*, *logos* e pelo *técnos* do trabalho moderno, jamais, porém profissionalizante, jamais unidirecional, e sim aberta, humanista, culta, em suma do tipo renascentista modernizada. (Nosella, 1992: 88)

Para tanto, é necessária a formação pedagógica tanto dos alunos como dos próprios educadores, para que tenham uma preparação adequada a esta conexão entre educação e vida social.

A proposta de escola unitária de Gramsci constitui uma importante novidade, destacando-se entre as propostas socialistas para a educação. Valoriza a tradição humanística, ao mesmo tempo que permite a formação para o engajamento no mundo do trabalho e a especialização, nos anos mais avançados da escolaridade.

No Brasil, como veremos em capítulos posteriores, tivemos por muito tempo a marginalização ou exclusão pura e simples da formação profissional em relação à educação básica. Chegamos também, em 1971, ao extremo oposto de tornar a formação profissional exclusiva no ensino médio, sobrepondo-se à educação geral.

Qual seria a solução ideal para a nossa realidade: deixar a formação profissional apenas para o ensino superior? Formação profissional e educação geral convivendo de forma integrada no ensino médio? Formação profissional já no ensino fundamental? Ou, conforme a proposta gramsciana, uma educação humanística geral no início, flexibilizando-se gradualmente em múltiplos caminhos e alternativas em função das aptidões e interesses dos alunos e das demandas sociais?

> Ou por outra, conforme Nosella, até os 16-18 anos, uma escola informada pelo mundo do trabalho moderno, mas não unidirecional e profissionalizante, uma escola aberta, humanista, culta. Seria esse o caminho? E como poderemos chegar lá?

UMA CRÍTICA SOCIALISTA À EDUCAÇÃO CONTEMPORÂNEA

A obra de István Mészáros vem se constituindo em um referencial importante para a abordagem marxista na pesquisa educacional. Combinando sua pesquisa filosófica com a defesa de uma perspectiva política socialista, a concepção educativa de Mészáros parte da crítica à educação voltada para os interesses das classes dominantes do capitalismo, para propor uma educação *para além do capital*. Para Mészáros (1981: 261), "a tarefa de transcender as relações sociais de produção capitalistas, alienadas, deve ser concebida na estrutura global de uma estratégia educacional socialista".

A educação se constitui em uma dimensão do ser social, inserida no conjunto da vida social, e não como um fator social isolado próprio de uma fase específica da formação dos membros da sociedade, ou como processos de educação formal promovidos nas instituições escolares.

Assim considerada, a educação deve ser projetada visando à construção de uma forma de sociabilidade livre da alienação e não à perpetuação do domínio do capital e das sociedades capitalistas. "É por isso que é necessário romper com a lógica do capital se quisermos contemplar a criação de uma alternativa educacional significativamente diferente", propõe Mészáros (2005: 27), que supere a concepção segundo a qual a educação deve ser tratada como um serviço, e vendida no mercado como qualquer outra mercadoria, com o objetivo de qualificar os indivíduos para o trabalho nas organizações capitalistas.

Os processos educacionais nas sociedades capitalistas destinam-se a reproduzir as competências necessárias para o funcionamento das empresas e também dos valores individualistas, consumistas, competitivos e hierárquicos que orientam os indivíduos na vida cotidiana. Mészáros denomina esse processo como *interiorização* pelos indivíduos das pressões exteriores das sociedades de mercado, que torna os seres humanos alienados em seus sentidos físicos e mentais, pois se voltam para a preocupação individualista com o *ter*, ou seja, com a posse de propriedades, e não com o cultivo do seu *ser* através da convivência e do desenvolvimento livre dos seus sentidos.

Manifestando uma influência recebida do pensamento de Gramsci, Mészáros defende também que nesse processo de interiorização de competências técnicas e valores, "os indivíduos contribuem para a manutenção de uma concepção de mundo e para a manutenção de uma forma específica de intercâmbio social, que corresponde àquela concepção de mundo" (1981: 260).

A PEDAGOGIA REVOLUCIONÁRIA DE MAKARENKO

Anton Semiónovitch Makarenko nasceu na região de Khárkov, Ucrânia, em 1º de março de 1888, e faleceu em Moscou, em 1º de abril de 1939. Filho de ferroviário, ainda jovem, de 1905 a 1914, lecionou em escolas primárias populares. Em 1917, formou-se no Instituto Pedagógico de Poltava e, de 1918 a 1920, administrou escolas em Kriúkov e Poltava. Obteve grande prestígio como educador ao dirigir, por 16 anos, instituições educacionais para crianças e adolescentes abandonados: a Colônia Maximo Gorki, em Poltava (1920-1928), e a Comuna F. M. Dzerjinski, em Khárkov (1927-1935).

Makarenko trabalhou durante toda a sua vida para elaborar um pensamento pedagógico voltado para a prática educativa cotidiana, tendo como orientação principal transformar a escola em uma coletividade igualitária, solidária, participativa e comunitária, superando o individualismo e a competição pelo melhor desempenho escolar, de modo a que pudesse contribuir para a construção do socialismo na União Soviética, após a revolução socialista de outubro de 1917, liderada por Lênin e pelo partido Bolchevique.

Ao dirigir a Colônia Gorki e a Comuna Dzerjinski, Makarenko colocou como foco central de sua ação educativa não a individualidade de cada educando, mas a sua inserção na coletividade, e por isso as suas propostas pedagógicas estavam voltadas para o desenvolvimento da vida coletiva, bem em sintonia com as concepções da Comissão de Instrução Pública da urss, que era dirigida pelos intelectuais comunistas Lunatcharski e Nadejna Krupskaia (esposa de Lênin).

Escreveu a professora Cecília Luedemann:

> a escola makarenkiana é organizada de acordo com os princípios da instrução geral e do trabalho produtivo, retirando a centralidade da sala de aula. A pedagogia deveria, assim, tomar como objeto o processo de constituição dialética da coletividade em seus diferentes aspectos – educação, instrução e trabalho produtivo. Aos professores caberia a tarefa principal de instruir, de educar e ser educado, junto aos alunos, na vida coletiva autogestionária. (2002: 19)

A trajetória pedagógica de Makarenko ficou conhecida no mundo todo através da obra em três volumes intitulada *Poema pedagógico*, de sua autoria e baseada na experiência prática e na reflexão teórica sob a experiência cotidiana e conflitiva, mas, fundamentalmente, cooperativa, entre educandos e educadores, na Colônia Gorki e na Comuna Dzerjinski. A pedagogia de Makarenko combinou a busca pelo respeito à individualidade e a liberdade dos estudantes e educadores, ao mesmo tempo que cada ser humano deveria também ser preparado para contribuir para a construção de uma sociedade comunista.

Na colônia Maximo Gorki – nome escolhido pelos próprios internos, impressionados com a leitura da obra desse escritor –, destinada à reeducação de crianças e jovens recolhidos das ruas, Makarenko vivia como um dos internos, dividindo com eles problemas e responsabilidades, tudo discutindo coletivamente, mas era firme quanto às regras formuladas em conjunto, à disciplina, ao trabalho, ao estudo:

> Escolham, rapazes, o que é mais importante para vocês. Não pode ser de outro jeito. Deve existir disciplina na colônia. Se não lhes agrada, podem dispersar-se, cada um que vá para onde quiser. Mas quem continuar vivendo na colônia terá de manter a disciplina. (1987: 28)

E diante de um questionamento de um interno – *E se eu não quiser estudar? Para que preciso disso?* – também foi firme: "A escola é indispensável, obrigatória. Quer você queira quer não, tanto faz. Está vendo, o Zodórov acaba de dizer que você é bobo. Precisa estudar, ficar esperto" (1987: 28).

Na prática diária, diante de fatos muitas vezes imprevistos, Makarenko constatou que as teorias pedagógicas aprendidas em seus anos de estudo de pouco ou nada valiam. Em seu *Poema pedagógico* também aparecem desabafos:

> Indignava-me a pessimamente organizada técnica pedagógica, e a minha impotência técnica. E eu pensava com repulsa e raiva sobre a ciência pedagógica: "Há quantos milênios ela existe! Que nomes, que ideias brilhantes: Pestalozzi, Rousseau, Natorp, Blonsky! Quantos

livros, quantos papéis, quanta glória! E ao mesmo tempo, um vácuo, não existe nada, é impossível haver-se com um só desordeiro, não há nem método, nem instrumental, nem lógica, simplesmente não existe nada! Tudo uma enorme charlatanice." (1987: 127)

Mas há também discussões e tomadas de posição, em confronto com o Departamento de Instrução Pública, que condenava as suas fórmulas *militaristas* de disciplina:

> Na minha exposição sobre disciplina, eu me permiti pôr em dúvida as posturas então aceitas por todos, e que afirmavam que a punição educa escravos, que é preciso dar plena liberdade à criatividade infantil, confiando o máximo na auto-organização e na autodisciplina da criança. Eu me permiti externar a minha profunda convicção de que, enquanto não estiverem criados o coletivo e os órgãos do coletivo, enquanto não existirem tradições e não forem criados hábitos elementares de trabalho e de vida, o educador tem o direito, e não deve renunciar a ele, de usar a força e de obrigar. Afirmei também que não era possível basear toda a instrução sobre o interesse, que a educação do senso de responsabilidade e do dever muitas vezes entra em conflito com o interesse da criança, em especial da forma como esta o entende. Eu exigia a educação de um ser humano resistente e forte, capaz de executar também trabalhos desagradáveis e trabalhos tediosos, se eles são requeridos pelo interesse do coletivo.
> Em última análise, eu defendia a criação de um coletivo vigoroso, e, se necessário, severo e motivado, e só sobre o coletivo é que eu apoiava todas as esperanças. Os meus oponentes me jogavam na cara os axiomas da pedologia e ficavam girando somente em volta da "criança". (1987: 152-153)

FRASES DE MAKARENKO

No começo eu nem sequer compreendi, mas simplesmente vi que eu precisava não de fórmulas livrescas, as quais eu não poderia aplicar aos fatos de qualquer maneira, mas sim de uma análise imediata e uma ação não menos urgente.

Nossos jovens representavam em média uma combinação de traços de caráter muito pronunciados com uma condição cultural muito limitada. Eram justamente esses que as autoridades procuravam mandar para a nossa colônia, especialmente designada para os dificilmente reeducáveis.

O quadro geral era deprimente, mas, não obstante, os embriões do coletivo, semeados no decorrer do primeiro inverno, brotavam silenciosamente na nossa sociedade, e era preciso salvar esses embriões a qualquer custo, não se podia permitir que os novos contingentes sufocassem esses brotos preciosos.

Cada dia da minha vida de então incluía necessariamente tanta fé, como alegria e desespero.

De cada um dos nossos passos podia-se dizer o que se quisesse, porquanto os nossos passos eram aleatórios. Nada era indiscutível no nosso trabalho.

É preciso notar, entretanto, que nem por um momento eu pensei ter encontrado na violência alguma receita pedagógica onipotente.

Muitos colonistas gostavam de ler livros, mas nem todos eram capazes de assimilar o conteúdo. Por isso é que organizamos leituras comunais em voz alta, das quais costumavam participar todos.

Claro, a experiência pedagógica de Makarenko é única e, portanto, assim como outras, intransferível. Além disso, foi excepcional, ocorreu em um internato para crianças e jovens recolhidos das ruas, grande parte deles infratores. Assim mesmo, levanta importantes questões para reflexão e discussão que poderão ser úteis em nosso trabalho educativo.

A primeira dessas questões diz respeito à relação entre teoria e prática. Na faculdade, geralmente, aprendemos teorias pedagógicas consideradas avançadas. As instâncias superiores da educação – ministério, secretarias etc. – propõem inovações, novos métodos, modernas concepções... Na sala de aula, porém, defrontamo-nos com uma realidade muitas vezes imprevista, que foge totalmente aos parâmetros das teorias aprendidas. O que fazer?

A segunda questão refere-se ao trabalho. Na colônia os internos dividiam o dia em duas partes: uma dedicada ao estudo, outra, ao trabalho. Em nossa realidade, embora com muitas diferenças, também há estudantes, principalmente jovens, que são obrigados a trabalhar enquanto estudam, muitos trabalham de dia e estudam no período noturno. Como conciliar estudo e trabalho? De que forma as escolas atuam junto a esses jovens? Com uma atenção diferenciada? Ou lidam com eles da mesma forma que com os outros, como se não trabalhassem? O que fazer?

A terceira questão é suscitada pelo final da transcrição da manifestação de Makarenko diante do Departamento de Instrução: "Os meus oponentes ficavam girando somente em volta da 'criança'". O que significa isso? Em outra passagem, ao se referir às teorias, Makarenko cita Pestalozzi; no capítulo anterior, estudamos Dewey. Entre outros, Pestalozzi e Dewey dão ênfase à "criança" como centro do processo educacional. Na escola, há outros elementos além da "criança"? São também importantes? Será que, ao enfatizar a centralidade da criança, muitas vezes não esquecemos ou relegamos a um plano muito inferior outros componentes do processo, como o "coletivo", para empregarmos um termo caro a Makarenko? O que fazer?

NYERERE E A EDUCAÇÃO AFRICANA

*O fato de a África pré-colonial não possuir
"escolas" – exceto por curtos períodos de
iniciação em algumas tribos – não implica
que as crianças não fossem educadas. Elas
aprendiam vivendo e fazendo.*
(Julius Kambarage Nyerere, 1922-1999)

Julius Kambarage Nyerere nasceu em Butiama, Tanzânia, em 1922, e faleceu em Londres, em 1999. Formou-se professor na Universidade de Makerere, em Kampala (Uganda), e foi o primeiro tanzaniano a estudar numa universidade britânica, tendo feito História e Economia política na Universidade de Edimburgo.

Completados os estudos, voltou ao seu país, em 1952, ingressou na carreira política, tendo sido cofundador do partido União Nacional Africana de Tanganica (Tanu), em 1954, engajando-se no movimento de emancipação nacional. Com a independência, em 13 de dezembro de 1962, Nyerere tornou-se o primeiro presidente de Tanganica que, a partir de 1964, com a união política com o Zanzibar, passaria a ser a República Unida da Tanzânia.

Em seu governo procurou manter um difícil equilíbrio entre os dois blocos que se confrontavam na Guerra Fria – liderados por Estados Unidos e União Soviética – e procurou desenvolver um socialismo *à africana*, a partir da criação dos chamados *Ujamaa*, comunidades voluntárias e democráticas de camponeses para cultivar coletivamente a terra. Nacionalizou comércio, indústria, transportes e bancos, visando à autossuficiência econômica.

Considerado o *pai da pátria*, exemplo de promoção da convivência entre religiões e etnias diferentes, foi na educação e na saúde que Nyerere alcançou maior sucesso – 80% da população estava alfabetizada e tinha acesso a serviços de saúde –, mas fracassou no campo econômico, como ele próprio reconheceu ao deixar voluntariamente a presidência, após seguidas reeleições, em 1985: "Não pude cumprir a missão que me havia fixado: terminar com a pobreza, a fome, a doença; só a ignorância foi vencida. Eu não posso continuar dirigindo um país que é obrigado a mendigar sua comida".

Popularmente chamado *Mwalimu* (professor em suaíli), o presidente Nyerere, segundo Gadotti,

> resolveu investir maciçamente em educação. Em apenas seis anos, o país duplicou o número de escolas. A nova filosofia educacional baseava-se no resgate da autoconfiança de cada criança e de cada cidadão, através do estudo e da valorização da sua cultura, moral e história. Os educandos deveriam ser formados para participar ativamente da nova sociedade socialista que se instalou após a independência. [...] Uma das mudanças mais radicais foi o resgate e a adoção do idioma nativo, o "swahili", como língua oficial. (2002: 210)

O Renascimento Cultural
E A AFRICANIZAÇÃO DA EDUCAÇÃO

A África é portadora de uma longa história formada a partir de séculos de ocupação (fenícia, berbere, romana, árabe etc.) e de integração criativa com as mais diversas culturas locais, que deram origem as mais diferenciadas formas de sociedades humanas, urbanas e rurais.

Mas essa tradição histórica foi profundamente cindida, após a chegada do colonizador europeu, durante o século XIX, que não queria apenas "assegurar a continuação do livre cambismo tradicional em suas costas e grandes rios", através de pequenos enclaves comerciais.

Agora o europeu desejava e necessitava *penetrar na África e aí se manter*. Isso, desde uma perspectiva imperialista que impulsionasse o desenvolvimento do emergente capitalismo, desejoso de novos mercados (Brunschwig, 1974).

Porém, os governos europeus não dispunham nem queriam investir suntuosas quantias em expedições de conquistas, fazendo surgir, para tanto, na França, a teoria da colonização moderna.

Essa teoria, elaborada pelo economista francês Paul Leroy-Beaulieu, em 1874, com a publicação da obra "sobre a colonização entre os povos modernos", apresentava uma ideia original: a de que a diferença entre a nova e a antiga forma de colonização era a emigração de capital em vez de pessoas (Wesseling, 1998: 21).

Por isso, essa *nova colonização*, visando, principalmente, fazer das colônias mercados para os produtos da metrópole, hostilizava a conquista militar e dizia-se respeitar a autonomia dos povos advogando por

> [...] uma colonização baseada em quadros de pessoal e em capitais, em técnicos que ensinariam aos habitantes do país os processos modernos de aproveitamento da terra, construiriam estradas, vias férreas, barragens, introduziriam culturas novas e a pecuária racional. A fome desapareceria, as doenças recuariam. As populações, progressivamente instruídas, se organizariam, gozariam de uma autonomia interna [...], teriam seus governos, suas alfândegas, seus exércitos, e contribuiriam para o prestígio da França, à qual estariam associadas e representariam no estrangeiro. (Brunschwig, 1974: 22)

Tais ideias rapidamente se espalharam para a Inglaterra e para o resto da Europa, aliadas a um ideal "humanitário: a convicção de que a única civilização era a do Ocidente e que as 'raças inferiores' não podiam senão aspirar e elevar-se para gozar de seus benefícios" (Brunschwig, 1974: 23).

Imbuídos desse ideal, a partilha da África deu-se efetivamente com a realização da Conferência de Berlim, em 1885, cuja Ata Geral em seu preâmbulo preconizava:

> Querendo regular num espírito de boa compreensão mútua as condições mais favoráveis *ao desenvolvimento do comércio e da civilização* em certas regiões da África, e assegurar, a todos os povos as vantagens da livre navegação sobre os dois principais rios africanos, que se lançam no Oceano Atlântico; desejosos, por outro lado, de prevenir os mal-entendidos e as contestações que poderiam originar, no futuro, as novas tomadas de posse nas costas da África, *e preocupados ao mesmo tempo com os meios de crescimentos do bem-estar moral e material das populações aborígenes*, resolveram sob convite do Governo Imperial Alemão, em concordância com o Governo da República Francesa, reunir para este fim uma Conferência de Berlim. (Conferência de Berlim. Ata Geral, 1885. Grifos dos autores.)

Assim, em nome desse ideal civilizatório (tecnicista, evolucionista e capitalista), o art. 6º da citada Ata Geral da Conferência de Berlim estabeleceu como obrigação das "potências que exercem direitos de soberania ou uma influência nos citados territórios": a garantia de proteção especial dos missionários cristãos, viajantes e exploradores, a "conservação das populações aborígenes e a melhoria de suas condições morais e materiais de existência".

O fato é que essa posição reforçou a mentalidade, oriunda do iluminismo e do evolucionismo, de que a história e o mundo deveriam europeizar-se ou ocidentalizar-se. Desde essa perspectiva e como "nessa época os europeus só conheciam a África e os africanos sob o ângulo do comércio de escravos" (Fage, 2010: 8), o filósofo Hegel afirmava, em sua *Filosofia da história universal*: "A África não é um continente histórico; ela não demonstra nem mudança nem desenvolvimento. Os povos negros são incapazes de se desenvolver e de receber uma educação. Eles sempre foram tal como os vemos hoje" (apud Fage, 2010: 8).

Em outra passagem, Hegel (apud Hernandez, 2005: 20-21) afirma ao referir-se à África:

> Não tem interesse próprio, senão o de que os homens vivem ali na barbárie e na selvageria, sem fornecer nenhum elemento à civilização. [...]. Encontramos [...] aqui o homem em seu estado bruto. Tal é o homem na África. [...] encontra-se no primeiro estágio, dominado pela paixão, pelo orgulho e a pobreza; é um homem estúpido. [...] Para compreendê-lo exatamente, devemos abstrair de todo respeito e moralidade, de todo o sentimento. Tudo isso está no homem em seu estado bruto, em cujo caráter nada se encontra que pareça humano.

Essa mentalidade, que identificava a raça negra com a imagem de primitivo e inferior, espalhou-se pelo mundo social, político e científico, perpetuando-se ao longo de décadas. Por isso, Hugh Trevor-Roper (apud Mazrui et al., 2010: 814), professor de História Moderna da Universidade de Oxford, afirmava para seus alunos, em 1960, "Haverá, quiçá no devir, uma história da África, todavia e entre nós, sequer resquícios existem. Nada além da história dos europeus em áfricas terras [...]. O resto são trevas – trevas estas a não constituírem história".

Desse modo, a entrada da África no mundo contemporâneo deflagrou um processo traumatizante para a memória coletiva de seu povo, fazendo surgir como reação a esse processo um movimento de revisão cultural e de recusa ao tratamento da realidade africana como *primitiva* e *tradicional* (Saraiva, 1987).

Esse movimento, conhecido por Renascimento Cultural Africano, iniciou-se em fins do século XIX com Edward W. Blyden e desenvolveu-se nas primeiras décadas do século XX por grupos como o Pan-Africanismo e a Negritude, e passou do plano das ideias para o terreno prático, após a Segunda Guerra Mundial e a deflagração das lutas de independência na África a partir de 1950.

Desde então, os emergentes países africanos, através de líderes como Amílcar Cabral (da Guiné-Bissau), Leopold Senghor (do Senegal), Ahmed Touré (da Guiné), Kwame Nkrumah (de Gana) e Julius Nyerere (da Tanzânia), entre outros, transformaram-no, cada um a seu modo, em uma ideologia nacionalista do processo de libertação colonial. Movimento de renovação que, atrelado ao projeto político de reorganização da sociedade e do Estado africano pós-colonial, tentava "resgatar a tradição africana com o compromisso de transformação" (Saraiva, 1987: 6). Afinal, "não era preciso só expulsar o colonizador, mas era também preciso reformular o conhecimento sobre a África, rompendo com os mitos erguidos contra o seu processo, pela demonstração de que o continente é dinâmico e que há um lugar para a história na sociedade africana" (Saraiva, 1987: 6).

Para tanto, excetuando o presidente do Malaui, que buscou copiar o sistema *public school* inglês, elogiando a educação com base no latim e grego, os demais chefes dos recém-criados Estados africanos quiseram consensualmente africanizar a educação no continente. Por isso, Sékou Touré (apud Habte e Wagaw, 2010: 826), presidente da Guiné, apregoava: "Nós devemos africanizar a nossa educação e livrarmo-nos das falsas ideias herdadas de um sistema educativo concebido para servir aos objetivos coloniais".

Podemos, neste ponto, procurar estabelecer paralelos entre a colonização da América e do Brasil, a partir do século XVI, o colonialismo que avançou sobre a África, nos séculos XIX e XX, relacionando as formas de reação à dominação europeia.

Em primeiro lugar, pensemos nos modelos de colonização: que semelhanças e diferenças existem entre ambos? Quem promoveu um e outro? A que interesses serviam? Como foram justificados?

Pensemos, em segundo lugar, nos modelos educacionais implantados. Tudo bem, modelos europeus, mas há diferenças entre eles? Quais? Quem foram os formuladores e os executores de um e de outro modelo? A que fim se destinava a educação?

Na África, procurou-se "africanizar" a educação. E no Brasil, tentou-se "abrasileirar" a educação? Tudo bem, também abolimos o latim e o grego, como os africanos, mas, em relação a estudos concernentes à nossa realidade concreta e à sua transformação, em função de interesses do povo brasileiro, o que fizemos? O que ainda temos para fazer?

A Unesco e a História Geral da África

Dentro desse contexto de Renascimento Cultural Africano, a Unesco, em 1964, assumiu o compromisso de preparar e publicar uma História Geral da África, em resposta a uma demanda feita por intelectuais e pelas novas nações africanas recém-independentes.

O resultado foi um trabalho escrito por mais de 350 especialistas, sob a coordenação de um comitê científico internacional, composto por 39 intelectuais, entre os quais 2/3 eram africanos. Constituído de 8 volumes, com mais de 10 mil páginas, a obra caracteriza-se tanto pela pluralidade de abordagens teóricas, quanto de fontes, tendo como pré-requisito a coleta sistemática de tradições orais, arqueológicas e documentais (M'bow, 2010: xxiv).

Essa obra, coletiva e interdisciplinar, traduzida em diversos idiomas, entre eles o português e idiomas africanos, é recomendada pela União Africana, a qual, segundo a *Carta da Renascença Cultural Africana*, constitui-se em uma válida base para o ensino de História da África (ua, 2006). Servindo, ainda, de acordo com o Núcleo de Estudos Afro-brasileiros da Universidade Federal de São Carlos, de referência para o sistema educacional brasileiro. Isso porque os manuais e estudos disponíveis sobre a História da África, em sua maior parte, "apresentam uma imagem racializada e eurocêntrica do continente africano, desfigurando e desumanizando especialmente sua história, uma história quase inexistente para muitos até a chegada dos europeus e do colonialismo no século xix" (neab/UFSCar, 2010: x).

A *Carta da Renascença Cultural Africana* foi aprovada pelos Chefes de Estado e de Governo da União Africana, em janeiro de 2006, em Cartum, no Sudão, comprometendo-se em promover o renascimento da cultura africana, através do reforço do papel endógeno da ciência e da tecnologia. Incluindo o reforço dos sistemas de conhecimento da vida dos povos africanos e incorporando a utilização de suas línguas.

Dentro desse contexto, Saraiva (1987: 14), conclui: "não se pede a eliminação das línguas europeias como fatores de cultura, mas que se dê aos idiomas locais sua dignidade própria, tanto em termos instrumentais como éticos".

Expansão e reforma dos sistemas de educação

Para Habte e Wagaw (2010: 817) os diversos volumes da História Geral da África, publicados pela Unesco, apontam para a existência de três (principais) sistemas de educação na África pré-colonial: "a educação autóctone, a educação islâmica e aquilo que se poderia qualificar como um sistema de educação afrocristã, referente às primeiras tradições cristãs que sobreviveram na Etiópia e junto aos coptas do Egito".

Os sistemas educacionais das sociedades de tradição islâmica e afrocristã valorizavam a aprendizagem da escrita e da leitura como meios de se *desvendar os mistérios do Corão e da Bíblia*; enquanto o sistema de educação autóctone voltava-se às demais sociedades africanas locais, caracterizadas, essencialmente, pela cultura oral.

A partir do século XIX, os regimes coloniais, visando expandir o cristianismo e o império das potências ocidentais, na África, fizeram da educação *uma arma poderosa de aculturação* via assimilação ou diferenciação (Hernandez, 2005).

Deflagra-se, assim, um processo de alfabetização e de educação para grupos restritos tendendo a separar a elite instruída, de modo ocidental, das massas, comumente consideradas com desdém, *analfabetas* ou *iletradas*. Um sistema que privilegiou o conhecimento dos idiomas europeus em detrimento do árabe e de outras línguas africanas. O resultado prático desse processo, segundo Habte e Wagaw (2010: 818), foi a marginalização de todos os sistemas pré-coloniais de educação.

Mas, apesar dos esforços das escolas missionárias e das pressões do sistema colonial, as tradições locais pré-coloniais lograram subsistir no seio da comunidade, da família e das Igrejas através de seus estabelecimentos de ensino religioso (islâmicos e afrocristãs); transmitindo-lhes, antes de sua entrada em uma escola ocidental, os valores fundamentais de sua cultura, em sua própria língua, e impedindo que os laços com a sua cultura de origem, mesmo distendidos, fossem literalmente corrompidos (Habte e Wagaw, 2010: 821-826).

Por isso, a elite que conduziu o processo de libertação da África utilizou-se, para tanto, de uma educação tradicional africana e de outra colonial e europeizada, conquistando, assim, a confiança das massas. Através dos idiomas europeus, pôde transcender as barreiras culturais das diversas sociedades africanas, integrando-as em função de uma só causa guiada pela máxima: A África para os africanos! (Kuame Nkrumah, apud Hernandez, 2005: 136).

Desse modo,

> Os dirigentes nacionalistas foram assim conduzidos a julgarem muito positivamente a formação intelectual da qual se beneficiaram e a perceberem, na educação, a mais eficaz arma para se construir uma nação e favorecer a mudança social, com vistas a descolonizar os espíritos e assegurar o desenvolvimento econômico. (Habte e Wagaw, 2010: 820)

Isso gerou, dentro dos movimentos de independência africanos, a ideia de que a educação se tratava de uma prioridade nacional.

> A ênfase foi colocada sobre a necessidade de aumentar os efetivos no ensino elementar, dispor de melhores escolas secundárias e centros de formação de professores, bem como criar universidades africanas. De um modo geral, os dirigentes políticos haviam igualmente compreendido que, para fazer da educação o instrumento da descolonização mental e do desenvolvimento econômico, não era suficiente expandir e consolidar o sistema herdado dos regimes coloniais, seria igualmente necessário reformá-lo e adaptá-lo às necessidades das sociedades africanas pós-coloniais. (Habte e Wagaw, 2010: 821)

Aqui, ao pensarmos na reforma da educação africana, surge uma questão muito interessante e que nos leva à reflexão sobre as reformas educacionais promovidas no Brasil. Vimos em África a preocupação com o resgate e a preservação da tradição, especialmente da oral, muitas vezes desprezada no âmbito do colonialismo, considerada "primitiva", que, nas reformas, deveria coexistir com a necessária modernização.

No Brasil, não podemos esquecer, também tínhamos uma tradição, também oral, proveniente dos antigos habitantes destas terras, chamados índios. Considerando a enorme diferença de representatividade entre os índios brasileiros, hoje uma pequena minoria em nossa população, e os negros da África, que constituem a grande maioria da população do continente, podemos perguntar: o que fizemos com essa tradição indígena? Em especial, o que fizeram os jesuítas? E, mesmo depois da Independência, como lidamos com ela? E hoje, apesar da legislação que determina a sua preservação, o seu cultivo, o seu estudo, ela está presente em nossas escolas? De que forma? A situação precisa mudar? Em que sentido?

Plano para o desenvolvimento da educação

A consciência da necessidade de expansão e reforma dos sistemas educacionais africanos leva à elaboração, em maio de 1961, do *Plano para o Desenvolvimento da Educação na África*, em Adis-Abeba (Etiópia); aprovado durante a Conferência de Ministros da Educação dos Estados Africanos (MINEDAF I), que reuniu 35 representantes de países independentes ou em vias de sê-lo, convocada conjuntamente pela Unesco e pela Comissão Econômica das Nações Unidas para a África (Unesco, 2011b).

A partir dessa primeira conferência e da consequente elaboração do referido plano, também conhecido como *Plano Adis-Abeba*, a educação passou a ser entendida como a "terapêutica do subdesenvolvimento, cujas diferentes manifestações deveriam ser globalmente combatidas tanto no plano econômico e técnico, como no plano social e cultural" (Haidara, apud Zau, 2009: 82).

Os conferencistas (Habte e Wagaw, 2010: 821) recomendaram que

> as autoridades, encarregadas da educação nos países africanos, revisem o conteúdo do ensino, em respeito aos currículos, aos manuais escolares e métodos, levando em consideração o meio africano, o desenvolvimento da criança, o patrimônio cultural e as exigências do progresso e do desenvolvimento no continente, especialmente no tocante à industrialização.

Por essa razão, durante o encontro, os ministros da educação africanos avaliaram seus sistemas educativos inventariando "as necessidades em matéria de financiamento, de construções e de equipamentos, de formação de pessoal (professores, planejadores, administradores), de pesquisa sobre o conteúdo educativo (notadamente considerando as culturas africanas), de escolarização de menores do sexo feminino e de educação dos adultos" (Unesco, 2011d).

Desse modo, frente a um sistema escolar cujas taxas de matrícula, em 1960, eram 40% para o ensino primário, 3% para o secundário e 0,3% para o superior, decidiram os participantes estabelecer metas a curto (1961-1966) e a longo prazo (1961-1980), que deveriam constar dos planos nacionais de desenvolvimento do ensino dos países participantes.

Tais metas objetivavam, sobretudo, até 1980:

a) elevação das taxas de matrícula para 100% no ensino primário, 30% no secundário e 20% no superior, estas em instituições universitárias de países africanos;
b) a taxa de evasão escolar no ensino primário não ultrapassaria 20%;
c) o número médio de alunos por professor seria de 35;

d) os educadores seriam selecionados e formados entre os africanos;
e) os governos africanos deveriam investir em educação entre 4% e 6% do Produto Nacional Bruto (na época o índice era de 3% a 4 %);
f) os Estados africanos deveriam solicitar apoio da comunidade internacional para o desenvolvimento da educação em seus países (Habte e Wagaw, 2010: 828).

Outros encontros de cúpula

De 1961 aos dias atuais, na tentativa de expandir e reformar os sistemas de ensino africanos, dezenas de encontros de cúpula e de conferências foram realizados no continente africano, tais como as Conferências de Ministros da Educação da Organização da Unidade Africana (MINEDAF) e as Conferências de Ministros da Educação da Organização da União Africana (COMEDAF), entre os quais destacamos:

a) A **Conferência de Lagos** (MINEDAF IV). Realizada na Nigéria, em 1976, caracterizou-se por romper "numa certa medida com as precedentes conferências no que diz respeito à observância do Plano de Adis-Abeba" (Unesco, 2011d). Levando em consideração o movimento de reforma e inovação na África, trata sobre a questão da "pertinência social e cultural da educação e da sua contribuição à realização do indivíduo e à sua formação enquanto cidadão e agente de produção" (Haidara, apud Zau, 2009: 83).

Tal encontro teve como resultado a aprovação, em 1980, do Plano de Ação de Lagos, pelos chefes de Estado e de governo da Organização da Unidade África (OUA), que, em 2002, foi oficialmente substituída pela chamada União Africana (UA), organizada segundo o modelo da União Europeia.

Após a adoção desse plano de ação,

> a noção de desenvolvimento global e endógeno passou a constituir uma preocupação dos meios intelectuais e políticos africanos para a renovação de África tendo como alvo a obtenção de um desenvolvimento endógeno; ou seja, um tipo de desenvolvimento que permita alcançar uma autonomia econômica, intelectual, técnica e cultural. Este plano procurava inverter, até ao ano 2000, a delicada situação social e econômica que ainda hoje prevalece no continente africano. (Zau, 2009: 19)

b) A **Conferência de Harare** (MINEDAF V). Realizada em 1982, no Zimbábue, aprovou a *Declaração de Harare*, constatando o cumprimento, entre 1960 a 1980, de algumas metas previstas no Plano de Adis-Abeba, referentes à expansão da escolarização. Reconhecendo, ao mesmo tempo: 1) que a universalização do ensino primário prevista pelo Plano de Adis-Abeba não tinha sido realizada; 2) que o número absoluto de analfabetos não tinha parado de crescer; 3) que no tocante ao acesso à educação, sobretudo ao nível do ensino secundário e superior, disparidades graves persistiam em detrimento das populações rurais, de jovens e adultos do sexo feminino.

Ademais, segundo Zau (2009: 84-85), a Declaração de Harare atestou a necessidade de se vincular o desenvolvimento da educação com o desenvolvimento nacional. Para tanto, dever-se-ia promover o exercício pleno do direito à educação, convidando os Estados africanos a, entre outras medidas, eliminarem o analfabetismo e investirem no desenvolvimento da educação de adultos voltado aos conhecimentos, à profissionalização e à preparação para tarefas econômicas e sociais.

c) A **Conferência de Dakar** (MINEDAF VI). Realizada em 1991, debateu sobre as Estratégias educativas para os anos 90 na África: promoção da alfabetização e da educação de base para o desenvolvimento. Destaca-se por ter comprometido os governos africanos com a Declaração Mundial sobre a Educação para Todos, de Jontiem, em 1990. Tratou, entre outros assuntos, da inadequação entre educação-formação e emprego de jovens que permanecia, segundo os conferencistas, um desafio crucial para o desenvolvimento da África.

d) A **Conferência de Durban** (MINEDAF VII). Realizada em abril de 1998, versou sobre "a educação para todos ao longo da vida: quais estratégias para o século 21?". Nessa conferência, os Estados africanos aprovaram a Declaração de Durban: Compromisso e adotaram oficialmente as estratégias para o desenvolvimento da educação em face da globalização, segundo a orientação da Unesco, assunto do capítulo "A Unesco e a educação universal".

e) A **I Conferência dos Ministros da Educação da União Africana** (COMEDAF I), realizada em março de 1999, em Harare

(Zimbábue). Essa conferência aprovou o Programa de Ação da Década da Educação em África 1997-2006, posteriormente também aprovado, em 1999, pela Assembleia dos Chefes de Estado e de Governo Africanos, em Argel. "Década da Educação" que também já havia sido proclamada, em junho de 1996, pelos Chefes de Estado e de Governo da Organização da Unidade Africana (OUA).

Esse plano de ação trata das atividades prioritárias e estratégias de implementação articuladas para a primeira década da educação na África, incluindo, segundo a Unesco (2000): a equidade e o acesso à educação, qualidade, relevância e eficácia da educação, modalidades complementares de aprendizagem e capacitação.

f) A **Conferência Subsaariana sobre Educação para Todos**. Realizada em Joanesburgo, em dezembro de 1999, defendeu uma renovação da educação, para que África pudesse enfrentar os desafios do século XXI. Segundo a Unesco (2000), "a Conferência propôs uma 'Aliança para o Renascimento Africano', como força para uma mudança de paradigma e investimento na educação".

g) Finalmente, destacamos a **COMEDAF II**. Essa conferência, com vista a atingir os oito Objetivos do Milênio (aprovados pela ONU no ano de 2000), especialmente no que se refere ao objetivo de proporcionar uma *Educação Básica de Qualidade para Todos*, aprovou e lançou, em Maputo (Moçambique), no ano de 2008, a *Segunda Década de Educação para África* 2006-2015 e o seu respectivo Plano de Ação, reconhecendo que as grandes metas da primeira década (1997-2006) deixaram de ser alcançadas, por parte considerável dos países-membros a União Africana (UA).

O plano trata de sete pontos: Gênero e Cultura, Sistemas de Informação e Gestão de Educação, Formação e Capacitação de Professores, Alfabetização e Educação de Adultos, Ensino Técnico e Vocacional, Desenvolvimento Curricular e Material Didático e Gestão de Qualidade (Ali, 2008).

Entre a tradição e a modernização

Os regimes pós-coloniais africanos, em razão de seu processo de libertação, viam na educação ocidental [...], a possibilidade para os africanos de adquirirem os conhecimentos e os métodos necessários para "modernizarem" as sociedades africanas, de igualmente conquistarem as qualificações exigidas para acederem aos empregos nos serviços coloniais, bem como de alcançarem a formação necessária à substituição da administração colonial. (Habte e Wagaw, 2010: 820)

Mas, o processo de libertação colonial africano, na busca por atingir um sistema de ensino capaz de preservar os valores e a cultura africana, ao mesmo tempo que promovia a modernização de seus países independentes, em uma primeira tentativa de expansão e reforma (1960-1980), deixou a desejar, sobretudo, no quesito reforma.

Após esse período, e até mesmo por não terem podido promover e preservar de fato reformas educacionais autóctones, os países da África Subsaariana, sobretudo a partir do momento em que se comprometeram com o Programa Educação Para Todos, da Unesco (criado em 1990, durante a Conferência Mundial sobre Educação para Todos), lançaram-se a reformar seus sistemas de ensino, buscando alcançar um ensino para o desenvolvimento de competências, voltado a preparar os jovens

> para participar numa economia e numa sociedade que assistirá, certamente, a mudanças dramáticas nas duas ou três décadas vindouras, bem como apreensões relativas à qualidade da instrução, ao ambiente de aprendizagem nas escolas e ao nível dos resultados da aprendizagem. (BIRD, 2007: 21)

Por isso, Jacob Bregman, especialista principal em educação do Banco Mundial (BIRD-AFTHD) para a região África, no relatório *Na encruzilhada: escolhas para o ensino secundário e a formação na África Subsaariana*, afirma:

> Com vista a aumentar a competitividade econômica e a promover a justiça social, os países africanos vão precisar adaptar rapidamente os seus sistemas de ensino ao desenvolvimento de qualificações e talentos da sua juventude na gama completa de aptidões. Os jovens africanos, como os seus congêneres em todo o mundo, têm o direito de serem desafiados para poderem alcançar o seu pleno potencial. Isto é verdade tanto para os que se deparam com barreiras significativas à aprendizagem como para os naturalmente bem-sucedidos. São frequentemente necessárias alterações rápidas no conhecimento e nas qualificações para determinados empregos ou para carreiras de sucesso. (2007: II)

Por essa razão, em dezembro de 2010, em Túnis (Tunísia), lançou-se o projeto do encontro *Trienal para a Educação e Formação em África*, que ocorreu pela primeira vez em Ouagadougou (Burkina Faso), em fevereiro de 2012, e que é organizado, entre outros, pela Associação para o Desenvolvimento da Educação em África (adea), que tem sua sede em Paris.

Sob o lema *Educação e Formação ao Serviço do Desenvolvimento Sustentável em África*, os sessenta ministros de Estado (aproximadamente) formularam respostas à seguinte pergunta: "Como os países africanos podem conceber e aplicar nos contextos atuais e futuros reformas e inovações que transformem estes sistemas para produzirem eficazmente uma massa crítica de competências para o desenvolvimento sustentável?"

Seu objetivo principal é o de promover *reformas radicais* que facilitem

> uma adesão aos imperativos duma conjuntura marcada pela globalização, em particular a adaptação dos sistemas educativos para formar competências que respondam às necessidades das empresas e do mercado do emprego. Posto que segundo Richard Walther, consultor internacional em educação, [...] apenas cinco por cento se beneficiam do ensino técnico, ao passo que as necessidades dos países africanos neste domínio situam esta proporção em 50 por cento. (Panapress, 2010)

Enfim, o encontro busca mudar o paradigma da escola africana de modo a orientá-la a dar respostas aos desafios socioeconômicos do continente, através da promoção de conhecimentos, competências e qualificações necessárias para um desenvolvimento sustentável da África, segundo, declarou em Túnis, Mamadou Ndoye, ex-secretário executivo da Associação para o Desenvolvimento da Educação em África (adea) e ex-ministro da Educação Básica e Línguas Nacionais (1993-1998) do Senegal.

Frente à busca de uma *nova escola* para a África Subsaariana, um grande impasse se aprofunda:

a) Como realizar dita modernização dos sistemas escolares preservando e valorizando, ao mesmo tempo, os saberes tradicionais das culturas locais africanas?

b) Como se poderia preparar para o ensino de competências e não ocidentalizar a *África de Base* (Bâ, 2010) ou a África Tradicional?

c) Como preservar, respeitar e promover o tempo social, unitário e não vetorial dos africanos, diante essa noção de progresso ocidentalizada?

d) Como manter as características próprias da *Mãe áfrica*, a tradição animista, oral e viva dos Tradicionalistas ou Conhecedores, dos Griots ou Dielis, ao mesmo tempo que se busca através da educação torná-lo um continente competitivo globalmente?

Dentro desse contexto, o africano Bâ (2010: 211) desabafa:

> O grande problema da África tradicional é, em verdade, o da ruptura da transmissão. [...] Estamos hoje, portanto, em tudo o que concerne à tradição oral, diante da última geração dos grandes depositários. Justamente por esse motivo o trabalho de coleta deve ser intensificado durante os próximos 10 ou 15 anos, após os quais os últimos grandes monumentos vivos da cultura africana terão desaparecido e, junto com eles, os tesouros insubstituíveis de uma educação peculiar, ao mesmo tempo material, psicológica e espiritual, fundamentada no sentimento de unidade da vida e cujas fontes se perdem na noite dos tempos. [...] Por contraste, no interior da "África de base", que em geral fica longe das grandes cidades – ilhotas do Ocidente –, a tradição continuou viva e, como já o disse antes, grande número de seus representantes ou depositários ainda pode ser encontrado. Mas por quanto tempo?

No entanto, Denise Palmer (1977: 119), após estudar a história das civilizações africanas, responde ao citado impasse, assertivamente, dizendo-nos:

> Hoje temos a prova incontestável de que o africano não é hostil à mudança. A sua espantosa faculdade de adaptação é sinal de uma vitalidade que as provações não conseguiram destruir; ela há de permitir-lhe que, permanecendo fundamentalmente ele próprio, ocupe no mundo o lugar que durante tanto tempo lhe foi negado.

Diante das iniciativas africanas, no sentido de resgatar e manter as tradições, ao lado da modernização dos sistemas de ensino, para adequar-se a um mundo globalizado, não podemos fugir a uma questão que nas últimas décadas também tem preocupado os educadores brasileiros: é incontestável que no Brasil também temos uma tradição oriunda da África, já que foram milhões os africanos trazidos para o trabalho escravo.

Perguntamos: como temos tratado a tradição africana em nosso país? Sabemos que os afrodescendentes, ao longo da história, especialmente durante o período da escravidão, mas, mesmo nas primeiras décadas do século XX, foram impedidos de cultivar suas tradições, sendo violentamente reprimidos. Hoje há certa liberdade de manifestação e algumas dessas tradições, como a capoeira, são altamente valorizadas em nossa sociedade. Mas não haverá ainda preconceito e discriminação em relação às tradições, aos costumes, à cultura africana? E na escola, como são tratadas, que espaço têm essas tradições africanas? E, além disso, pergunta-se: como são tratados os afrodescendentes, dentro e fora da sala de aula?

Conclusão

Segundo Estarque (2011), o relatório *Financiando a educação na África Subsaariana: enfrentando os desafios da expansão, equidade e qualidade*, elaborado pela Unesco, ao analisar 45 países da região subsaariana, constatou que, entre 2000 e 2008, "o acesso ao ensino primário aumentou em 48%, de 87 para 129 milhões de estudantes. No mesmo período, o número de matrículas nos níveis pré-primário, secundário e universitário subiu mais de 60%".

Constatou, ainda, que os países da região aumentaram os gastos reais na educação na ordem dos 6% anualmente, dedicando em média 18% dos gastos públicos à educação e investindo 5% do Produto Interno Bruto, percentagem que coloca a região apenas atrás da Europa e América do Norte, com 5,3%.

Mas, segundo o mesmo relatório, em um terço dos países subsaarianos, metade das crianças não completa a educação primária e 32 milhões, em idade escolar, não frequentam o ensino secundário, com escolas apresentando índices em torno de 60% de reprovações.

Enfim, a África e, em especial, a África Subsaariana, quanto ao quesito expansão da escolaridade, apesar de numericamente ter alcançado, após a descolonização, os maiores índices mundiais quanto à taxa de crescimento da escolarização e alfabetização, continua longe de oferecer um ensino universal, de qualidade e endógeno.

Por isso, conclui-se, no quesito mudança estrutural, que as quatro grandes reformas voltadas à "africanização" dos sistemas de ensino, preconizadas por Julius Nyerere, presidente da Tanzânia (conhecido pelo título honorífico de *Mwalimu* ou professor), não chegaram de fato a ocorrer nos últimos 50 anos. Tais reformas, segundo Habte e Wagaw (2010: 826), são:

> 1. integrar a educação ocidental à vida da família e da coletividade;
> 2. pôr fim ao elitismo da educação colonial através de um currículo para o ensino primário universal que integrasse os sistemas ocidental

e tradicional de educação; 3. preencher o abismo entre a elite instruída e as massas, levando as pessoas instruídas a melhor apreciarem o saber e a sabedoria acumulados no seio das sociedades tradicionais; 4. inculcar o espírito do trabalho e do serviço à coletividade nos processos educacionais.

Diante disso, o autor, compositor e professor angolano Felipe Zau conclui, em sua tese de doutorado:

> No atual estágio de desenvolvimento dos países africanos, o elemento principal do aparelho de formação de recursos humanos reduz-se ao sistema escolar e extraescolar que, na maior parte das vezes, advém do sistema colonial herdado. Tal fato tem redundado no insucesso das políticas de formação e tem levado os governos africanos a procurar uma maior adequação dos sistemas educativos às realidades culturais, de modo a que os mesmos possam responder positivamente aos problemas concretos existentes. A necessidade de uma maior abertura ao mundo moderno deverá ser entendida, não como uma diluição passiva em esquemas de desenvolvimento exógeno, mas como "um processo específico, isento de alienação e assente numa percepção pluralista do homem e unitária da humanidade, que restitui ao desenvolvimento a plenitude da sua dimensão humana". (Zau, 2009: 19)

FRASES DE NYERERE

[O sistema educacional] deve preparar nossos jovens para desempenhar um papel dinâmico e construtivo no desenvolvimento de uma sociedade na qual todos os membros compartilhem imparcialmente a boa ou má sorte do grupo e em que o progresso seja medido em termos de bem-estar humano e não em construções, carros ou outras coisas semelhantes, sejam elas de domínio público ou privado.

A educação fornecida deveria, portanto, estimular em cada cidadão o desenvolvimento de três aspectos: uma mente inquiridora, uma habilidade de aprender a partir do que os outros fazem [...] e uma confiança básica em sua própria posição como membro livre e igual da sociedade [...].

Que nossos alunos sejam instruídos para serem membros e empregados de um futuro justo e igualitário ao qual este país aspira.

A educação dada pela Tanzânia para os estudantes da Tanzânia deve servir aos propósitos da Tanzânia. Ela deve estimular o crescimento dos valores socialistas a que aspiramos.

Desejaria acender uma vela e colocá-la no cume do monte Kilimanjaro para que ilumine além das nossas fronteiras, dando esperança aos que estão desesperados, despertando amor onde há ódio, e dignidade onde antes só havia humilhação.

Pensando na atuação e nas frases selecionadas de Nyerere, em contraponto com a educação brasileira, concretamente em nossas escolas, propomos uma discussão em torno de dois pontos que reputamos fundamentais.

O primeiro ponto refere-se aos três aspectos que a educação deveria estimular em cada cidadão: uma mente inquiridora – o que seria isso e como estimular o seu desenvolvimento? –, uma habilidade de aprender a partir do que os outros fazem – cultivamos essa habilidade em nossas escolas? Por quê? – e "uma confiança básica em sua própria posição como membro livre e igual da sociedade". Bem, aqui, achamos que ainda é longo o caminho a trilhar. A pergunta é: como a escola pode estimular os alunos a desenvolver essa confiança básica?

Claro que o pressuposto é que concordemos em que o estímulo ao desenvolvimento desses três aspectos constitui de fato a função que cabe à nossa escola exercer. Se não, qual seria a função precípua da escola? Que outros aspectos importantes deveria ela cultivar?

O segundo ponto diz respeito à afirmação de Nyerere de "a educação dada pela Tanzânia aos estudantes da Tanzânia deve servir aos propósitos da Tanzânia". Perguntamos: então, podemos afirmar que a educação dada pelo Brasil aos estudantes do Brasil deve servir aos propósitos do Brasil? Em que sentido? Não haveria propósitos mais amplos? Ou todos, mesmo os mais universais, se inserem nos propósitos brasileiros?

Fernando de Azevedo e a educação pública

As críticas gerais mais importantes? A de que a educação
se ressentia da falta de planejamento e que, sem plano
e sem alvo, desenvolvendo-se por adições e enxertos,
andava divorciada do meio e renhida com os interesses
fundamentais da vida nacional e da civilização.
(Fernando de Azevedo, 1894-1974)

Fernando de Azevedo nasceu em São Gonçalo de Sapucaí, Minas Gerais, em 2 de abril de 1894, e faleceu em São Paulo em 18 de setembro de 1974.

Fez os estudos secundários em colégios dos jesuítas. Concluiu em São Paulo, em 1918, o curso de Direito que iniciara em Belo Horizonte, mas jamais exerceu a advocacia. Foi professor de Latim e Psicologia no Ginásio do Estado, em Belo Horizonte (1914-1917) e de Latim e Literatura na Escola Normal de São Paulo (1920).

No jornal *O Estado de S. Paulo*, dedicou-se à crítica literária e realizou importante inquérito educacional (1926), já mencionado no capítulo "José Verissimo e a educação republicana", a partir do qual passou a dedicar-se à educação e às Ciências Sociais. Foi diretor-geral da Instrução Pública do Distrito Federal (1927-1930), quando, como vimos, reformou radicalmente o ensino da capital da República e de São Paulo (1933); secretário de Educação e Saúde do Estado de São Paulo (1947) e de Educação e Cultura do Município de São Paulo (1961); catedrático de Sociologia Educacional e diretor do Instituto de Educação da USP (1933-1938); professor de Sociologia (desde 1941) e diretor da Faculdade de Filosofia, Ciências e Letras da USP (1941-1943); membro da Academia Brasileira de Letras (a partir de 1968).

Dentre seus 27 livros, destacam-se: *Novos caminhos e novos fins*; *Sociologia educacional*; *Princípios de Sociologia*; *A cultura brasileira*; *A educação na encruzilhada*; *A educação entre dois mundos*; *História de minha vida*.

Durante cerca de meio século, da década de 1920 até a sua morte, Fernando de Azevedo teve uma atuação destacada na luta pela reforma e modernização da educação brasileira, batendo-se por uma maior presença do Estado, na organização e no desenvolvimento de um sistema nacional de educação, e pela defesa intransigente da escola pública.

A EDUCAÇÃO EM DEBATE

A década de 1920 marcou um momento de grande discussão em torno da educação brasileira. O modelo até então existente, que dava ênfase à formação das elites, foi colocado em xeque. Em seu lugar propunha-se a instituição de um sistema nacional de educação, em consonância com os reclamos de José Verissimo, com ênfase na educação básica, mas formando um todo articulado, do primário ao superior.

Os educadores que participavam dos debates nutriam um grande entusiasmo pela educação: acreditavam que reformando a educação poderiam transformar a própria sociedade. Por isso, em primeiro lugar, seria necessário organizar um moderno e eficiente sistema de educação, em que caberia ao governo federal a responsabilidade fundamental, como veremos no próximo capítulo. Seria preciso acabar de vez com a situação vigente até o final da Primeira República, em que o governo federal se mantinha praticamente omisso em relação aos graves problemas educacionais.

Três fatos contribuíram de forma especial para desenvolver os debates acerca da educação: a fundação da Associação Brasileira de Educação (ABE), em 1924; o inquérito sobre educação promovido pelo jornal *O Estado de S. Paulo* e levado a efeito por Fernando de Azevedo, em 1926; e as reformas educacionais realizadas por vários estados no decorrer da década de 1920.

A Associação Brasileira de Educação estimulou e organizou a reunião de educadores "pondo-os em contato uns com os outros, abrindo oportunidades para debate largo sobre doutrinas e reformas" (Azevedo, 1971: 654). O principal instrumento desse debate foram as conferências de educação, reunindo educadores de todo o país, tendo sido realizadas nove até 1937, quando se instala a ditadura do Estado Novo, a discussão democrática é dispensada e as normas passam a ser impostas de cima para baixo.

O inquérito de 1926, com depoimentos de numerosos educadores, procurou levantar problemas e soluções referentes a todos os graus e modalidades de ensino, indicando caminhos para a renovação educacional. Muitas das ideias surgidas do inquérito foram levadas adiante através de reformas estaduais e, depois de 1930, pelo próprio governo federal.

AS REFORMAS ESTADUAIS DA EDUCAÇÃO POPULAR

Em conformidade com a dualidade de sistemas que vigorou durante o primeiro período republicano, o ensino primário e o ensino técnico-profissional eram de responsabilidade quase exclusiva dos estados. Alguns deles, entusiasmados pelas novas ideias em voga ao longo do século XIX e primeiras décadas do século XX – originárias de Rousseau, Pestalozzi, Herbart e Froebel (capítulo "Rousseau e a educação romântica"); Maria Montessori (capítulo "Maria Montessori e a educação científica"); Dewey (capítulo "John Dewey e a educação nova"); das ideias socialistas (capítulo "Makarenko e a educação socialista"); entre outras fontes – procuraram reformar os seus sistemas de ensino, renovando e tornando mais eficientes tanto o ensino primário quanto o técnico-profissional.

Entre as reformas realizadas nessa década, as que mereceram maior destaque foram as de Sampaio Dória, em São Paulo (1920), de Lourenço Filho, no Ceará (1923), de Anísio Teixeira, na Bahia (1925), de Francisco Campos e Mario Casassanta, em Minas Gerais (1927), e a de Fernando de Azevedo, no Distrito Federal (1928).

A reforma realizada no Distrito Federal, tanto pela sua amplitude quanto pelas repercussões que alcançou, foi considerada a mais importante. Vejamos, por isso mesmo, quais foram os seus princípios básicos.

A escola, segundo Fernando de Azevedo, diretor-geral da Instrução Pública do Distrito Federal entre 1927 e 1930, devia ser reformada de acordo com quatro princípios básicos: a extensão do ensino, a articulação dos seus diferentes níveis e modalidades, a adaptação ao meio e a adaptação às ideias modernas de educação. Para tanto, seriam necessários professores capacitados, exigindo a renovação do curso normal.

Extensão do ensino

De acordo com o censo escolar – primeira iniciativa de Fernando de Azevedo ao assumir o cargo de diretor-geral da Instrução Pública – das 141.123 crianças de 6 a 12 anos do Distrito Federal, 51,5% sabiam ler e 48,5% não sabiam; 63,7% frequentavam a escola e 36,3% não o faziam.

Segundo o princípio da extensão, a escola, que na época não conseguia sequer vencer o analfabetismo, deveria tornar-se acessível a toda a população em idade de frequentá-la. Para tanto, o reformador propunha:

- a redução do ensino primário de sete para cinco anos, com a redistribuição dos professores restantes, objetivando atender a um maior número de crianças;
- provisoriamente, quando o número de matriculados excedesse a lotação do prédio, o estabelecimento do sistema de dois turnos;
- a construção de grandes grupos escolares.

Articulação

Com a reforma, pretendia-se integrar todas as instituições escolares do Distrito Federal num plano único e sistemático de educação pública. Na prática, a solução adotada incluía as seguintes medidas:

- o ensino primário, como vimos, foi reduzido de sete para cinco anos, caracterizando-se o quinto ano como pré-vocacional, um período de transição ao curso vocacional;
- anexos às escolas e institutos profissionais, passaram a funcionar os cursos complementares, com dois anos de duração, de caráter vocacional e articulando o primário ao técnico-profissional;
- ao curso profissional de quatro anos – o último, de aperfeiçoamento –, só se tinha acesso passando pelo primário e pelo complementar.

Adaptação ao meio

No Distrito Federal foram identificados três meios distintos: o urbano, o rural e o marítimo:

- no meio urbano, a escola primária contaria com oficinas de pequenas indústrias;

- na zona rural os alunos trabalhariam com campos de experiências agrícolas;
- na zona marítima as atividades escolares girariam em torno de museus e oficinas de aparelhos de pesca.

ADAPTAÇÃO ÀS IDEIAS MODERNAS DE EDUCAÇÃO

As ideias modernas de educação, de acordo com Fernando de Azevedo, inspirado nos ideais do movimento da educação nova, seriam três: escola única, escola do trabalho e escola-comunidade ou escola do trabalho em cooperação.

Escola única

Nas palavras do reformador,

> o Estado dá, no sistema de educação, um ponto de partida comum para todos, mais ou menos extenso (5, 7 ou 9 anos) conforme as condições sociais e econômicas do meio. É o princípio da escola única (princípio democrático), incluído na reforma. A escola única, isto é, a escola constituída por todos os elementos da sociedade é a base da educação numa democracia social. Mas, como o Estado, para formação e desenvolvimento do espírito da democracia, tem interesse público nessa "educação inicial uniforme", obriga todos (daí o princípio de obrigatoriedade) a uma "formação inicial comum", e, como não pode obrigar, taxando o ensino (instituído como base comum), torna-o acessível a todos pela gratuidade. A educação inicial deve ser uma para todos (única), obrigatória e gratuita. (*Programas para os Jardins de Infância e para as Escolas Primárias*, 1929: 7)

Escola do trabalho

A sociedade da época, segundo Fernando de Azevedo, apoiava-se na organização do trabalho. E a escola, como sociedade em miniatura, não poderia deixar de fundar-se nas mesmas bases. Além de ser um meio de aprendizagem, o trabalho manual ensina a trabalhar, despertando e desenvolvendo o hábito e a técnica geral do trabalho.

No ensino primário, o trabalho se conformaria ao meio – urbano, rural ou marítimo – no qual se localiza a escola; no curso profissional, cada escola do Distrito Federal deveria especializar-se num setor profissional, da seguinte forma: Escola Profissional Agrícola; Escola Profissional de Obras em Madeira, Madeira Artística e Obras Anexas; Instituto Profissional Eletrotécnico e Mecânico; Escola Profissional de Artes Gráficas; Escola Profissional Mecânica; Escola Profissional de Construção; e duas escolas profissionais de pesca.

Escola-comunidade

Funcionando como uma sociedade em miniatura, a escola, de acordo com Fernando de Azevedo, ensinaria os alunos a

> viver em sociedade e a trabalhar em cooperação. O aluno não deve exercer a sua atividade isoladamente, mas, quando possível, em grupos, em que a realização e a responsabilidade de um trabalho sejam atribuídas a vários indivíduos, para se habituarem a agir em cooperação, afirmando a sua personalidade, com espírito de disciplina coordenador de esforços individuais. (*Programas para os Jardins de Infância e para as Escolas Primárias*, 1929: 9)

Cada classe da escola seria organizada como uma comunidade e as organizações e serviços existentes na comunidade externa também deveriam existir na escola: cinema, rádio, jornal, caixa econômica, consultório médico e dentário etc.

O NOVO CURSO NORMAL

Todas essas transformações não poderiam ser efetivadas sem que se contasse com professores capazes e dispostos a cumprir a sua missão educativa. Por isso, o curso normal do Distrito Federal também foi reformulado, com base nos princípios gerais da reforma, enfatizando-se a sua finalidade profissional, ao mesmo tempo que se aprofundava a cultura geral, base da cultura profissional.

Nesse sentido, a reforma organizou bibliotecas para professores, estabeleceu prêmios para estimular a literatura pedagógica, criou o intercâmbio interestadual e internacional entre professores etc.

Numa série de conferências pronunciadas na Associação Brasileira de Educação, em dezembro de 1928, Francisco Furtado Mendes Viana enfatizava as diferenças entre a escola clássica, tradicional, e a escola nova, moderna:

> Quanto às características gerais, a *escola clássica* apresenta as seguintes tendências: hipertrofia da atividade do professor; preocupação exagerada com que se supõe que a criança deve aprender; obrigação de estudar; professor como mero repetidor; métodos, programas e horários rígidos; noções enunciáveis, exibição do saber; utilitarismo quanto aos resultados; ambiente por demais artificial para o aluno; ilusão da perfeição; depressão do aluno; criação da incapacidade, da inércia e do desânimo; recurso ao que já está feito e apelo ao futuro; desrespeito aos estágios de desenvolvimento da criança; trabalhos forçados; disciplina imposta.

> Em contraposição, a *escola nova* assim se apresenta: baseia-se na iniciativa do aluno; preocupa-se com o que a criança pode realmente aprender; valoriza as tendências espontâneas da criança; os professores sugerem, orientam e coordenam; os métodos, programas e horários são maleáveis; visa às noções utilizáveis; é essencialmente educativa; está mais próxima do meio natural de vida; busca o aperfeiçoamento; eleva a natureza moral do aluno; procura individualizar o ensino, produzindo satisfação; atende mais ao presente; trata a criança como criança; propõe uma atividade produtiva; obtém a disciplina voluntária. (Viana, 1930: 416-420)

Claro que as coisas não são tão simples assim. Como escreveu Guimarães Rosa, *esse mundo é muito misturado*. Nem a escola clássica é a fonte de todos os males, nem a escola nova é a origem de todas as virtudes.

Após muita discussão no Conselho Municipal – houve até ameaças ao reformador, que se negou a negociar cargos no magistério em troca de apoio –, o projeto de reforma foi aprovado em 26 de dezembro de 1927, em meio à euforia natalina, a tempo de ser implementado já a partir de 1928.

Nove grandes grupos escolares foram construídos, os graus de ensino foram reformulados, com a articulação entre os mesmos, novos programas curriculares foram implantados, a formação dos professores foi adequada aos novos princípios e ideias educacionais, o intercâmbio entre professores foi incentivado, prêmios foram estabelecidos para aqueles que se sobressaíam em iniciativas renovadoras e na produção de textos com novas propostas educacionais etc.

De acordo com o próprio Fernando de Azevedo, porém, os principais méritos da reforma estão mais na mobilização de forças morais, no *movimento de ideias e opiniões*, na *extensão do campo que abrangeu*, na influência que exerceu em outras unidades da Federação e no pensamento educacional do período posterior, bem como no seu caráter radical e compreensivo, expresso num código completo e coerente, em que as questões técnicas foram resolvidas em função de uma nova concepção de vida e de cultura, voltada para uma civilização industrial, do que na real solução dos problemas concretos enfrentados pela instrução pública do Distrito Federal (Azevedo, 1971: 656-657).

Mesmo porque, com a Revolução de 1930, Fernando de Azevedo perdeu o cargo e, como quase sempre ao longo da nossa história, novo governo, novos personagens, novas reformas, acentuando o mal que parece crônico: a falta de uma política pública permanente de educação, que ultrapasse partidos e grupos de interesse e atenda tão somente ao desenvolvimento educacional democrático.

A análise dos princípios da reforma promovida por Fernando de Azevedo sugere-nos, entre outras, a importante questão da relação que as suas ideias teriam com as de outros educadores. A partir do estudo dos capítulos anteriores, podemos identificar relação? Por exemplo, no capítulo "Makarenko e a educação socialista" estudamos algumas teorias e a experiência de Makarenko relativas à educação socialista. Perguntamos:

– O princípio da escola única proposto por Fernando de Azevedo tem algo a ver com a escola unitária de Gramsci? O que haveria de semelhante e de diferente entre a escola unitária e a escola única?

– Os princípios da escola do trabalho e da escola-comunidade ou escola do trabalho em cooperação têm relação com a experiência de Makarenko, que enfatiza o trabalho produtivo e o "coletivo", como princípios educativos?

Também há, na reforma de Fernando de Azevedo, semelhança com as ideias de Dewey, apresentadas no capítulo "John Dewey e a educação nova", especialmente na preocupação fundamental com a criança, suas iniciativas, seus interesses, suas tendências, como podemos ver nas citadas características da "educação nova" inerentes à reforma no Distrito Federal.

Podemos identificar outras semelhanças? Com as teorias de Pestalozzi? Froebel? Maria Montessori?

Além das semelhanças com outras propostas, outra questão importante refere-se ao maniqueísmo expresso no confronto entre a escola clássica – fonte de todos os males – e a escola nova – origem de todas as virtudes –, dicotomia que se reproduziria nos Parâmetros Curriculares dos anos 1990 que, ao proporem a pedagogia construtivista, também contrapõem a escola construtivista à escola tradicional.

O que justificaria tal maniqueísmo, já que sabemos que na realidade as coisas não são bem assim, como até Dewey, um dos próceres do movimento reformador reconhece, ao chamar a atenção para o "perigo da nova educação", como vimos no capítulo "John Dewey e a educação nova"?

A Revolução de 1930 e a educação

No final da Primeira República, em matéria educacional, pouco ou nada havíamos avançado em relação ao final do Império:

- continuávamos sem um sistema nacional de educação;
- o governo federal nada dizia e nada fazia em termos de ensino primário, relegado ao encargo dos reduzidos recursos dos estados;
- o ensino secundário continuava minado pelo ensino irregular, não seriado, tendo como principal objetivo preparar para o ensino superior;
- quanto a este, reduzia-se a algumas escolas isoladas, ainda não tínhamos uma universidade funcionando.

Com a Revolução de 1930, alguns reformadores educacionais da década anterior passaram a ocupar cargos importantes na administração do ensino. Procuraram, então, colocar em prática as ideias que defendiam. Como resultado, a educação brasileira sofreu importantes transformações, que começaram a dar-lhe a feição de um sistema articulado, segundo normas do governo federal.

A primeira iniciativa da Revolução de 1930, no âmbito educacional, foi a criação do Ministério da Educação e das Secretarias de Educação dos Estados. A criação das Secretarias de Educação dos Estados, em lugar das antigas Diretorias-Gerais de Instrução Pública, representou uma importante mudança conceitual, qual seja, a substituição de *instrução*, conceito restrito e limitado à transmissão de conhecimentos e ordens, por *educação*, conceito mais amplo e complexo, compreendendo a formação integral da pessoa a partir das suas próprias potencialidades.

Com a criação do Ministério da Educação, no entender de Heládio Antunha (apud Brejon, 1973: 63), o governo federal procurou alcançar três objetivos:

1º) Ampliar sua faixa de participação no desenvolvimento da educação nacional, marcando dessa forma o término de um longo período de total – ou quase total – alheamento dos problemas relacionados com a educação popular.

2º) Desenvolver os instrumentos destinados a unificar, disciplinar e proporcionar a articulação e integração aos sistemas isolados estaduais, os quais registravam grande heterogeneidade em relação à organização das diversas modalidades de ensino a seu cargo.

3º) Estabelecer os mecanismos destinados a promover o relacionamento federal com os diversos sistemas, definindo-se assim as formas de intervenção do Ministério e de suas relações com as Secretarias de Educação Estaduais e com os próprios estabelecimentos.

O Manifesto dos Pioneiros da Educação Nova

A Revolução de 1930 também propiciou um clima de muita discussão e de agitação de ideias em todos os campos. O próprio governo, na Conferência promovida pela Associação Brasileira de Educação (ABE), em 1931, convidou os educadores a auxiliá-lo na formulação de uma política nacional de educação.

E um grupo de educadores comprometidos com a renovação da educação nacional resolveu atender ao convite e marcar presença na orientação do ensino brasileiro, no momento em que a República passava por um período de transição.

Essa presença já existia, mas esse grupo julgou oportuno reunir suas ideias num manifesto ao governo e à Nação, para que não pairassem dúvidas quanto à sua natureza e aceitação entre os educadores.

Redigido por Fernando de Azevedo, o manifesto *A reconstrução educacional do Brasil: manifesto dos pioneiros da educação nova* foi assinado por 25 educadores e/ou escritores: Afranio Peixoto, A. de Sampaio Doria, Anísio Teixeira, Lourenço Filho, Roquete Pinto, Frota Pessoa, Júlio de Mesquita Filho, Raul Briquet, Mario Casassanta, Delgado de Carvalho, A. Ferreira de Almeida Júnior, J. P. Fontenelle, Roldão Lopes de Barros, Noemi M. da Silveira, Hermes Lima, Atilio Vivacqua, Francisco Venancio Filho, Paulo Maranhão, Cecília Meireles, Edgar Sussekind de Mendonça, Amanda Álvara Alberto, Garcia de Resende, C. Nobre da Cunha, Pascoal Leme e Raul Gomes.

A esses educadores que eram, entre outras coisas, favoráveis ao ensino público totalmente laico, opuseram-se educadores católicos liderados pelo padre Leonel Franca e pelo escritor Alceu Amoroso Lima, que defendiam o ensino religioso obrigatório em todas as escolas, inclusive as públicas. Diante das divergências praticamente inconciliáveis, na Constituição de 1934, como veremos, foi adotada uma solução de compromisso que seria reafirmada nas posteriores: ensino religioso obrigatório para as escolas, mas facultativo para os alunos.

A abertura do Manifesto de 1932 é, por si só, bastante significativa, expressando de maneira nítida a importância que seus signatários atribuíam à educação e à necessidade urgente de sua reorganização, em consonância com a nova realidade do país:

> Na hierarquia dos problemas nacionais, nenhum sobreleva em importância e gravidade ao da educação. Nem mesmo os de caráter econômico lhe podem disputar a primazia nos planos de reconstrução nacional. Pois, se a evolução orgânica do sistema cultural de um país depende de suas condições econômicas, é impossível desenvolver as forças econômicas ou de produção, sem o preparo intensivo das forças culturais e o desenvolvimento das aptidões à invenção e à iniciativa que são fatores fundamentais do acréscimo de riqueza de uma sociedade.
>
> No entanto, se depois de 43 anos de regime republicano, se der um balanço ao estado geral da educação pública, no Brasil, se verificará que, dissociadas sempre as reformas econômicas e educacionais, que era indispensável entrelaçar e encadear, dirigindo-as no mesmo sentido, todos os nossos esforços, sem unidade de plano e sem espírito de continuidade, não lograram ainda criar um sistema de organização escolar à altura das necessidades modernas e das necessidades do País. (*A reconstrução educacional do Brasil: manifesto dos pioneiros da educação nova*)

Dentre as principais ideias defendidas no manifesto, destacam-se as seguintes:

1. A educação é vista como instrumento essencial de reconstrução da democracia no Brasil, com a integração de todos os grupos sociais.
2. A educação deve ser essencialmente pública, obrigatória, gratuita, leiga e sem qualquer segregação de cor, sexo ou tipo de estudos, e desenvolver-se em estreita vinculação com as comunidades.
3. A educação deve ser "uma só", com os vários graus articulados para atender às diversas fases do desenvolvimento humano. Mas, unidade não quer dizer uniformidade; antes, pressupõe multiplicidade. Daí, embora única sobre as bases e os princípios estabelecidos pelo governo federal, a escola deve adaptar-se às características regionais.
4. A educação deve ser funcional e ativa e os currículos devem adaptar-se aos interesses naturais dos alunos, que são o eixo da escola e o centro de gravidade do problema da educação.

5. Todos os professores, mesmo os do ensino primário, devem ter formação universitária.

A educação na Constituição de 1934

A Constituição de 1934 foi a primeira a incluir um capítulo especial sobre a educação, estabelecendo alguns pontos importantes, dentre os quais: a educação como direito de todos; a obrigatoriedade da escola primária integral; a gratuidade do ensino primário; a assistência aos estudantes necessitados.

A partir da Constituição de 1934, o governo federal assumiu novas atribuições educacionais:

1. A função de integração e de planejamento global da educação brasileira. Passou a ser competência da União "fixar o plano nacional de educação, compreensivo do ensino de todos os graus e ramos, comuns e especializados; coordenar e fiscalizar a sua execução, em todo o território do país" (art. 150).
2. A função normativa para todo o território nacional e para todos os níveis. O art. 5º estabeleceu: "Compete privativamente à União: XIV – traçar as diretrizes da educação nacional".
3. A função supletiva de estímulo e assistência técnica, onde houvesse deficiência de iniciativa e de recursos (art. 150).
4. A função de controle, supervisão e fiscalização do cumprimento das normas federais.

Se, por um lado, tais atribuições constituíram o início da construção de um sistema nacional de educação, por outro, assinalaram uma profunda centralização das competências. A autonomia dos estados e dos diversos sistemas educacionais, como os municipais, foi limitada; quase tudo passou a depender do governo federal; multiplicaram-se os órgãos, as leis, os regulamentos, as portarias etc., a limitar a ação de escolas e educadores; as funções de controle, supervisão e fiscalização tornaram-se burocráticas e rígidas, assumindo, muitas vezes, um caráter *policialesco*; tal ênfase em aspectos legais, normativos, burocráticos, não raro leva a esquecer ou a relegar a um plano secundário o objetivo fundamental da educação, que é o de criar condições para a formação de pessoas humanas livres e responsáveis.

Com a Revolução de 1930 foram suscitadas ou renovadas questões que ainda hoje alimentam dúvidas ou questionamentos no campo educacional.

Uma dessas questões é a proposta do Manifesto dos Pioneiros de uma educação pública, obrigatória, gratuita, leiga e sem segregação de qualquer espécie. Constatamos hoje que a nossa educação, especialmente a básica, é obrigatória, predominantemente pública e gratuita, e numerosas normas coíbem a segregação. No entanto, quanto ao quesito "leiga" ou "laica", adotamos uma solução de compromisso: ainda temos o ensino religioso nas escolas públicas, embora facultativo para os alunos. A que interesses tal ensino atende? Tal dispositivo deve continuar ou não? Por quê?

O ensino secundário

Para não fugir à tradição – primeiro, o ensino das elites e, depois, o resto –, o governo que assumiu o poder em 1930 também se dedicou inicialmente à reforma do ensino secundário e do superior. O ensino técnico-profissional – excetuando-se o comercial, objeto do Decreto n. 20.158, de 30 de junho de 1931 –, o primário e o normal só seriam regulamentados na década seguinte, já sob o regime ditatorial do Estado Novo.

O ensino secundário foi reformado pelo Decreto n. 19.890, de 18 de abril de 1931. Quanto aos *objetivos,* o ensino secundário passaria a ter uma dupla finalidade: formação geral e preparação para o ensino superior. É nesse sentido que se manifesta Francisco Campos, ministro da Educação, em sua exposição de motivos:

> A finalidade exclusiva não há de ser a matrícula nos cursos superiores; o seu fim, pelo contrário, deve ser a formação do homem para todos os grandes setores da atividade nacional, construindo no seu espírito todo um sistema de hábitos, atitudes e comportamentos que o habilitem a viver por si mesmo e a tomar em qualquer situação as decisões mais convenientes e mais seguras.

Em relação à *estrutura,* o ensino secundário passou a dividir-se em dois graus, com a duração total de sete anos: um curso fundamental, de cinco anos, seguido de um curso complementar ou pré-universitário, de dois anos. O fundamental era comum a todos e pretendia oferecer uma sólida formação geral. Já o complementar pretendia preparar os candidatos aos cursos superiores e, por isso mesmo, era dividido em três ramos:

- para os que se destinassem aos estudos jurídicos, dava-se ênfase às matérias de Humanidades;
- para os que pretendessem cursar Medicina, Farmácia ou Odontologia, a predominância ficava para as Ciências Naturais e Biológicas;
- para os que escolhessem os cursos de Engenharia ou Arquitetura, priorizava-se o estudo de Matemática.

No tocante aos *conteúdos curriculares,* considerando-se apenas o curso fundamental, verificou-se uma nova diminuição do tempo reservado às Humanidades (29,1%), em benefício das áreas de Matemática e Ciências (33,3%) e Estudos Sociais (20,8%); outros estudos ficaram com 16,8% do tempo.

Em Humanidades, além de Português, estudavam-se Francês, Inglês, Latim e Alemão, sendo este facultativo; em Matemática e Ciências, as matérias eram Matemática, Ciências Físicas e Naturais, Física, Química e História Natural; História da Civilização e Geografia formavam os Estudos Sociais; outros estudos incluíam Desenho e Música, esta constituindo-se uma novidade no currículo do curso secundário.

> No caso do curso secundário, vimos que a mudança importante que ocorreu no período foi a possibilidade de, em seus dois últimos anos, os alunos poderem optar por um de três ramos, dependendo da sua pretensão em termos de continuidade dos estudos em nível superior. Trata-se de uma possibilidade positiva ou negativa para os estudantes? Por quê?

O ensino superior

O ensino superior passou por importantes modificações a partir de 1930. Com a promulgação dos Estatutos das Universidades Brasileiras (Decreto n. 19.851, de 14 de abril de 1931), superou-se o tempo das escolas superiores isoladas, de caráter marcadamente profissional. Começaram a ser criadas e a funcionar, de fato, as universidades brasileiras, permitindo, pela primeira vez no Brasil, a formação de professores em nível superior; antes, os professores do ensino secundário não tinham formação específica: advogados lecionavam Português, engenheiros ensinavam Matemática e assim por diante.

A inexistência de uma universidade, apesar do funcionamento do ensino superior desde o início do século XIX, colocava o Brasil numa situação de inferioridade em relação aos outros países sul-americanos. A intelectualidade brasileira não se conformava com o fato de o Brasil, ao lado do Paraguai, serem os únicos países da América do Sul que ainda não contavam com uma universidade, sendo que o Peru, por exemplo, já no século XVI havia organizado tal instituição de ensino superior.

No entender de Heládio Antunha (apud Brejon, 1973: 67), a fundação das universidades brasileiras significou

> a introdução no sistema de ensino superior: a) dos estudos de caráter desinteressado, com a criação de uma escola central e integradora, a Faculdade de Filosofia, Ciências e Letras, destinada ao cultivo da totalidade ou universalidade do conhecimento; b) da pesquisa e dos altos estudos, tanto de caráter desinteressado como de sentido utilitário; c) da unificação e da integração das diversas escolas sob a égide da Universidade e à base da Faculdade de Filosofia, Ciências e Letras; d) autonomia universitária, entendida no caso brasileiro em termos relativos, ou seja, como exercício da faculdade de que passa a dispor a instituição universitária de estabelecer a sua própria lei, isto é, de implantar os seus próprios regulamentos, dentro das normas gerais estabelecidas pela administração pública.

Na fundação da Universidade de São Paulo (USP), uma das primeiras do Brasil, em 25 de janeiro de 1934, além da legislação federal pertinente e da reivindicação dos intelectuais, outro fator mostrou-se decisivo: a circunstância histórica que envolvia São Paulo na primeira metade da década de 1930. Derrotada duas vezes – na Revolução de 1930 e em 1932, quando se rebelou contra o governo central na chamada Revolução Constitucionalista –, São Paulo, no entender das suas elites, deveria conquistar no terreno cultural a hegemonia que perdera no campo político. Nesse sentido, são muito significativas as palavras de Júlio de Mesquita Filho, diretor-proprietário do jornal *O Estado de S. Paulo* e um dos fundadores da USP:

Vencidos pelas armas, sabíamos perfeitamente que só pela ciência e pela perseverança no esforço voltaríamos a exercer a hegemonia que durante décadas desfrutáramos no seio da Federação. Paulistas até a medula, herdáramos da nossa ascendência bandeirante o gosto pelos planos arrojados e a paciência necessária à execução dos grandes empreendimentos. Ora, que maior monumento poderíamos erguer aos que haviam consentido no sacrifício supremo para preservar contra o vandalismo que acabava de aviltar a obra dos nossos maiores, das bandeiras à independência e da Regência à República, do que a Universidade? (1969: 199)

Na mesma linha de pensamento, Fernando de Azevedo, também um dos fundadores da USP, entende a criação da Universidade como vitória da inteligência e da liberdade contra a força e a violência:

Pois, nesta época rudemente trabalhada por duas correntes sociais e políticas que, fazendo apelo à força, à vontade e à ação, tendem a esmagar a inteligência e a liberdade sob o rolo compressor da máquina do Estado, o governo de São Paulo criou a Universidade, como um protesto e afirmação de fé na liberdade de pensamento e de investigação, de crítica e de debate, que constituem os fundamentos das instituições democráticas e universitárias. É a resposta de São Paulo aos ideais da força e da violência. (1947: 123)

Frases de Fernando de Azevedo

Fio em que, executado o plano de reforma de educação popular tal como se estatui, teremos operado um largo, forte, intenso movimento de renovação social, econômica e política interessando profundamente o próprio destino do Brasil.

A primeira conclusão a que nos levam os estudos sociais é a limitação do papel da escola na sociedade.

O que, porém, fixa e transmite a educação e, de modo particular, a escola, em seu caráter eminentemente conservador, são antes os valores estáticos do que os aspectos dinâmicos da cultura.

O progresso social, como o progresso científico, é uma escada que não se pode subir senão de um degrau a outro, e onde cada um é indispensável à sustentação daquele que lhe está sobreposto.

Em todo e qualquer sistema de educação pública, sejam quais forem os princípios em que se baseia, e os ideais que o inspiram, a formação do professor ocupa o primeiro plano, como questão preponderante a todas as outras.

Um tema fundamental perpassa os debates da década de 1920, as reformas estaduais da educação popular, o Manifesto dos Pioneiros, a atuação de Fernando de Azevedo: a educação pode transformar a sociedade? Uma educação democrática forma cidadãos democráticos? Cidadãos democráticos tornam a sociedade democrática?

Uma das preocupações de Fernando de Azevedo, ao defender a reforma educacional, propondo a escola única que permitisse a conciliação das classes, a cooperação entre os diversos setores sociais, foi oferecer uma alternativa à "luta de classes" proposta pelos comunistas – em 1922 havia sido fundado o Partido Comunista do Brasil, com larga influência entre os trabalhadores e outros setores sociais da época. Sabemos que não houve revolução comunista no Brasil, mas, perguntamos: as reformas educacionais realizadas conseguiram dar conta do recado, isto é, promoverem uma educação democrática, com a convivência harmoniosa dos diversos grupos sociais?

GUSTAVO CAPANEMA E A EDUCAÇÃO ELITISTA

É que o ensino secundário se destina à preparação
das individualidades condutoras, isto é, dos
homens que deverão assumir as responsabilidades
maiores dentro da sociedade e da Nação, dos
homens portadores das concepções e atitudes
espirituais que é preciso infundir nas massas, que
é preciso tornar habituais entre o povo.
(Gustavo Capanema, 1900-1985)

Gustavo Capanema nasceu em Pitangui, Minas Gerais, em 1900, e faleceu em 1985. Foi vereador em sua terra natal (1926-1930); interventor no governo de Minas Gerais (1933); ministro da Educação por 11 anos, de 1934 a 1945, o recordista no posto em termos de Brasil; criador do Instituto Nacional de Estudos Pedagógicos – Inep (1938); um dos fundadores do Partido Social Democrático – psd (1945); deputado federal por seis legislaturas (de 1946 a 1970); e senador pela Arena (Aliança Renovadora Nacional, partido de apoio ao governo criado pela ditadura militar em 1965, ao lado do mdb – Movimento Democrático Brasileiro, ao qual caberia fazer uma oposição consentida) a partir de 1971.

Como ministro da Educação do governo constitucional (1934-1937) e, depois, do Estado Novo (1937-1945), Gustavo Capanema promoveu a reforma de todos os graus e modalidades de ensino, em iniciativas impostas de cima para baixo, por meio de decretos-lei, já que o Congresso fora fechado pelo ditador. Ou seja, por meio de medidas autoritárias, impondo uma concepção autoritária de educação, segundo a qual o povo deveria ser tutelado pelas elites condutoras, que caberia ao ensino secundário formar, como expresso na epígrafe.

O golpe do Estado Novo

A repressão ao movimento comunista, que se insurgiu contra o governo em 1935, alimentou o autoritarismo de Vargas e do seu governo. Com o apoio de amplos setores das forças armadas e das classes dominantes, e inspirado até certo ponto no exemplo do fascismo italiano e do nazismo alemão, Getúlio passou a conspirar para perpetuar-se no poder.

A conjuntura internacional parecia favorável a uma solução autoritária. Na segunda metade da década de 1930, o fascismo e o nazismo eram vistos por muitos como regimes *dinâmicos*, bem mais vigorosos que as *decadentes* democracias, que não haviam resolvido os principais problemas do povo.

Na medida em que se aproximava o final do seu mandato constitucional, iniciado em 1934 após quatro anos de governo provisório, tornava-se urgente para Vargas e os setores que o apoiavam encontrar um meio de suspender as eleições presidenciais marcadas para 3 de janeiro de 1938.

O pretexto para o cancelamento das eleições e o golpe foram os comunistas, que, apesar de quase todos presos, viram-se acusados de estar preparando uma nova conspiração. Elementos integralistas chegaram a elaborar um plano falso, o Plano Cohen, prevendo a instalação de um governo comunista e o assassinato de centenas de políticos brasileiros.

Atribuindo a autoria do plano aos comunistas, Getúlio Vargas decretou o estado de guerra, que permitia prender qualquer pessoa sem ordem judicial, e procurou o apoio das forças armadas e dos governadores dos estados para o golpe. Este foi executado em 10 de novembro de 1937, praticamente sem resistência. Fecharam-se os edifícios da Câmara e do Senado, e já às dez horas do mesmo dia, Getúlio, agora ditador, apresentava aos seus ministros a nova Constituição, centralizando todo o poder em suas mãos. Redigida pelo antigo ministro da Educação e agora ministro da Justiça, Francisco Campos, foi chamada "polaca", pois se baseava na Constituição polonesa.

Pela nova Constituição, o presidente tornou-se a "autoridade suprema do Estado, que coordena os órgãos representativos de graus superiores, dirige a política interna e externa, promove ou orienta a política legislativa de interesse nacional e superintende a administração do país" (art. 37).

Visando a um controle ditatorial da sociedade, a Carta de 1937 introduziu outras modificações: atribuiu ao presidente a competência para dissolver o Congresso, expedir decretos-leis e nomear interventores para os estados; extinguiu os partidos políticos; aboliu a liberdade de imprensa e instituiu a censura prévia; estabeleceu a pena de morte; prorrogou o mandato presidencial *até a realização de um plebiscito*, que nunca se concretizou.

O Estado Novo e a educação

No âmbito da educação, o governo ditatorial também promoveu importantes mudanças, dentro do novo espírito centralizador que passou a dominar. Nesse sentido, alguns aspectos chamam a atenção na Constituição de 1937:

- O direito de todos à educação deixa de ser letra constitucional explícita, embora o artigo 129 garanta o ensino em instituições públicas "à infância e à juventude, a que faltarem os recursos necessários à educação em instituições particulares [...]". A regra, então, seriam as escolas particulares, a exceção, as escolas públicas, num evidente retrocesso à luta dos pioneiros da educação e à Constituição de 1934.
- No mesmo sentido, ao mesmo tempo que afirma que o ensino primário é obrigatório e gratuito, o texto constitucional estabelece a exigência de "uma contribuição módica e mensal para a caixa escolar por parte daqueles que não puderem alegar escassez de recursos" (art. 130).
- Sem dúvida, o preceito de que "o ensino pré-vocacional e profissional destinado às classes menos favorecidas é, em matéria de educação, o primeiro dever do Estado", tornou-se o mais polêmico entre os dispositivos que se referem à educação na Carta de 1937. Para alguns educadores, especialmente aqueles vinculados ao Estado Novo, trata-se de um avanço democrático, na medida em que o Estado se dispõe a dar assistência aos mais carentes entre a população; para outros, o mesmo preceito é discriminatório e antidemocrático, pois pressupõe a existência de dois tipos de educação: a destinada às elites – ensino secundário e superior – e a reservada aos pobres ou às *classes menos favorecidas* – o ensino primário e o profissional –, representando uma volta aos padrões do Império, que perduraram ao longo da Primeira República e que a Revolução de 1930 havia superado.

Em termos de legislação educacional, o governo do Estado Novo deu continuidade ao processo iniciado com a Revolução de 1930, que foi o de elaborar uma regulamentação federal, válida para todo o país, abrangendo todos os graus e modalidades de ensino, porém, com legislação específica para cada modalidade.

Desse modo, além de uma nova reforma do ensino secundário, o governo federal regulamentou os diversos ramos do ensino técnico-profissional – industrial, comercial e agrícola –, o ensino normal e o ensino primário. Saliente-se que a legislação relativa aos ensinos primário, normal e agrícola só foi promulgada em 1946, portanto, após a queda de Getúlio Vargas, mas os decretos-leis correspondentes haviam sido preparados ainda na gestão de Gustavo Capanema, durante o Estado Novo. Apresentam, por isso mesmo, as mesmas características da legislação aplicada aos outros níveis e ramos do ensino: uma centralização exacerbada, com normas rígidas e minuciosas, incluindo currículos e programas impostos de cima para baixo a todos os sistemas e estabelecimentos.

A centralização era tanta que as *más línguas* insinuavam que, a qualquer hora do dia, o ministro, em seu gabinete no Rio de Janeiro, sabia o que estava ocorrendo na sala de aula de todas as escolas do país. O mais estranho, porém, é que tal legislação centralizadora e autoritária tenha permanecido em vigor praticamente até 1961, quando foi aprovada a nossa primeira Lei de Diretrizes e Bases da Educação Nacional, ou seja, por 16 anos após o fim do regime que a produziu, o Estado Novo.

Pode-se afirmar que a nossa história republicana se desenvolve em ciclos, alternando períodos democráticos, descentralizadores, e períodos ditatoriais, centralizadores: assim, a Primeira República, relativamente descentralizadora, foi sucedida pelo governo centralizador iniciado em 1930, que culminou na ditadura do Estado Novo (1937-1945), à qual sucedeu a uma fase relativamente democrática (1945-1964), a que seguiu nova ditadura (1964-1985), suplantada pela consolidação democrática das últimas décadas.

Assim como na política e na economia, não poderia ser diferente no campo educacional, também tomado por acentuado autoritarismo, com reformas impostas de cima para baixo, difundindo uma concepção elitista da educação, segundo a qual as massas, o povo em geral, deveriam ser tuteladas pelas elites dirigentes, formadas no curso secundário e no superior. Trata-se de uma tradição que vem dos tempos dos jesuítas e que o Movimento dos Pioneiros da educação conseguiu apenas amenizar provisoriamente, sendo retomada com força total pelo Estado Novo.

Podemos, então, afirmar que as iniciativas do Estado Novo em matéria educacional produziram uma parada ou, até mesmo, um recuo no movimento de redemocratização da educação que vinha dos anos 1920? Que medidas ou normas do governo sinalizariam nesse sentido? A destinação constitucional do ensino pré-vocacional e vocacional às "classes menos favorecidas", por exemplo, constitui um avanço ou um recuo? Por quê? E o ensino secundário destinado à formação das "individualidades condutoras"?

O ENSINO SECUNDÁRIO

O ensino secundário foi modificado pelo Decreto-lei n. 4.244, de 9 de abril de 1942 – conhecido como lei orgânica do ensino secundário –, que estabeleceu as seguintes diretrizes gerais:

– Conforme o artigo 1º, passaram a ser três os *objetivos* do ensino secundário: "Formar [...] a personalidade integral dos adolescentes; acentuar e elevar [...] a consciência patriótica e a consciência humanística; dar preparação intelectual geral que possa servir de base a estudos mais elevados de formação especial".

Tais objetivos coadunavam-se perfeitamente com a função reservada ao ensino secundário, de acordo com a Exposição de Motivos do ministro Gustavo Capanema, que era a de preparar as *individualidades condutoras*, que "deverão assumir as responsabilidades maiores dentro da sociedade e da Nação". Destaque-se a ênfase na consciência patriótica, em sintonia com os nacionalismos em voga na Europa, um dos fatores que levaram à Segunda Guerra Mundial, em sua fase aguda na época da promulgação da reforma do ensino secundário.

– Quanto à *estrutura*, continuaram os dois graus, porém com duração modificada: a um curso ginasial de quatro anos sucedia um curso colegial de três anos, que perdeu o seu caráter quase exclusivo de preparatório para o ensino superior e passou a preocupar-se mais com a formação geral.

O curso colegial dividia-se em apenas dois ramos: o colegial clássico e o colegial científico, com poucas diferenças entre ambos:

- no *clássico*, estudava-se Grego e Latim nos três anos, Filosofia, Química e Física no 2° e 3° anos, História Natural no 3° ano, e não havia Desenho;
- já no *científico*, não havia Grego nem Latim, Filosofia só no 3° ano, História Natural no 2° e 3° anos, Física e Química nos três anos, e estudava-se Desenho;
- as outras matérias eram comuns: Português, Francês, Espanhol, Matemática, História Geral, História do Brasil, Geografia Geral e Geografia do Brasil.

O curso científico tornou-se dominante, chegando a reunir cerca de 90% dos alunos do colegial.

No que diz respeito à distribuição dos *conteúdos curriculares* entre as diversas áreas, considerando-se o curso secundário integral de sete anos, observou-se em relação ao plano de 1931 um ligeiro aumento da carga horária de Humanidades (34,3%) e uma redução da destinada a Matemática e Ciências (24,3%), ficando Estudos Sociais com 22,8% e outros estudos com 18,6%.

O aumento da carga horária de Humanidades ocorreu por conta do Latim, que, estudado apenas na $4^{\underline{a}}$ e $5^{\underline{a}}$ séries do curso fundamental de 1931, passou a ser exigido em todas as quatro séries do curso ginasial de 1942. Observaram-se também outras novidades: a introdução de Trabalhos Manuais, História do Brasil e Geografia do Brasil, talvez com o objetivo de "acentuar e elevar a consciência patriótica", e a substituição da Música pelo Canto Orfeônico.

O ENSINO TÉCNICO-PROFISSIONAL

Ao longo de todo o período do Estado Novo, e até a década seguinte, embora constituísse o primeiro dever do Estado segundo a Constituição, o ensino técnico-profissional continuou a ocupar uma posição subalterna em relação ao ensino secundário: era este que representava a estrada real que conduzia os filhos da elite à universidade.

Quem fizesse o curso profissional e pretendesse continuar seus estudos em nível superior, só poderia fazê-lo se completasse também o curso secundário. Ou seja, nenhuma utilidade tinha o curso profissional em termos de continuidade dos estudos. Era um curso de segunda categoria, "destinado às classes menos favorecidas".

De qualquer forma, foi só a partir da década de 1940 que os diversos ramos do ensino profissional passaram a ter uma legislação nacional: a lei orgânica do ensino industrial (1942), a lei orgânica do ensino comercial (1943) e a lei orgânica do ensino agrícola (1946). Como o secundário, esses três ramos de ensino também se dividiam em dois ciclos, o primeiro com 4 e o segundo com 3 anos.

Na mesma época foram criados o Serviço Nacional de Aprendizagem Industrial (Senai), em janeiro de 1942, e o Serviço Nacional de Aprendizagem Comercial (Senac), em janeiro de 1946.

Tanto a lei orgânica do ensino industrial, de 1942, quanto a lei orgânica do ensino agrícola, de 1946, incluem um artigo especificando os interesses a que o ensino em questão deveria atender. O artigo da primeira, repetido quatro anos depois na segunda com a mudança de algumas palavras, determina:

> O ensino industrial deverá atender: 1. Aos interesses do trabalhador, realizando a sua preparação profissional e a sua formação humana; 2. Aos interesses das empresas, nutrindo-as, segundo as suas necessidades crescentes e mutáveis, de suficiente e adequada mão de obra; 3. Aos interesses da Nação, promovendo continuamente a mobilização de eficientes construtores de sua economia e cultura.

Quanto às finalidades do ensino profissional, os três decretos-leis coincidem em três delas, que são as seguintes:

1. Formar profissionais aptos ao exercício de atividades específicas do setor.
2. Dar aos trabalhadores jovens e adultos não diplomados uma qualificação profissional que lhes aumente a eficiência e a produtividade.
3. Aperfeiçoar os conhecimentos e habilidades técnicas de trabalhadores diplomados ou habilitados.

No caso do ensino industrial, a lei acrescentava uma quarta finalidade: divulgar conhecimentos de atualidades técnicas.

A não inclusão dos interesses a que deveria atender o ensino, no caso da lei orgânica do ensino comercial, e a limitação da finalidade de divulgar conhecimentos de atualidades técnicas ao ensino industrial causam estranheza: teriam sido casuais ou intencionais? Não haveria atualidades técnicas no âmbito dos ensinos comercial e agrícola?

O ENSINO PRIMÁRIO E O NORMAL

A lei orgânica do ensino primário e a lei orgânica do ensino normal foram promulgadas no mesmo dia: 2 de janeiro de 1946, cerca de dois meses após a queda do ditador, confirmando a hipótese de que foram elaboradas durante o Estado Novo.

Em relação ao *ensino primário,* trata-se, praticamente, da primeira legislação nacional após a lei de 15 de outubro de 1827, expressão clara da omissão do governo central no que diz respeito ao ensino das classes populares.

O artigo 1º atribui três finalidades ao ensino primário:

1. Proporcionar a iniciação cultural.
2. Formação e desenvolvimento da personalidade.
3. Elevar o nível dos conhecimentos necessários à vida na família, à defesa da saúde e à iniciação no trabalho.

A escolarização primária era dividida em duas categorias:

1. O ensino primário fundamental, destinado às crianças de 7 a 12 anos e ministrado em dois cursos sucessivos: o primário elementar, com duração de quatro anos, e o primário complementar, de um ano.
2. O ensino primário supletivo, destinado a adolescentes e adultos.

Um aspecto interessante referente ao ensino primário era o da sua articulação com outras modalidades de ensino: o primário elementar e o supletivo articulavam-se com os cursos de artesanato e com os de aprendizagem industrial e agrícola; e o complementar, com os cursos ginasial, industrial, agrícola e de formação de regentes de ensino elementar.

Quanto ao *ensino normal,* seriam três as suas finalidades, segundo o artigo 1º do respectivo decreto-lei:

1. Formar professores para as escolas primárias.
2. Habilitar administradores escolares para as mesmas escolas.
3. Desenvolver e propagar conhecimentos e técnicas sobre a educação da infância.

O ensino normal também era organizado em dois ciclos: o primeiro, com a duração de quatro anos, formava regentes de ensino primário; e o segundo, de três anos, destinava-se à formação de professores primários.

O curso de regentes de ensino, correspondente ao nível ginasial, articulava-se com o primário, ou seja, este era exigido para nele ingressar. Ao passo que o curso de formação de professores podia articular-se com o ginasial, seguindo-se a ele, e a sua conclusão dava direito a ingressar em cursos da faculdade de Filosofia, desde que atendidas as exigências peculiares à matrícula.

Além de destinar o ensino pré-vocacional e vocacional às classes menos favorecidas, o Estado Novo também manteve na marginalidade o ensino técnico-profissional, impedindo que seus concluintes tivessem acesso ao ensino superior. Ou seja, ensino superior é para a elite, para cuja preparação era organizado o curso secundário.

Diante de tais elementos, podemos afirmar que o sistema de ensino dificultava o acesso das classes populares aos níveis mais elevados de educação? Ou, por outra, podemos dizer que o sistema de ensino era antidemocrático? Por quê?

Frases de Gustavo Capanema

O ensino primário deve dar os elementos essenciais da educação patriótica. Nele o patriotismo [...] deverá ser formado como um sentimento vigoroso, como um alto fervor, como amor e devoção, como sentimento de indissolúvel apego e indefectível fidelidade para com a Pátria.

Seria de todo impraticável introduzir na educação primária e insinuar no espírito das crianças o difícil problema da significação do homem, este problema crítico, de que depende o rumo de uma cultura e de uma civilização, o rumo das organizações políticas, o rumo da ordem em todos os terrenos da vida social.

Já o ensino secundário tem mais precisamente por finalidade a formação da consciência patriótica.

[O ensino secundário] deve ser um ensino patriótico por excelência, e patriótico no sentido mais alto da palavra, isto é, um ensino capaz de dar aos adolescentes a compreensão da continuidade histórica da Pátria, a compreensão dos problemas e das necessidades, da missão e dos ideais da Nação.

Gustavo Capanema distingue "sentimento patriótico" – a ser transmitido no ensino primário – de "consciência patriótica", cuja formação se daria no ensino secundário. Para os jovens do secundário também não seria importante um sentimento patriótico? Será que infância e juventude são de tal forma distintas, separadas e estanques? Não haveria uma transição gradual de uma a outra?

O problema surge quando lemos uma informação como a seguinte:

Affonso Henriques (talvez o mais minucioso, embora nem sempre isento, biógrafo de Vargas), cita alguns dos livros editados pelo dip (Departamento de Imprensa e Propaganda). É uma pena que não tenha dado o nome dos autores: *Perfil do presidente Vargas, Fisionomia do presidente Vargas, Sorriso do presidente Vargas, No presidente Vargas os verbos agir e trabalhar, Imagens populares do presidente Vargas, O poder judiciário do presidente Vargas, Os grandes dias do presidente Vargas, O fato moral e social da década getuliana.* Como hoje seriam catalogados tais livros numa biblioteca criteriosa e bem organizada? Certamente na seção de obras de ficção. (Moraes Neto e Silveira, 1992: 168-169)

O que pensar de tais publicações? Que se tentava identificar a Pátria com o ditador?

PAULO FREIRE E A EDUCAÇÃO POPULAR

> *Pensávamos numa alfabetização que fosse em
> si um ato de criação, capaz de desencadear
> outros atos criadores.*
> (Paulo Freire, 1921-1997)

Nada melhor do que a prática democrática para aprender a democracia. No período da nossa história que vai de 1945 a 1964, o livre jogo das forças democráticas permitiu um certo avanço dos movimentos populares. Havia eleições diretas para todos os níveis – de vereador a presidente da República – e as organizações representativas dos diversos setores sociais puderam atuar mais ou menos livremente.

Tratou-se, contudo, de uma democracia limitada, com muitas restrições: o Partido Comunista, por exemplo, foi posto na ilegalidade pelo governo em 1947, apenas dois anos depois de sua legalização; os analfabetos não puderam votar; as desigualdades na distribuição da renda e da propriedade da terra dificultavam a participação dos mais pobres etc.

Entretanto, comparando-se com o Estado Novo e com a ditadura militar instalada em 1964, podemos afirmar que o Brasil viveu quase duas décadas de regime democrático.

No campo educacional, a democracia também avançou: o ensino técnico-profissional conseguiu, ao menos legalmente, a sua equivalência com o secundário; a Lei de Diretrizes e Bases da Educação Nacional, promulgada em 1961, foi discutida durante 13 anos no Congresso Nacional, ao contrário de todas as regulamentações anteriores, impostas pelo Poder Executivo;

desenvolveu-se intensa luta no sentido de ampliar o acesso à escola pública e gratuita; difundiram-se campanhas e movimentos de educação popular, especialmente de educação de adultos, com destaque para a atuação de Paulo Freire, cujo método revolucionou o processo de alfabetização.

REDEMOCRATIZAÇÃO E EDUCAÇÃO

A Constituição de 1946, que restabeleceu o regime democrático no país, em seu capítulo sobre a educação, reintroduziu alguns princípios que haviam sido suprimidos pela Carta ditatorial de 1937. Entre esses princípios, que já haviam figurado na Constituição de 1934, temos os seguintes, segundo Valnir Chagas:

> a educação como direito de todos, a escola primária obrigatória, a assistência aos estudantes e a gratuidade do ensino oficial para todos ao nível primário e, aos níveis ulteriores, para quantos provassem falta ou insuficiência de meios. (1980: 57)

A nova Carta também estabeleceu como regra *o ensino ministrado pelos poderes públicos*, embora livre à iniciativa particular, dentro dos limites da lei. Manteve o ensino religioso obrigatório para os estabelecimentos e ministrado segundo a confissão religiosa dos alunos.

Apesar da mudança de regime e da nova Constituição, a legislação educacional herdada do Estado Novo, como vimos, vigorou até 1961, quando teve início a vigência da nossa primeira Lei de Diretrizes e Bases da Educação Nacional. Tal fato, contudo, não impediu que numerosas campanhas fossem organizadas, visando à ampliação e à melhoria do atendimento escolar, refletindo na ampliação do número de matrículas.

Dentre as principais campanhas do período, Valnir Chagas (1980: 59) menciona as seguintes: a Campanha de Aperfeiçoamento e Difusão do Ensino Secundário (Cades), a de Erradicação do Analfabetismo, a de Educação de Adultos, a de Educação Rural, a de Educação do Surdo, a de Reabilitação dos Deficientes Visuais, a de Merenda Escolar e a de Material de Ensino.

ARTICULAÇÃO E EQUIVALÊNCIA

Durante grande parte do período republicano, para não falar das épocas anteriores, o ensino técnico-profissional permaneceu marginalizado enquanto via de acesso ao ensino superior. Até 1949, quem tivesse concluído algum curso técnico e quisesse candidatar-se a qualquer curso de nível superior, deveria fazer o secundário, que detinha todos os privilégios.

O primeiro passo para a equivalência entre o ensino secundário e o ensino técnico foi dado em 1950, pela Lei n. 1.076, de 31 de março, que estabeleceu em seu artigo 1º:

> Aos estudantes que concluírem curso de 1º ciclo do ensino comercial, industrial ou agrícola, de acordo com a legislação vigente, fica assegurado o direito à matrícula no curso clássico, bem como no científico [...] desde que prestem exames das disciplinas não estudadas naqueles cursos e compreendidas no primeiro ciclo do curso secundário.

Como se vê, tratava-se de um passo muito tímido: só atingia o 1º ciclo e, ainda assim, o candidato deveria prestar exames de adaptação.

O segundo passo, referente ao 2º ciclo, viria com a Lei n. 1.821, de 12 de março de 1953. Em seu artigo 2º, facultava o direito de ingresso em qualquer curso superior, mediante exames de seleção, ao aluno que houvesse concluído um curso técnico industrial, agrícola ou comercial, bem como o 2º ciclo do curso normal. Também neste caso exigia-se o exame das disciplinas do curso secundário – ginasial e colegial – não cursadas no curso técnico ou normal.

A verdadeira equivalência só aconteceria em 1961, com a Lei n. 4.024, de 20 de dezembro, nossa primeira LDB. A partir daí, o ensino médio passou a incluir o secundário, os três ramos do ensino técnico – industrial, comercial e agrícola – e o curso normal. Qualquer ramo do 1º ciclo passou a dar direito à matrícula em qualquer modalidade do 2º ciclo; e qualquer que fosse o 2º ciclo concluído – secundário, técnico ou normal – passou a permitir o ingresso no ensino superior.

DIRETRIZES E BASES DA EDUCAÇÃO NACIONAL

A primeira lei a estabelecer as diretrizes e bases da educação nacional, em todos os seus ramos e níveis, do pré-primário ao superior, foi a Lei n. 4.024, de 20 de dezembro de 1961. Na verdade, o projeto havia chegado ao Congresso Nacional ainda em 1948, tendo sido discutido durante 13 anos. De acordo com Valnir Chagas,

> Tudo se discutiu ou pôs em dúvida, quase sempre acaloradamente: a intervenção do Estado na educação [...]; a preservação ou o

> restabelecimento das autonomias locais; a unidade da educação na diversidade das condições regionais; o conceito de "diretrizes e bases", seu caráter genérico ou específico; a acepção estrita ou ampla de "sistema de ensino", cifrando-se este a um conjunto de escolas ou alcançando também a sua orientação; [...] a obrigatoriedade da escola primária; a separação da escola secundária da profissional [...]. (1980: 58)

Mas o assunto que mais empolgou o Congresso, e que mais agitou a opinião pública e os educadores, especialmente nos últimos anos da discussão, foi a liberdade de ensino. Duas correntes radicalizaram suas posições: a dos defensores da escola pública, representada principalmente pelos educadores filiados ao movimento da educação nova, e a dos defensores da escola privada, ligados aos meios católicos.

Vejamos brevemente os fins, a estrutura e os conteúdos curriculares da educação nacional segundo a LDB de 1961.

Os fins da educação

De acordo com o artigo 1º da Lei:

A educação nacional, inspirada nos princípios da liberdade e nos ideais de solidariedade humana, tem por fim:

a) compreensão dos direitos e deveres da pessoa humana, do cidadão, do Estado, da família e dos demais grupos que compõem a sociedade;

b) o respeito à dignidade e às liberdades fundamentais do homem;

c) o fortalecimento da unidade nacional e da solidariedade internacional;

d) o desenvolvimento integral da personalidade humana e a sua participação na obra do bem comum;

e) o preparo do indivíduo e da sociedade para o domínio dos recursos científicos e tecnológicos que lhes permitem utilizar as possibilidades e vencer as dificuldades do meio;

f) a preservação e expansão do patrimônio cultural;

g) a condenação a qualquer tratamento desigual por motivo de convicção filosófica, política ou religiosa, bem como a quaisquer preconceitos de classe ou de raça.

Quanto aos fins específicos dos diversos níveis de ensino, seriam os seguintes:

- **ensino primário**: desenvolvimento do raciocínio e das atividades de expressão da criança, e a sua integração no meio físico e social (art. 25);
- **ensino médio**: em prosseguimento ao ministrado na escola primária, destina-se à formação do adolescente (art. 33). Já não se fala em preparação para o ingresso no ensino superior;
- **ensino superior**: tem por objetivo a pesquisa, o desenvolvimento das Ciências, Letras e Artes, e a formação de profissionais de nível universitário (art. 66).

ESTRUTURA DO ENSINO

A educação nacional compreenderia quatro níveis ou graus:

- **educação pré-primária**: para menores até 7 anos, ministrada em escolas maternais ou jardins de infância;
- **ensino primário**: mínimo de quatro séries anuais, podendo ser ampliado para até seis séries pelos sistemas de ensino;
- **ensino médio**: dois ciclos (ginasial, de quatro anos, e colegial, de três anos); tanto no ginasial quanto no colegial, o ensino médio abrangia o curso secundário, o curso técnico (industrial, agrícola, comercial e outros ramos que fossem regulamentados) e o curso de formação de professores para o primário e o pré-primário (curso normal);
- **ensino superior**: ministrado em estabelecimentos, agrupados ou não em universidades, com a cooperação de institutos de pesquisas e centros de treinamento profissional; abrangia cursos de graduação (para candidatos que haviam concluído o ensino médio), pós-graduação (para candidatos que haviam concluído o curso de graduação) e de especialização, aperfeiçoamento e extensão (requisitos a serem exigidos).

CONTEÚDOS CURRICULARES

Com a LDB de 1961, os currículos deixaram de ser rigidamente padronizados, com o estudo das mesmas disciplinas em todas as escolas do país, como ocorrera até então, admitindo-se certa variedade segundo as preferências dos estabelecimentos em relação às matérias optativas. O currículo da 3ª série colegial passou a ser diversificado, visando ao *preparo dos alunos para os cursos superiores.*

Três partes passaram a compor os currículos:

- uma *nacional,* constituída por disciplinas obrigatórias indicadas pelo Conselho Federal de Educação, que eram as seguintes: Português, História, Geografia, Matemática, Ciências e Educação Física. Note-se a redução das disciplinas obrigatórias para todo o território nacional e a introdução da Educação Física;
- uma *regional,* abrangendo disciplinas também obrigatórias, fixadas pelos Conselhos de Educação dos estados;
- uma *própria dos estabelecimentos,* cujas disciplinas seriam escolhidas pelas escolas a partir de uma lista elaborada pelos Conselhos de Educação dos estados.

Portanto, a partir de então, os estabelecimentos de ensino passaram a ter certa liberdade na organização dos seus currículos, que não mais perderiam, tanto na escolha de algumas matérias quanto na distribuição das disciplinas ao longo das séries escolares.

Sem dúvida, uma extraordinária diferença em relação à legislação educacional anterior. Em primeiro lugar, quanto à própria elaboração: ao contrário dos documentos legais que a precederam, impostos de alto a baixo pelo Executivo, a LDB de 1961 tramitou durante 13 anos no Congresso antes de ser aprovada e promulgada. Em segundo lugar, uma grande diferença quanto ao seu alcance: as leis anteriores regulamentavam um ramo ou nível de ensino; a de 1961 abrangeu todos os ramos e níveis.

Isso mostra que o exercício democrático é difícil, são muitas concepções e interesses divergentes.

Anísio Teixeira considerou a nossa primeira LDB "uma meia vitória, mas vitória". Lembremos que Anísio Teixeira fazia parte do grupo dos defensores da escola pública e laica, sem ensino religioso, e da destinação de verbas públicas só para as escolas públicas. Então, perguntamos: por que "meia vitória"? O que o grupo de Anísio Teixeira não conseguiu incluir na LDB? E, por outro lado, por que vitória?

Um avanço foi, certamente, a possibilidade de certa flexibilidade curricular, podendo os estados e os estabelecimentos de ensino incluir disciplinas próprias, em função das características regionais e locais e dos alunos. E, hoje, nossas escolas aproveitam essa abertura? Incluem disciplinas diferenciadas em seus currículos?

A LUTA PELA ESCOLA PÚBLICA

Ao mesmo tempo que prosseguia a discussão das diretrizes e bases da educação, desenvolveu-se intensa campanha em defesa da escola pública. Educadores, órgãos de imprensa, sindicatos, estudantes e outros setores da sociedade empenharam-se em tornar realidade o preceito constitucional: *a educação é um direito de todos.*

Para que todos tivessem acesso à educação, seria necessário ampliar o número de escolas públicas e gratuitas, já que as particulares eram pagas e, dessa forma, só acessíveis a determinadas classes sociais.

Se nos ativermos ao ensino secundário, constatamos que a luta pela ampliação da escola pública vinha da década de 1930 e intensificou-se a partir da redemocratização e da aprovação da Constituição de 1946. Assim, se em 1932 havia no Brasil inteiro apenas 394 unidades de ensino secundário, das quais somente 58 mantidas pelos poderes públicos e a grande maioria, 336, pertencendo à iniciativa particular, ou seja, acessíveis a uma pequena minoria, na década de 1960 a situação já era bem diferente.

Celso de Rui Beisiegel (1984: 395) apresenta dados sobre a evolução do ensino secundário público no período nos estados de São Paulo e da Paraíba:

- São Paulo: "Em 1940 havia no estado 41 ginásios públicos, 3 na capital e 38 no interior. Em 1962, a rede de escolas oficiais de ensino secundário contava com 561 estabelecimentos criados: 96 na capital e 465 nos municípios do interior. Já em 1961, [...] a iniciativa particular havia perdido a anterior situação predominante, passando a absorver somente 47% dos alunos matriculados nesse ramo de ensino".
- Paraíba: "A matrícula, igual a 1.644 alunos em 1940, subiu para 9.924 em 1960 e para 40.471 em 1970. Enquanto a população do estado cresceu, em números-índice, de 100 para 172, entre 1940 e 1970, a matrícula no ensino secundário, nas mesmas datas, cresceu de 100 para 2.462".

Movimentos de educação popular

De 1946 a 1964, também tiveram grande atuação diversos movimentos de educação popular, especialmente destinados à alfabetização de adultos e patrocinados pelo governo federal. Procurou-se fazer frente à dura realidade do analfabetismo no Brasil, já que, em 1950, em torno de 50% dos brasileiros com 15 anos ou mais eram analfabetos e não podiam votar. Dentre esses movimentos, merecem destaque a Campanha de Educação de Adultos, o Movimento de Educação de Base e o Programa Nacional de Alfabetização.

Campanha de educação de adultos

Iniciada em 1947, no âmbito do Ministério da Educação e com o apoio da Unesco (Organização das Nações Unidas para a Educação, Ciência e Cultura), apresentou resultados consideráveis. De 1950 a 1954, a campanha foi absorvida pela rotina administrativa, perdendo as características de um movimento de mobilização nacional.

A atuação do Ministério da Educação consistia no financiamento das unidades de ensino instaladas, na orientação dos trabalhos de alfabetização e na mobilização da opinião pública e dos governos estaduais e municipais em favor da campanha.

Os resultados, entre 1947 e 1950, foram significativos. Assim, o número de alunos efetivamente matriculados no ensino supletivo, que era de 120.165, em 1946, cresceu para 473.477, em 1947; 604.521, em 1948; 665.000, em 1949; e 720.000, em 1950.

Movimento de Educação de Base (meb)

Patrocinado pelo governo federal, o MEB foi articulado pela Conferência Nacional dos Bispos do Brasil (CNBB), que tinha Dom Helder Camara como secretário-geral, a partir de duas experiências de *educação radiofônica* realizadas no Nordeste pelas dioceses de Natal e Aracaju.

Envolvendo a participação de funcionários e a cooperação de diferentes órgãos do governo federal, seu principal objetivo é a alfabetização de adultos por meio de transmissões radiofônicas, captadas em locais próprios pelos alfabetizandos, sob a orientação de um coordenador. Com a ditadura militar, imposta em 1964, e os principais articuladores perseguidos e presos, o movimento perdeu força, mas sobreviveu e continua atuante.

Programa nacional de alfabetização

Sua estruturação foi iniciada em julho de 1963, mas só foi instituído oficialmente em janeiro de 1964. O programa "convocaria e utilizaria a cooperação e os serviços de agremiações estudantis e profissionais, associações esportivas, sociedades de bairro e municipalistas, entidades religiosas, organizações civis e militares, associações patronais, empresas privadas, órgãos de difusão, o magistério e todos os setores mobilizáveis" (art. 1º do Decreto n. 53.465, de 21 de janeiro de 1964).

A alfabetização de adultos se faria mediante *o uso do Sistema Paulo Freire*. O próprio Paulo Freire foi nomeado para as funções de coordenador do Programa. Entretanto, no dia 1º de abril de 1964, os militares tomaram o poder, o Programa foi extinto e seus organizadores, acusados de subversão, foram presos e/ou exilados, como Paulo Freire, que, após 70 dias de prisão, exilou-se no Chile, transferindo-se posteriormente para os Estados Unidos, a Europa e a África, sempre atuando na educação de adultos.

Como vimos, o ensino secundário, que era predominantemente particular, passou a ser majoritariamente público.

Perguntamos: parece que existe hoje, na sociedade em geral, a ideia de que a escola particular é melhor que a escola pública? Essa ideia corresponde à realidade? Será que todas as escolas particulares são boas? E será que todas as escolas públicas são ruins? O que faz uma escola ser considerada boa ou ruim?

O método Paulo Freire

Paulo Regis Neves Freire nasceu no bairro da Casa Amarela, Recife, no dia 19 de setembro de 1921 e faleceu em São Paulo em 1997. Após realizar seus estudos no Colégio Osvaldo Cruz, ingressou na Faculdade de Direito de Recife, onde se formou, mas nunca exerceu a advocacia, assim como Fernando de Azevedo, tendo sido na própria faculdade que suas preocupações e interesses passaram a ter a educação como alvo.

Entre 1947 e 1956, foi assistente e diretor do Departamento de Educação e Cultura do Sesi/PE. Foi lá que desenvolveu suas primeiras experiências com educação de trabalhadores e o seu método que se consolidou em 1961 com o Movimento de Cultura Popular do Recife. De 1957 a 1963, lecionou História e Filosofia da Educação em cursos da Universidade do Recife.

Exilado, Paulo Freire permaneceu no Chile entre 1964 e 1969, como professor na Universidade de Santiago e assessor dos programas de alfabetização do governo chileno. Em 1969, nomeado especialista pela Unesco, passou dez meses na Universidade de Harvard (EUA), indo depois para a Europa, tendo trabalhado para o Conselho Mundial de Igrejas, na Suíça, e assessorado programas de educação de adultos em países africanos, como fundador e mantenedor do Idac (Instituto de Ação Cultural).

Depois de 15 anos de exílio, com a anistia, regressou ao Brasil em junho de 1980. Recebeu o título de cidadão paulistano e de doutor *honoris causa* pelas universidades Aberta de Londres, de Louvain, na Bélgica, de Genebra, na Suíça, de Michigan, nos EUA.

Ainda na década de 1980, passou a lecionar na Pontifícia Universidade Católica de São Paulo (PUC-SP) e na Universidade Estadual de Campinas (Unicamp). Em 1989, a convite da prefeita Luiza Erundina, assumiu o cargo de secretário da educação do município de São Paulo.

Dentre seus livros destacam-se: *Educação como prática da liberdade*; *Pedagogia do oprimido*; *Cartas à Guiné-Bissau*; *Conscientização: teoria e prática da liberdade*; *Educação e mudança*; *Pedagogia da esperança*; *Ação cultural para a liberdade*; *Extensão ou comunicação?*

Durante toda a década de 1950, Paulo Freire veio acumulando experiências no campo da alfabetização de adultos em áreas urbanas e rurais próximas a Recife, experimentando novos métodos, técnicas e processos de comunicação.

A partir de 1961, o método, já praticamente estruturado, foi posto em prática no Recife. Em 1962, estendeu-se a João Pessoa (Paraíba) e a Natal (Rio Grande do Norte), onde se desenvolveu a campanha "De pé no chão também se aprende a ler". A experiência que deu divulgação nacional ao seu método, porém, foi a realizada em Angicos, no Rio Grande do Norte, cujo encerramento contou com a presença do presidente João Goulart.

A ideia básica do Método Paulo Freire é a adequação do processo educativo às características do meio:

> Mas Paulo Freire encontrara o modo de realizar esta associação, necessariamente, como característica intrínseca do processo educativo. À semelhança de muitas outras importantes descobertas, o seu método também apresenta notável simplicidade. Começava por localizar e recrutar os analfabetos residentes na área escolhida para os trabalhos de alfabetização. Prosseguia mediante entrevistas com os adultos inscritos nos "círculos de cultura" e outros habitantes selecionados entre

os mais antigos e os mais conhecedores da localidade. Registravam-se literalmente as palavras dos entrevistados a propósito de questões referidas às diversas esferas de suas experiências de vida no local: questões sobre experiências vividas na família, no trabalho, nas atividades religiosas, políticas, recreativas etc. O conjunto das entrevistas fornecia à equipe de educadores uma extensa relação das palavras de uso corrente na localidade. Essa relação era entendida como representativa do *universo vocabular local* e dela se extraíam as *palavras geradoras* – unidade básica na organização do programa de atividades e na futura orientação dos debates que teriam lugar nos "círculos de cultura". (Beisiegel, 1974: 165; grifos do autor)

As palavras geradoras selecionadas giravam em torno de 17. Dentre elas, eram mais frequentes: eleição, voto, povo, governo, tijolo, enxada, panela, cozinha. Cada uma dessas palavras era dividida em sílabas; estas eram reunidas em composições diferentes, formando novas palavras.

A discussão das situações sugeridas pelas palavras geradoras permitia que o indivíduo se conscientizasse da realidade em que vivia e da necessidade da sua participação na transformação dessa mesma realidade, tornando mais significativo e eficiente o processo de alfabetização.

Era o próprio adulto que se educava, orientado pelo coordenador de debates (o professor), mediante a discussão de suas experiências de vida com outros indivíduos que participavam das mesmas experiências.

FRASES DE PAULO FREIRE

[O alfabetizando] descobriria que tanto é cultura o boneco de barro feito pelos artistas, seus irmãos do povo, como cultura também é a obra de um grande escultor, de um grande pintor, de um grande místico, ou de um pensador.

Por isso é que buscávamos um método que fosse também instrumento do educando e não só do educador e que identificasse [...] o conteúdo da aprendizagem com o processo mesmo da aprendizagem.

Desta maneira, o educador já não é o que apenas educa, mas o que, enquanto educa, é educado, em diálogo com o educando que, ao ser educado, também educa.

Em verdade, não seria possível à educação problematizadora, que rompe com os esquemas verticais da educação bancária, realizar-se como prática da liberdade, sem superar a contradição entre o educador e os educandos. Como também não lhe seria possível fazê-lo fora do diálogo.

Não há que considerar perdido o tempo do diálogo que, problematizando, critica e, criticando, insere o homem em sua realidade como verdadeiro sujeito da transformação.

O poeta amazonense Thiago de Mello homenageou Paulo Freire cantando o seu método no poema "Canção para os fonemas da alegria", que termina assim:

Peço licença para terminar
soletrando a canção de rebeldia
que existe nos fonemas da alegria:

canção de amor geral que eu vi crescer
nos olhos do homem que aprendeu a ler.

Imaginemos por um instante os olhos do homem, da mulher, de 30, 40 ou 60, 70 anos que consegue ler pela primeira vez! Então, perguntamos: como se pode admitir que, segundo dados da Unesco de 2005, ainda existissem 15 milhões de analfabetos no Brasil?

Segundo Paulo Freire, a educação problematizadora ou libertadora só será possível com a superação da contradição entre educador e educandos. Será este o caminho para a melhoria da qualidade da educação? Se for, que tipos de contradições existem em nossas escolas entre educadores e educandos? Como se pode superá-las?

Valnir Chagas e a educação autoritária

O civismo e a qualificação para o trabalho são os objetivos mais altos da reforma do ensino fundamental.
(Valnir Chagas, 1921-2006)

O educador cearense Valnir Chagas foi um dos fundadores da Universidade Nacional de Brasília e professor da sua Faculdade de Educação durante décadas. Também foi membro do Conselho Federal de Educação de 1962 a 1976, dedicando-se a emitir pareceres em processos concernentes aos mais variados assuntos relativos à educação nacional.

Dentre seus livros, merecem destaque *Didática especial de línguas modernas* e *O ensino de 1º e 2º graus: antes, agora e depois.*

Mas foi por sua atuação na reforma universitária, de 1968, e na reforma do ensino de 1º e 2º graus, de 1971, que ele ficou mais conhecido. Como coordenador do Grupo de Trabalho que formulou o projeto da reforma aprovada em 1971 e a sua fundamentação teórica, justificando a transformação do 2º grau em obrigatória e exclusivamente profissionalizante, numa radical ruptura com a evolução histórica desse nível de ensino, acabou sendo alvo de duras críticas.

O povo, ora o povo

A partir de 1964, a educação brasileira, da mesma forma que outros setores da vida nacional, passou a ser vítima do autoritarismo que se instalou no país. Reformas foram efetuadas em todos os níveis de ensino, impostas de cima para baixo, sem a participação dos maiores interessados – alunos, professores e outros setores da sociedade.

O regime instalado em 1964, com a deposição do presidente constitucional João Goulart, pretendeu frear os avanços e as conquistas populares que estavam se verificando no período anterior.

No campo político-administrativo, numerosos membros do Poder Legislativo tiveram seus mandatos cassados e muitos foram presos e exilados; milhares de funcionários públicos foram destituídos dos seus cargos e submetidos a inquéritos policiais-militares; o povo brasileiro viu-se impedido de escolher o presidente da República, os governadores dos estados e os prefeitos das capitais e de municípios considerados áreas de segurança nacional.

Em termos econômicos, acelerou-se a concentração da riqueza em poucas mãos: a propriedade da terra foi negada àqueles que nela trabalhavam; a renda urbana e rural, distribuída desigualmente, acentuou as desigualdades, tornando os ricos ainda mais ricos e os pobres, sempre mais pobres; os salários foram arrochados, ao mesmo tempo que os preços disparavam.

Numerosos sindicatos foram invadidos pela polícia, milhares de líderes sindicais foram destituídos dos seus cargos, muitos foram presos; as greves deixaram de existir, em virtude da forte e violenta repressão; o desemprego aumentou.

O GOVERNO CONTRA ESTUDANTES E PROFESSORES

Os avanços democráticos também foram contidos na área da educação. Escolas foram invadidas pela polícia, muitos professores e estudantes foram presos e/ou exilados, e todas as escolas passaram a ser observadas por agentes do Serviço Nacional de Informações (SNI).

A título de exemplo, vejamos apenas alguns episódios ocorridos na Universidade de Brasília, que começara a funcionar em 1962, sob a coordenação de Darcy Ribeiro, seu primeiro reitor: em abril de 1964, a UnB foi ocupada por tropas do Exército, o que resultou na renúncia do segundo reitor Anísio Teixeira; em outubro de 1965, cerca de 200 dos 283 professores demitiram-se em solidariedade a 15 colegas afastados por razões políticas pelo novo reitor, escolhido pela ditadura para substituir Anísio Teixeira, e a universidade foi novamente ocupada por tropas do Exército.

Em 9 de novembro de 1964, a Lei n. 4.464 procurou acabar com o movimento estudantil, ao transformar as entidades dos estudantes em órgãos dependentes de verbas e orientação do Ministério da Educação. A União Nacional de Estudantes (UNE) foi posta na ilegalidade; em seu lugar o governo criou o Diretório Nacional de Estudantes; as Uniões estaduais foram substituídas pelos Diretórios estaduais. Os estudantes viram-se proibidos de se reunir, discutir seus problemas, reivindicar mais vagas nas universidades públicas e melhores condições de estudo.

Entretanto, mesmo ilegal e com sua sede, no Rio de Janeiro, incendiada, a UNE continuou a atuar clandestinamente, da mesma forma que as Uniões estaduais e os centros acadêmicos colocados na ilegalidade pelo governo. Assim foi que, em outubro de 1968, realizava-se em Ibiúna (São Paulo) o XXX Congresso da UNE, quando o local foi invadido por mais de 250 policiais fortemente armados. Cerca de 900 estudantes, provenientes de todos os estados do país, acabaram presos, conduzidos ao presídio Tiradentes, na capital do estado, interrogados e processados.

Sexta-feira, 13 de dezembro de 1968: o país é submetido ao Ato Institucional n. 5, dando plenos poderes ao presidente para fechar o Congresso, cassar mandatos, suspender direitos políticos etc. Os estudantes, professores e funcionários foram contemplados com o Decreto n. 477, de 26 de fevereiro de 1969, definindo como infrações a paralisação das atividades escolares; passeatas, desfiles, comícios; confecção e distribuição de material subversivo etc., e estabelecendo as punições: demissão de funcionários, desligamento de alunos e proibição de se matricular em qualquer escola etc.

Como o Estado Novo, a ditadura militar instalada em 1964 também se serviu de artistas para exaltar o regime, identificado com a Pátria, como, por exemplo, neste trecho de uma canção de Don, gravada pelos Incríveis:

Eu te amo meu Brasil, eu te amo
Meu coração é verde, amarelo, branco, azul anil
Eu te amo meu Brasil, eu te amo
Ninguém segura a juventude do Brasil.

Mas também havia as "músicas de protesto", que, embora proibidas pela censura, acabavam circulando, como "Apesar de você", de Chico Buarque, da qual reproduzimos um pequeno trecho:

Hoje você é quem manda
Falou, tá falado, não tem discussão
A minha gente hoje anda falando de lado
E olhando pro chão
[...]
Apesar de você, amanhã há de ser outro dia
Você vai se dar mal, etc. e tal...

Vivemos hoje o "outro dia" da música de Chico Buarque? Por quê?

A REFORMA DO ENSINO SUPERIOR

Uma das lutas históricas dos estudantes era a que reclamava o aumento do número de vagas nas escolas superiores públicas. Um dos resultados dessa luta foi a duplicação do número de vagas na Universidade do Brasil (atual Universidade Federal do Rio de Janeiro), em março de 1964. Com o regime militar, os estudantes continuaram sua luta, mas passaram a ser vistos como subversivos e suas manifestações eram violentamente reprimidas.

As vagas no ensino superior eram limitadas. Muitos estudantes passavam no vestibular – que não era classificatório, mas considerava aprovados todos os que atingissem a nota mínima –, mas não podiam entrar na universidade por falta de vagas, formando os chamados *excedentes*, que promoviam passeatas e outras manifestações reivindicando mais vagas.

Ao invés de aumentar o número de vagas nas universidades públicas, o governo militar promoveu a reforma universitária, por meio da Lei n. 5.540, de 28 de novembro de 1968.

De acordo com Heladio Antunha (Brejon, 1973: 67-68), foram as seguintes as principais inovações da reforma universitária de 1968:

a) a extinção da cátedra e sua substituição pelo departamento e a concomitante instituição da carreira universitária aberta;
b) o abandono do modelo da Faculdade de Filosofia e a organização da universidade em unidades, isto é, em Institutos (dedicados à pesquisa e ao ensino básico) e Faculdades e Escolas (destinadas à formação profissional);
c) currículos flexíveis, cursos parcelados, semestrais, com a introdução do sistema de créditos;
d) a introdução dos exames vestibulares unificados e dos ciclos básicos, comuns a estudantes de diversos cursos;
e) a instituição regular dos cursos de pós-graduação (de mestrado e doutorado), bem como dos cursos de curta duração [...].

Além dos Institutos de Física, Química, Biologia, Psicologia etc., se-parados da Faculdade de Filosofia da qual antes faziam parte, a reforma também possibilitou a criação da Faculdade de Educação – a partir da cátedra de Pedagogia da Faculdade de Filosofia – destinada à formação de professores para a educação infantil, para as primeiras séries do ensino fundamental, para os cursos de nível médio de formação de professores, além de habilitar profissionais para a orientação vocacional, administração escolar etc. A Faculdade de Educação também pode ministrar as matérias pedagógicas dos cursos de licenciatura, que formam os professores para as matérias específicas do ensino fundamental e médio.

Tais mudanças resultaram, em parte, da ingerência norte-americana em assuntos educacionais brasileiros, mediante acordos assinados entre o nosso Ministério da Educação e a Agência Interamericana de Desenvolvimento dos Estados Unidos, que se tornaram famosos com o nome genérico de *Acordo MEC-USAID*.

Mas, no entender de Marilena Chaui, não era essa a reforma que estudantes e professores reclamavam:

> Abrir vagas, ampliar o corpo docente, aumentar verbas e recursos, criar cursos básicos para integração de toda a universidade, pôr um fim na tirania da cátedra, instaurar os departamentos com seus colegiados. "Fora a Universidade elitista e de classe! Universidade crítica. Livre, aberta." (*Folha de S.Paulo*, 22 de janeiro de 1984)

Era essa a reforma que, apaixonadamente, era discutida dia e noite, na Faculdade de Filosofia da USP e em outras universidades brasileiras, em 1968.

Apesar da extinção da cátedra e da criação dos departamentos, houve uma intensificação do domínio da burocracia e do poder centralizado dentro da universidade, os antigos catedráticos, de donos da cátedra, passaram a donos dos departamentos. Trabalho realizado pela Associação dos Docentes da Universidade de São Paulo (Adusp), no início de 1984, mostrou como o "Reitor aparece como uma espécie de Rei Sol, irradiando sua 'luz' sobre todos os outros órgãos da universidade, enfileirados entre os seus planetas-satélites".

Já antes, mas principalmente a partir de 1969, quando começou a ser implantada a Reforma Universitária, o governo militar procurou neutralizar a luta dos estudantes por mais vagas nas escolas públicas por meio de iniciativas de ordem burocrática:

1. Instituiu o vestibular classificatório, eliminando a nota mínima. Dessa forma, só seriam aprovados tantos candidatos quantas fossem as vagas. Deixaram de existir os "excedentes".
2. Mediante a organização em departamentos, procurou enquadrar a universidade dentro de um modelo empresarial, que lhe desse mais eficiência burocrática; o mesmo objetivo procurou-se alcançar com a organização em semestres e o sistema de créditos, que dificulta a formação de turmas permanentes ao longo do curso.
3. A organização da universidade em unidades, não mais centrada na Faculdade de Filosofia, Ciências e Letras, dificultou a integração entre os estudantes e a vida universitária propriamente dita; por outro lado, as matérias filosóficas, importantes para estimular a reflexão e a discussão, tornaram-se optativas para a maior parte dos estudantes.
4. Multiplicaram-se as vagas em escolas superiores particulares, de forma a permitir, em muitos casos, a existência de sobra de vagas nessas escolas. Se, antes de 1969, a maior parte das vagas em escolas superiores eram públicas e gratuitas, hoje são particulares e pagas.
5. Com a reforma do ensino de 1º e 2º graus, em 1971, o governo tornou o 2º grau obrigatoriamente profissionalizante, procurando, com isso, desviar os alunos das escolas superiores. Essa situação acabaria modificada em 1982, permitindo-se às escolas a liberdade para oferecerem ou não habilitações profissionais.

Grosso modo, em 1964, de cada quatro vagas no ensino superior, três eram públicas e uma era privada. No início do século XXI, a proporção mais do que se inverteu: de cada cinco vagas, uma é pública e quatro são particulares. Hoje, sobram vagas no ensino superior privado e faltam na universidade pública.

O governo federal, na tentativa de sanar a distorção que dificulta o acesso ao ensino superior pelos mais pobres, criou o Prouni, com a oferta de bolsas de estudo em escolas superiores particulares.

Será esta a solução? Quais poderiam ser as alternativas? A criação de mais universidades públicas? Além do fato de ser gratuita, a universidade pública apresenta outras diferenças em relação às particulares? Que diferenças?

A reforma do ensino de 1º e 2º graus

Uma das críticas mais constantes ao ensino brasileiro refere-se à falta de articulação e continuidade entre os seus diversos graus. Na época, o exame de admissão ao ginásio representava um sério obstáculo que impedia muitos alunos de continuarem os estudos.

Em São Paulo, aliás, na segunda metade da década de 1960, já se tentara a superação desse obstáculo e de outros que dificultavam o prosseguimento dos estudos. Durante a gestão da Ulhoa Cintra na Secretaria da Educação, várias iniciativas do professor José Mario Pires Azanha, diretor-geral do Departamento de Educação, orientaram-se para essa finalidade:

a) no âmbito do ensino primário, a instituição dos níveis I (1ª e 2ª séries) e II (3ª e 4ª séries), objetivando "tornar o processo de aprendizagem e, principalmente, o de alfabetização mais lento no âmbito da escola";

b) simplificação dos programas de ensino primário, tornando-os mais genéricos, de forma a criar *uma margem de possibilidade de trabalho pessoal do professor*;

c) unificação, no âmbito da secretaria dos exames de admissão antes feitos pelos ginásios, com a intenção de "abrir as portas do ginásio aos egressos do ensino primário". Com isso, o ingresso dos candidatos ao ginásio, que antes era da ordem de 10% a 15%, elevou-se para cerca de 90%, o que praticamente duplicou a população dos ginásios da noite para o dia: a matrícula na primeira série ginasial passou de 128.890 em 1967, para 244.596 em 1968;

d) implantação, em 1969, de cerca de 100 grupos escolares-ginásios, visando à implementação de uma escolaridade única de 8 anos. Com o fim da administração Ulhoa Cintra, em 1970, essa experiência desapareceu, mas, no ano seguinte, a reforma federal implantaria o ensino de 1º grau de 8 anos.

Do mesmo modo que a Reforma Universitária, a Lei n. 5.692, de 11 de agosto de 1971, que reformou o ensino de 1º e 2º graus, foi imposta pelo governo quase sem discussão e sem participação de estudantes, professores e outros setores interessados.

O projeto de lei, formulado pelo Grupo de Trabalho coordenado por Valnir Chagas, foi submetido ao Congresso nos termos do artigo 51, parágrafos 2º e 3º da Constituição de 1969: o Congresso deveria apreciar a matéria num prazo máximo de 40 dias; se não o fizesse, o projeto seria automaticamente considerado aprovado por decurso de prazo. Uma grande diferença em relação à primeira LDB de 1961 que, por 13 anos, foi discutida pelo Congresso e pela sociedade.

Mas a lei foi aprovada no prazo previsto, já que a maioria dos congressistas pertencia à Arena (Aliança Renovadora Nacional), partido do governo. A sessão conjunta (Câmara e Senado) que aprovou a reforma durou apenas duas horas e meia, e discursaram apenas quatro deputados. E o ensino de 1º e 2º graus foi, assim, rapidamente reformado, ao menos em termos legais, de acordo com a orientação imposta pelo governo, sem participação popular.

Vejamos as principais mudanças introduzidas pela reforma de 1971 no que diz respeito aos objetivos, à estrutura e aos conteúdos curriculares do ensino de 1º e 2º graus.

Objetivos

Como objetivos gerais da educação nacional, foram mantidos os mesmos estabelecidos pela LDB de 1961. Quanto ao ensino de 1º e 2º graus, o artigo 1º da Lei n. 5.692, modificado pela Lei n. 7.044/82, estabelece o seguinte objetivo geral:

> O ensino de 1º e 2º graus tem por objetivo geral proporcionar ao educando a formação necessária ao desenvolvimento de suas potencialidades como elemento de autorrealização, preparação para o trabalho e para o exercício consciente da cidadania.

Teoricamente, trata-se de um objetivo perfeitamente adequado às responsabilidades que cabem à educação escolar, tanto na formação pessoal quanto na preparação do indivíduo para a vida social. Na prática, cabe a pergunta: quantos alunos conseguem desenvolver suas potencialidades, conseguem autorrealizar-se, conseguem preparar-se para o trabalho e para o exercício consciente da cidadania?

A lei também atribuiu objetivos específicos ao ensino de 1º e 2º graus:

– "O ensino de 1º grau destina-se à formação da criança e do pré-adolescente, variando em conteúdo e métodos segundo as fases de desenvolvimento dos alunos" (art. 17).

– "O ensino de 2º grau destina-se à formação integral do adolescente" (art. 21).

Saliente-se a determinação de que os conteúdos e métodos variem de acordo com as fases de desenvolvimento do indivíduo, em relação ao 1º grau, e a exclusão da menção à preparação para o ingresso no ensino superior, no caso do 2º grau, destacando-se a formação integral, objetivo muito difícil de viabilizar, principalmente em face do ensino exclusivamente profissionalizante adotado pela própria reforma de 1971.

Estrutura do ensino

A reforma de 1971 modificou radicalmente a estrutura anterior do ensino. O antigo curso primário (de 4 a 6 anos) e o antigo curso ginasial (de 4 anos) foram unificados num único curso de 8 anos, o *curso de 1º grau*.

Os ramos profissionais existentes no antigo ginásio – industrial, comercial, agrícola, normal – desapareceram. O ensino de 1º deixou de oferecer formação profissional, destinando-se tão somente à educação geral.

O antigo curso colegial, de três anos, foi transformado em *ensino de 2º grau*, de três ou quatro anos, todo ele obrigatória e exclusivamente profissionalizante. O aluno só poderia concluí-lo mediante a obtenção de um diploma de auxiliar técnico (três anos) ou de técnico (quatro anos). Mais de 200 habilitações profissionais foram regulamentadas pelo Conselho Federal de Educação. Para o ingresso no ensino superior bastava a conclusão do 3º ano e a classificação no vestibular. Assim, de marginalizado até 1961, tendo então alcançado a equivalência com o secundário, o ensino técnico-profissional torna-se agora único – claro que em outros moldes –, desaparecendo o antigo secundário, de feição mais acadêmica, de cultura geral.

A partir de 1983, por força da Lei n. 7.044/82, os estabelecimentos ficaram livres para oferecer ou não a habilitação profissional. A mudança foi resultado de muitas reclamações e manifestações contrárias à obrigatoriedade do ensino profissionalizante, em face do verdadeiro caos estabelecido pela reforma de 1971: as escolas não tinham as mínimas condições de implantar as habilitações profissionais – como escolher entre 200 habilitações? – e o que se verificou foi que grande parte delas procurou burlar a lei ou cumpri-la da forma mais fácil, adotando o famoso *jeitinho brasileiro*:

- algumas elaboravam um currículo oficial, para a fiscalização, e outro, com mais matérias de caráter geral e menos técnicas, visando à preparação dos estudantes para o vestibular;
- outros estabelecimentos implantaram as habilitações menos custosas – geralmente do setor terciário da economia –, mesmo que não houvesse mercado de trabalho etc.

CONTEÚDOS CURRICULARES

De acordo com o artigo 4º, da Lei n.5.692/71:

> os currículos dos ensinos de 1º e 2º graus terão um núcleo comum, obrigatório em âmbito nacional, e uma parte diversificada para atender, conforme as necessidades e possibilidades concretas, às peculiaridades locais, aos planos dos estabelecimentos e às diferenças individuais dos alunos.

A reforma aumentou o número de matérias obrigatórias em todo o território nacional. Sem contar o ensino religioso, facultativo para os alunos, o *núcleo comum* obrigatório, fixado pelo Conselho Federal de Educação, passou a abranger dez conteúdos específicos, reunidos em quatro áreas: Comunicação e Expressão (Língua Portuguesa); Estudos Sociais (Geografia, História, Organização Social e Política do Brasil); Ciências (Matemática, Ciências Físicas e Biológicas); Práticas Educativas (Educação Física, Educação Artística, Educação Moral e Cívica, Programas de Saúde).

Note-se que a introdução de Organização Social e Política do Brasil (ospb) e de Educação Moral e Cívica é vista por muitos como uma tentativa do governo militar de doutrinar os estudantes, já que muitos professores dessas matérias passaram a ser militares, na ausência de cursos específicos de formação de docentes para as mesmas.

No caso do ensino de 2º grau, caberia também ao Conselho Federal de Educação fixar, além do núcleo comum, "o mínimo a ser exigido em cada habilitação profissional ou conjunto de habilitações afins".

Ficou prejudicada, assim, a liberdade dos sistemas estaduais e dos estabelecimentos de introduzirem outras matérias, a parte diversificada, para atender "às peculiaridades locais, aos planos dos estabelecimentos e às diferenças individuais dos alunos", num retrocesso em relação à LDB de 1961. Matérias mais reflexivas, que poderiam estimular a discussão e a crítica, como Filosofia e Sociologia, deixaram de ser ministradas no ensino de 2º grau.

Conforme o artigo 5º da Lei, o currículo teria "uma parte de educação geral e outra de formação especial, sendo organizado de modo que":

a) no ensino de 1º grau, a parte de educação geral seja exclusiva nas séries iniciais e predominante nas finais;
b) no ensino de 2º grau, predomine a parte de formação especial.

Foi este item "b" que definiu o ensino de segundo grau como obrigatoriamente profissionalizante, com a predominância da formação especial sobre a educação geral, e que tanta confusão provocou ao longo da década de 1970, até ter sua obrigatoriedade suspensa em 1982.

A HERANÇA DA DITADURA

Alguns dados são suficientes para evidenciar a difícil situação em que nos encontrávamos, no final da ditadura militar, em termos de educação:

a) em 1980, 25,94% dos brasileiros de 15 anos ou mais eram analfabetos, de acordo com o IBGE;
b) dos alunos que iniciaram o 1º grau em 1978, pouco mais que a metade, 55,3%, passaram para a 2a série em 1979, 38,5% cursaram a 5a série em 1982, 18,3% fizeram a 8a série em 1985, 11,8% terminaram o 2º grau em 1988 e apenas 5,9% conseguiram ingressar no ensino superior em 1989, segundo dados do MEC;
c) ainda conforme o IBGE, os alunos do 1º grau que, em 1980, representavam 18,6% da população brasileira, passaram a ser 18,3% em 1985; e os alunos de 2º grau que, em 1980, correspondiam a 2,37% da população, caíram para 2,23% em 1985.
d) Em 1989, aproximadamente 5 milhões de crianças de 7 a 14 anos estavam fora da escola.

Frases de Valnir Chagas

Não haverá, assim, qualquer "vitória" mesmo parcial do profissionalizante sobre o academizante, mas um reencontro que implica verdadeira correção.

Com a reforma, quebra-se a longa tradição de ensino ornamental, responsável pela marginalização de muitos jovens que acabam na condição de excedentes por não estarem capacitados para ingressar na universidade.

A escada de escolarização constitui um todo: o que ocorre em qualquer de seus pontos repercute nos demais ou já é repercussão de ocorrência verificada em ponto anterior.

Para o tipo de aluno dos meios pobres, amadurecido precocemente pelas dificuldades da vida, a iniciação antecipada numa atividade produtiva será mal menor, decerto, que um acréscimo de estudos gerais cuja função se perderá e cuja utilidade ele não poderá perceber.

Isto permitiu que organizássemos o ensino de 2º grau partindo de que todos, num país como o Brasil, devem chegar à idade adulta com algum preparo para o trabalho ou, pelo menos, com uma opção de estudos claramente definida.

O caminho a trilhar não é outro senão o de converter a exceção em regra, fazendo que o 2º grau sempre se conclua por uma formação específica.

Ainda que se revogassem ou alterassem para pior as diretrizes em vigor, o processo em que elas se inserem já não se deteria – e no máximo se retardaria –, pois só ele tem efetiva existência.

Darcy Ribeiro e a educação democrática

A crise da educação brasileira não é um
problema, é um programa.
(Darcy Ribeiro, 1922-1997)

Darcy Ribeiro nasceu em Montes Claros, Minas Gerais, em 1922. Bacharel em Ciências Políticas pela Escola de Sociologia e Política da USP (1946), foi etnólogo do Serviço de Proteção aos Índios – SPI (1949); diretor da seção de estudos do mesmo órgão (1952-1956); criador do Museu do Índio (1953); diretor da divisão de pesquisas sociais do Centro Brasileiro de Pesquisas Educacionais (1957); fundador e diretor da *Revista de Ciências Sociais*; professor de Antropologia na Fundação Getulio Vargas e de Etnografia Brasileira na Faculdade Nacional de Filosofia da Universidade do Brasil, atual Universidade Federal do Rio de Janeiro; ministro da Educação e Cultura (1961); organizador e primeiro reitor da Universidade Nacional de Brasília (1962-1963); ministro-chefe da Casa Civil da Presidência da República.

Com o golpe militar de 1964, foi obrigado a exilar-se. Assessorou diversos governos latino-americanos em reformas universitárias, como os do Uruguai, Chile, Peru, Venezuela, com base em sua experiência como organizador da Universidade Nacional de Brasília. Após o retorno, com o restabelecimento das eleições diretas para governadores dos estados, em 1982 foi eleito vice-governador e nomeado secretário da Educação do Rio de Janeiro (1983-1986). Em 1992, foi eleito para a Academia

Brasileira de Letras. Eleito senador em 1990, exerceu o mandato até a sua morte, em 1997.

Dentre seus livros, destacam-se: *Línguas e culturas indígenas do Brasil; A política indigenista brasileira; O processo civilizatório; A universidade necessária; Maíra.*

No processo de reconstrução democrática do Brasil, após a ditadura militar, Darcy Ribeiro teve um papel destacado, tanto no governo do Rio de Janeiro quanto no Senado Federal. No campo específico da democratização educacional, sua atuação foi marcante principalmente na transformação do sistema de ensino do Rio de Janeiro, visando à ampliação do acesso à escola e à melhoria da sua qualidade, e, como senador, no processo de discussão da nova Lei de Diretrizes e Bases da Educação Nacional, promulgada em 1996, que muitos apelidaram *Lei Darcy Ribeiro*.

O PROCESSO DE TRANSIÇÃO

Aqueles que esperavam mudanças radicais com a posse do primeiro presidente civil, após 21 anos de governos militares, em 15 de março de 1985, desiludiram-se amargamente.

Um processo de intensa mobilização popular, em que milhões de pessoas foram às ruas para reclamar eleições diretas para presidente da República, foi praticamente desconhecido pelas elites políticas, que escolheram, via Colégio Eleitoral, o presidente que teria o encargo de conduzir a *transição para a democracia.*

Apesar de evidentes conquistas políticas – anistia em 1979 e 1985; eleições diretas para governadores, a partir de 1982, e para prefeitos das capitais, a partir de 1985; relativa liberdade de organização partidária; nova Constituição etc. – que representaram um avanço democrático, só em 1989 é que teríamos eleições diretas para presidente da República, e muita coisa estava por fazer, no sentido de que o povo brasileiro alcançasse as condições mínimas de uma vida digna.

Sob a capa da *Nova República*, abrigaram-se os *velhos políticos*, e o clientelismo e a corrupção, nossos velhos conhecidos, continuaram tão ou mais desenvoltos que antes, conspurcando de alto a baixo a política nacional, e elevando os interesses particulares muito acima dos interesses globais da sociedade.

A partir de meados da década de 1990, com os governos de Fernando Henrique Cardoso (1995-2002), Luiz Inácio Lula da Silva (2003-2010) e

Dilma Rousseff (a partir de 2011) – todos perseguidos pela ditadura militar, diga-se de passagem –, além da certeza da consolidação do regime democrático, alguns avanços foram conseguidos no rumo da democratização: controle da inflação e estabilidade econômica; uma tímida redistribuição da renda; um relativo aumento real do salário mínimo e da renda dos mais pobres; a quase universalização do acesso à escola.

Quanto à educação, assim como em outros setores sociais, ainda temos um longo caminho a trilhar, especialmente no que se refere à permanência na escola e, portanto, à continuidade dos estudos, principalmente dos mais pobres, o que significa dizer, na melhoria da qualidade do ensino, com escolas bem equipadas e professores bem preparados e valorizados.

Escola de tempo integral

A democratização do acesso e da permanência na escola, com a ampliação do período escolar e a melhoria da qualidade do ensino, constitui uma luta histórica dos educadores brasileiros. Durante a ditadura militar, houve até escolas funcionando em cinco turnos, com períodos diários de duas horas e meia cada turno. Que tipo de ensino poderia ser oferecido em tais condições?

Durante a gestão do governador Leonel Brizola, no Rio de Janeiro, de 1983 a 1987, sendo vice-governador e secretário da Educação o antropólogo Darcy Ribeiro, foi executado um programa educacional voltado para a implantação da escola de tempo integral. Foram construídos e entraram em funcionamento cerca de 500 Centros Integrados de Educação Pública (Cieps).

O aluno permanecia no Ciep das oito às dezessete horas, recebendo, além de aulas e assistência na realização de suas tarefas escolares, várias refeições diárias, e tendo oportunidade de desenvolver atividades culturais, artísticas e esportivas.

Muitas críticas foram feitas aos Cieps, especialmente no que diz respeito à sua exploração político-eleitoreira e ao seu alto custo, cerca de um milhão de dólares por unidade. À última crítica o governador respondeu que, com o dinheiro dos juros de apenas dois anos da dívida externa brasileira – cerca de vinte bilhões de dólares – daria para construir vinte mil Cieps em todo o Brasil, atendendo a vinte milhões de crianças e adolescentes.

Segundo a *Folha de S.Paulo* (17/3/87):

> os Cieps são uma iniciativa original no campo da educação, cujo valor não pode ser negado; este reconhecimento é dado pela população do Rio de Janeiro, a qual, como revela a pesquisa *Folha*, os elege como a principal realização de Brizola, na margem de 75%.

Apesar de tanta aprovação, com a posse do novo governo, em março de 1987, o programa foi desativado, confirmando mais uma vez como a educação era importante apenas no discurso, enquanto na prática procurava-se adequá-la aos interesses político-partidários imediatistas, com a suspensão das iniciativas dos adversários, mesmo sendo benéficas para a coletividade.

Diante do fato, Paulo Freire assim se manifestou:

> Os Cieps foram uma das coisas mais sérias que a história da educação desse País vai ter que registrar. O senhor Darcy Ribeiro só cometeu o pecado de ter sonhado e amado e é um dos grandes pensadores desse País, é um grande cientista. É um pecado que tudo isso seja despeito por um decreto. (*Folha de S.Paulo*, 8/12/88)

O ensino das crianças e dos adolescentes não pode estar na dependência da boa vontade do governante do dia, nem ficar à mercê de rivalidades partidárias, mas deve constituir prioridade nacional permanente, no discurso e na prática. Trata-se de cumprir a Constituição. Nada mais que isso!

Oficialmente, a ditadura militar já acabou há mais de um quarto de século. Com a redemocratização, instituiu-se o jogo partidário, muitas vezes visando mais à conquista do poder do que ao bem-estar da população ou à melhoria da qualidade do ensino. A expectativa é que a democracia avance e se aperfeiçoe, e a educação se torne de fato prioridade, constituindo-se num processo de contínuo desenvolvimento, independentemente do partido que esteja no governo.

Será que a situação hoje é diferente em relação à época em que Darcy Ribeiro comandou a organização dos Cieps? Será que a reeleição, possibilitando a manutenção do mesmo governo por oito anos, permite políticas educacionais mais permanentes? Ou pouco ou nada mudou, e um novo governo, até do mesmo partido que o anterior, desfaz ou modifica as iniciativas do antecessor, independentemente do seu mérito, perturbando dessa forma o bom funcionamento do ensino?

A educação na nova Constituição

Instalada em 1º de fevereiro de 1987, a Assembleia Nacional Constituinte provocou intensa articulação de entidades representativas dos diversos setores sociais, todas interessadas em fazer prevalecer suas propostas no novo texto constitucional. As "emendas populares" alcançaram milhões de assinaturas, numa iniciativa visando fazer com o que o povo passasse a influir diretamente sobre os trabalhos constituintes.

No campo educacional, também foram intensos os debates. Mais uma vez colocaram-se em lados opostos os privatistas – reivindicando, entre outras coisas, verbas públicas para as escolas particulares – e os defensores da escola pública e gratuita para todos, em todos os níveis. Estes últimos organizaram o Fórum da Educação na Constituinte, reunindo 13 entidades, como a Associação Nacional de Educação (Ande), a Central Única dos Trabalhadores (CUT), a Ordem dos Advogados do Brasil (OAB), a União Nacional dos Estudantes (UNE), entre outras.

Em 2 de abril de 1987, o Fórum divulgou um Manifesto à Nação defendendo a educação como direito de todo o cidadão; a obrigação do Governo Federal de destinar nunca menos que 13% e os governos dos estados, do Distrito Federal e dos municípios, no mínimo, 25% de sua receita tributária na manutenção e desenvolvimento do ensino público e gratuito; as verbas públicas destinadas exclusivamente às escolas públicas; e a democratização da escola em todos os níveis, quanto ao acesso, permanência e gestão.

Promulgada em 5 de outubro de 1988, vinte meses após o início dos trabalhos, a nova Constituição incluiu parcialmente os princípios propostos pelo Fórum da Educação na Constituinte, como se pode observar a seguir nos dispositivos correspondentes.

Objetivos

Em linhas gerais, foram incorporados ao novo texto constitucional, com alguns acréscimos, os objetivos vigentes a partir da reforma de 1971. O artigo 205 da nova Carta ficou com a seguinte redação:

> A educação, direito de todos e dever do Estado e da família, será promovida e incentivada com a colaboração da sociedade, visando ao pleno desenvolvimento da pessoa, seu preparo para o exercício da cidadania e sua qualificação para o trabalho.

Destaque-se a menção ao dever da família e à colaboração da sociedade, excluídos do Manifesto do Fórum, que centraliza suas atenções no dever do Estado em matéria de educação.

Princípios

Segundo o artigo 206, o ensino será ministrado com base nos seguintes princípios:

I.   igualdade de condições para o acesso e permanência na escola;
II.   liberdade de aprender, ensinar, pesquisar e divulgar o pensamento, a arte e o saber;
III. pluralismo de ideias e de concepções pedagógicas, e coexistência de instituições públicas e privadas de ensino;
IV. gratuidade do ensino público em estabelecimentos oficiais;
V.   valorização dos profissionais do ensino;
VI. gestão democrática do ensino público, na forma da lei;
VII. garantia de padrão de qualidade.

Sem dúvida, esses princípios constituem avanços em relação aos textos constitucionais anteriores, que não faziam referência à "permanência na escola", ao "pluralismo de ideias e de concepções pedagógicas", à "valorização dos profissionais do ensino", à "gestão democrática". Resta batalhar para que perpassem e animem a prática cotidiana das nossas escolas.

Garante-se, por outro lado, a existência de instituições privadas de ensino, as quais, de acordo com o artigo 209, deverão cumprir as "normas gerais da educação nacional" e submeter-se à "autorização e avaliação de qualidade pelo poder público".

Deveres do Estado

O Estado, conforme o artigo 208, cumprirá o seu dever para com a educação, garantindo:

I.   ensino fundamental, obrigatório e gratuito, inclusive para os que a ele não tiveram acesso na idade própria;
II.   progressiva extensão da obrigatoriedade e gratuidade ao ensino médio;
III. atendimento educacional especializado aos portadores de deficiência, preferencialmente na rede oficial de ensino;

IV. atendimento em creche e pré-escola às crianças de 0 a 6 anos de idade;

V. acesso aos níveis mais elevados do ensino, da pesquisa e da criação artística, segundo a capacidade de cada um;

VI. oferta de ensino noturno regular, adequado às condições do educando;

VII. atendimento ao educando, no ensino fundamental, através de programas suplementares de material didático escolar, transporte, alimentação e assistência à saúde.

O mesmo artigo, em seu § 2º, permite responsabilizar a autoridade competente pelo não oferecimento ou pela oferta irregular do ensino obrigatório. Resta à sociedade, em especial aos trabalhadores e a suas entidades representativas, permanecer vigilantes na exigência do cumprimento de tais deveres pelo Estado e na extensão dos mesmos, mediante a conquista de um ensino público e gratuito para todos, em todos os níveis.

Conteúdos curriculares

O artigo 210 determina a fixação de "conteúdos mínimos para o ensino fundamental, de maneira a assegurar formação básica comum e respeito aos valores culturais e artísticos, nacionais e regionais".

No mesmo artigo, § 1º, é mantido o ensino religioso, de matrícula facultativa, no ensino fundamental das escolas públicas, e, no § 2º, determina que "o ensino fundamental regular será ministrado em língua portuguesa, assegurada às comunidades indígenas também a utilização de suas línguas maternas e processos próprios de aprendizagem".

Digna de nota, sem dúvida, é a persistência do ensino religioso, apesar de todas as manifestações contrárias ao mesmo, desde a sua volta na Constituição de 1934, e favoráveis ao ensino laico nas escolas públicas.

Louve-se, por outro lado, a permissão para que as comunidades indígenas possam aprender em suas línguas maternas, sem excluir, contudo, a língua portuguesa.

Verbas

Os índices mínimos da receita tributária, a ser aplicada na manutenção e desenvolvimento do ensino, foram fixados em 18%, para a União, e em 25% para os estados, Distrito Federal e municípios, conforme o artigo 212. No caso da União, portanto, o índice ficou 5% acima do reivindicado pelo Fórum da Educação na Constituinte, que foi de 13%.

Contrariamente à proposta do Fórum, porém, as verbas públicas não serão destinadas exclusivamente às escolas públicas: segundo o artigo 213, os recursos públicos poderão "ser dirigidos a escolas comunitárias, confessionais ou filantrópicas, definidas em lei", desde que comprovem finalidade não lucrativa, apliquem seus excedentes em educação e destinem seu patrimônio a outra escola ou ao Poder Público, em caso de encerramento de suas atividades.

Plano Nacional de Educação

Em seu artigo 214, a Constituição remete à lei complementar a formulação

> do plano nacional de educação, de duração plurianual, visando à articulação e ao desenvolvimento do ensino em seus diversos níveis e à integração das ações do Poder Público que conduzam a:
> I – erradicação do analfabetismo;
> II – universalização do atendimento escolar;
> III – melhora da qualidade do ensino;
> IV – formação para o trabalho;
> V – promoção humanística, científica e tecnológica do País.

O primeiro Plano Nacional de Educação vigorou de 2001 a 2010. Segundo estudo de pesquisadores de universidades federais, até 2008 haviam sido cumpridas apenas 33% das 294 metas estabelecidas (*Folha de S.Paulo*, 3/3/2010). Das cinco metas importantes relativas à educação básica, apenas uma havia sido alcançada: a matrícula em escolas de 80% das crianças de 4 a 6 anos; quatro não haviam sido atingidas: erradicar o analfabetismo, colocar 50% das crianças de até 3 anos em creches, universalizar o ensino fundamental e diminuir a evasão do ensino médio para 5% ao ano.

Com três anos de atraso, e após acaloradas discussões, em particular no que tange à porcentagem do PIB aplicada em educação, em 20 de junho de 2014 foi promulgada a Lei n. 13.005, que aprovou o novo Plano Nacional de Educação (2014-2024), com 10 diretrizes, 20 metas e 254 estratégias.

Das dez diretrizes, cinco coincidem com as do PNE anterior: erradicação do analfabetismo; universalização do atendimento escolar; melhoria da qualidade da educação (no anterior era "do ensino"); formação para o trabalho (em 2014, acrescentou-se: "e para a cidadania, com ênfase nos valores morais e éticos em que se fundamenta a sociedade"); promoção humanística, científica e tecnológica do país (em 2014, incluiu-se "cultural").

As outras cinco constituem novidade: superação das desigualdades educacionais, com ênfase na promoção da cidadania e na erradicação de todas as formas de discriminação; promoção do princípio da gestão democrática da educação pública; estabelecimento de meta de aplicação de recursos públicos em educação como proporção do Produto Interno Bruto (em classes comuns do ensino PIB), que assegure atendimento às necessidades de expansão, com padrão de qualidade e equidade; valorização dos profissionais da educação; promoção dos princípios do respeito aos direitos humanos, à diversidade e à sustentabilidade socioambiental.

Síntese das metas: ampliação da oferta de creches e universalização da pré-escola; universalização do ensino fundamental de nove anos e sua conclusão na idade recomendada; universalização do ensino médio; universalização da educação especial, preferencialmente na rede regular de ensino básico; alfabetização das crianças até o terceiro ano do ensino fundamental; expansão da educação em tempo integral nas escolas públicas; aumento das médias nacionais do Índice de Desenvolvimento da Educação Básica (IDEB); ampliação da escolaridade das populações vulneráveis; erradicação do analfabetismo e redução do analfabetismo funcional; expansão da educação de jovens e adultos integrada à educação profissional nos ensinos fundamental e médio; expansão das matrículas da educação profissional técnica de nível médio (EPT); elevação das taxas de matrícula na educação superior; melhoria da qualidade da educação superior e ampliação da proporção de mestres e doutores; aumento do número de matrículas na pós-graduação para mestres e doutores; promover a formação específica de nível superior de todos os professores da educação básica; expandir a formação em nível de pós-graduação dos professores da educação básica e garantir a formação continuada; equiparar o rendimento médio dos profissionais do magistério público da educação básica; aprovação dos planos de carreira para os profissionais do magistério público em todos os sistemas e níveis de ensino; gestão

A NOVA LEI DE DIRETRIZES E BASES DA EDUCAÇÃO

democrática das escolas públicas associada ao mérito, ao desempenho e à consulta à comunidade; aumento do investimento em educação para o mínimo de 10% do PIB.

A Constituição de 1934 foi a primeira a atribuir à União a competência para *traçar as diretrizes da educação nacional* (art. 5º, XIV).

Na Constituição de 1937, aparece pela primeira vez a palavra *bases*, ao atribuir à União a competência privativa para "fixar as bases e determinar os quadros da educação nacional, traçando as diretrizes a que deve obedecer a formação física, intelectual e moral da infância e da juventude" (art. 15, XI).

Já a Constituição de 1946 adota a expressão que foi mantida nas Cartas posteriores ao estabelecer a competência da União para "legislar sobre as diretrizes e bases da educação nacional" (art. 5º, XV, d).

Apesar de tais dispositivos constitucionais, foi só em 1961, como vimos, que foi promulgada nossa primeira LDB, englobando todos os graus e modalidades de ensino, a Lei n. 4.024. Não obstante a sua difícil gestação de 13 anos, não demorou uma década para ser modificada. E o foi por duas leis diferentes, a da reforma universitária (5.540/68) e a da reforma do ensino de 1º e 2º graus (5.692/71), que representaram uma volta à situação anterior à LDB de 1961, em termos de legislação educacional.

Com a redemocratização do país e a nova Constituição, seria natural que também se elaborasse uma nova lei de diretrizes e bases da educação. E, ao mesmo tempo que se mobilizavam para defender suas propostas na Constituinte, os educadores brasileiros também passaram a preocupar-se com a nova legislação educacional. Em todos os encontros realizados depois de 1988, as diversas entidades representativas dos educadores ofereceram sugestões e defenderam princípios a serem incluídos na nova lei, que voltaria a compreender todos os graus e modalidades de ensino.

Proposto pelo deputado Otavio Elisio, ainda em novembro de 1988, o novo projeto de lei de diretrizes e bases da educação nacional teve uma tramitação tumultuada de oito anos no Congresso Nacional. Aprovado com substanciais modificações na Câmara, foi enviado ao Senado em maio de 1993.

No Senado, foi substituído por um novo projeto de autoria do senador Darcy Ribeiro, tendo voltado à Câmara, onde foi aprovado com poucas modificações. Foi finalmente sancionado pelo presidente da República no dia 20 de dezembro de 1996 – 35º aniversário da primeira LDB – como Lei n. 9.394/96.

INOVAÇÕES DA NOVA LEI

Dentre as importantes inovações da nova lei de diretrizes e bases da educação nacional, destacam-se as seguintes:

* **A gestão democrática** do ensino público na educação básica, conforme normas a serem definidas pelos sistemas de ensino, de acordo com as suas peculiaridades e os seguintes princípios (art. 14):
  I – participação dos profissionais da educação na elaboração do projeto da escola;
  II – participação das comunidades escolar e local em conselhos escolares ou equivalentes.
* Progressivos graus de **autonomia** pedagógica e administrativa e de gestão financeira, assegurada às unidades escolares públicas de educação básica pelos sistemas de ensino (art. 15).
* Nova composição dos **níveis escolares**, com novas denominações. Segundo o artigo 21, a educação escolar compõe-se de:
  I – educação básica, formada pela educação infantil (pré-escola), ensino fundamental (antigo 1º grau) e ensino médio (antigo 2º grau);
  II – educação superior.
* **Oportunidades educacionais apropriadas**, asseguradas gratuitamente pelos sistemas de ensino, para jovens e adultos que não puderam efetuar os estudos na idade regular, consideradas as características do alunado, seus interesses, condições de vida e de trabalho, mediante cursos e exames (art. 37, § 1º).
* **Educação profissional** desenvolvida em articulação com o ensino regular ou por diferentes estratégias de educação continuada, em instituições especializadas ou no ambiente de trabalho (art. 40).
* **Educação especial** oferecida preferencialmente na rede regular de ensino para educandos portadores de necessidades especiais (art. 58).

- Possibilidade de **organização da educação básica** em séries anuais, períodos semestrais, ciclos, alternância regular de períodos de estudo, grupos não seriados, com base na idade, na competência e em outros critérios [...] (art. 23).
- Possibilidade de **reclassificação** dos alunos (art. 23, § 1º) e de **classificação** independentemente de escolarização anterior (art. 24, II, c).

Mais de duas décadas após a promulgação da Constituição de 1988, importa refletirmos sobre os avanços nela abrigados, confrontando-os com a prática cotidiana das nossas escolas, a fim de verificar até que ponto foram ou estão sendo concretizados.

Entre os princípios constitucionais do ensino, centremos nossa atenção em três, por sua relação mais direta com a vida escolar: pluralismo de ideias e de concepções pedagógicas, valorização dos profissionais do ensino e gestão democrática do ensino público.

Não resta a menor dúvida de que a concretização desses princípios constitui uma condição necessária ao desenvolvimento democrático da educação e à melhoria da sua qualidade. Perguntamos então:

- O professor pode expressar livremente suas ideias e desenvolver o seu trabalho de acordo com suas próprias concepções pedagógicas? Ou sente-se pressionado a professar determinadas teorias e a aplicar métodos sugeridos ou impostos por instâncias superiores?
- O professor é valorizado em seu trabalho, não só quanto à remuneração, mas também em termos sociais e como pessoa humana, sentindo-se respaldado e apoiado em seu exercício profissional?
- Professores, alunos, pais e comunidade são ouvidos na formulação das orientações que regerão a escola e na formulação das regras do seu funcionamento? Ou seja, a escola é administrada democraticamente, com a participação de todos os envolvidos?

Outra questão importante é a da organização dos níveis de ensino. Sem dúvida, a instituição do ensino de 1º grau de oito anos, em 1971, em 1996 denominado fundamental, agora de nove anos, foi um grande avanço, no sentido de garantir a continuidade dos estudos, antes dificultada pelo exame de admissão ao ginásio, que excluía da escola grande parte dos alunos. Entretanto tal problema hoje já não existe – o ensino é obrigatório dos 4 aos 17 anos e não há barreiras na passagem do fundamental ao médio – e a questão poderia ser rediscutida:

- Será que os anos finais do ensino fundamental – 6º a 9º –, por sua organização curricular e didática – um professor cada matéria etc. –, não se assemelham mais ao ensino médio do que aos anos iniciais do fundamental?
- O aluno de 11 a 14 anos, que frequenta os anos finais do fundamental e já está praticamente na adolescência, distanciando-se da infância, não se identifica mais com o aluno do ensino médio do que com o dos anos iniciais do fundamental?
- Por último, um ensino médio de apenas três anos não se torna pouco expressivo e consistente em face de um ensino fundamental de nove anos? Então, não seria importante repensar a proposta de um ensino fundamental de cinco anos seguido de um ensino médio de sete anos? Por quê?

Avanços da democratização

Dentre as modificações introduzidas em nossa legislação, após a aprovação da LDB de 1996, visando ao avanço da democratização da educação, destacamos o Exame Nacional do Ensino Médio (Enem); as mudanças curriculares; o ensino fundamental de nove anos; o novo ensino técnico; e a obrigatoriedade do ensino médio.

O Exame Nacional do Ensino Médio (Enem)

O Exame Nacional do Ensino Médio (Enem), instituído em 1998 pela Portaria n. 438 do MEC, tendo inicialmente como objetivo servir de parâmetro para a autoavaliação dos alunos, foi sendo modificado na medida em que algumas universidades passaram a utilizá-lo na seleção para ingresso em seus cursos.

Em 2005, o governo federal passou a adotar a nota do Enem como critério para a concessão de bolsa de estudos do Programa Universidade para Todos (Prouni). Com a Portaria n. 462 do MEC, de 27 de maio de 2009, esse processo foi ampliado, estendendo-se para sete os objetivos do Enem, regulamentados no mesmo dia com a Portaria nº 9 do Instituto Nacional de Pesquisas e Estudos Pedagógicos (Inep), seu organizador.

> Desde então, a nota do Enem oferece uma referência em termos de autoavaliação cujo desempenho serve: a) para escolhas futuras em relação ao universo do trabalho e continuidade dos estudos; b) como

modalidade alternativa ou complementar aos processos de seleção do universo do trabalho; c) como modalidade alternativa ou complementar aos exames de acesso aos cursos profissionalizantes pós-médios e à educação superior; d) para ascender a programas governamentais como o Prouni; e) como exame supletivo para os maiores de 18 anos permitindo a certificação de conclusão do ensino médio de jovens e adultos, tal como prevê a LDB de 1996 (art. 38, §§ 1º e 2º); f) como avaliação de desempenho das escolas de ensino médio; g) como avaliação do desempenho acadêmico dos estudantes que ingressam nas instituições de ensino superior. (Piletti e Rossato, 2010: 194)

Com isso, o Enem assumiu enorme importância, constituindo o Sistema de Seleção Unificada (Sisu) para ingresso em universidades públicas e privadas, que podem utilizar a nota do exame de quatro formas:

1) como fase única e, neste caso, o candidato poderá escolher entre cinco cursos ou instituições diferentes por ordem de prioridade; 2) como primeira fase para os vestibulares; 3) como fase única para as vagas ociosas, após o vestibular; 4) como parte da nota dos vestibulandos das universidades, devendo, nesse caso, cada instituição definir qual percentual a nota do Enem integrará na média final do vestibular. (Piletti e Rossato, 2010: 195)

Mudanças curriculares

Importantes mudanças curriculares foram promovidas após a LDB de 1996, entre as quais, a introdução do ensino de História e Cultura afro-brasileira, africana e indígena; do ensino do direito das crianças; do ensino de Música; e do ensino da Filosofia e da Sociologia.

A LDB de 1996 (art. 26, § 4º) estabelece que o ensino de História do Brasil deve levar "em conta as contribuições das diferentes culturas e etnias para a formação do povo brasileiro, especialmente das matrizes indígena, africana e europeia".

Tal prescrição, apesar de importante e constituir um inegável avanço, produziu poucos resultados práticos, em face da tendência eurocêntrica dos nossos estudos históricos. Razão pela qual, em 2003, foi aprovada a Lei n. 10.639, determinando a obrigatoriedade do ensino de *História e Cultura afro-brasileira e africana* nos níveis fundamental e médio de todas as escolas, especialmente nas áreas de Educação Artística, Literatura e História brasileiras, devendo incluir:

O estudo da história da África e dos africanos, a luta dos negros no Brasil, a cultura negra brasileira e o negro na formação da sociedade nacional, resgatando a contribuição do povo negro nas áreas social, econômica e política pertinentes à história do Brasil.

Na mesma linha, em 2008, a Lei n. 11.645 determinou a inclusão da *História e Cultura indígena* no currículo oficial da rede de ensino. Na verdade, a escola não pode desconhecer a constituição pluricultural do povo brasileiro, incluindo, além das citadas, outras matrizes como as asiáticas, árabes etc. que, de uma forma ou de outra, vão influindo na formação do caráter brasileiro,

A Lei n. 11.525, de 2007, modificou a LDB, incluindo como conteúdo curricular obrigatório o ensino dos *direitos das crianças e adolescentes,* no nível fundamental, com base no Estatuto da Criança e do Adolescente (ECA) e a produção e a distribuição de material didático adequado.

Já a Lei n. 11.684, de 2008, determina a volta da *Filosofia* e da *Sociologia* como disciplinas obrigatórias em todas as séries do ensino médio, medida que constitui, sem dúvida, um importante avanço para a consolidação desse nível de ensino como um espaço de formação cidadã e espírito crítico.

Outra modificação curricular foi a introdução do estudo de Música como conteúdo obrigatório, se bem que não exclusivo, no ensino da Arte, conforme a Lei n. 11.769 de 2008.

O ENSINO FUNDAMENTAL DE NOVE ANOS

A matrícula de crianças de 6 anos no ensino fundamental já vinha ocorrendo em vários sistemas de ensino brasileiros. Assim, após aprovação pelo Conselho Federal de Educação, o ensino fundamental de nove anos transformou-se na segunda meta do Plano Nacional de Educação (Lei n. 10.172 de 2001), propondo "ampliar em nove anos a duração do ensino fundamental obrigatório com início aos 6 anos de idade, à medida que for sendo universalizado o atendimento na faixa etária de 7 a 14 anos".

Duas leis oficializaram e tornaram obrigatório o ensino fundamental de nove anos: a Lei n. 11.114, de maio de 2005, tornou obrigatória a matrícula de crianças de 6 anos no ensino fundamental; e a Lei n. 11.274, de fevereiro de 2006, dispôs sobre a organização do ensino fundamental de nove anos, que, junto com a educação infantil, ficou da seguinte forma:

- **Educação infantil** (até 5 anos de idade): creche (até 3 anos de idade); pré-escola (4 e 5 anos de idade);
- **Ensino fundamental** (até 14 anos de idade): anos iniciais (de 6 a 10 anos de idade); anos finais (de 11 a 14 anos de idade).

O NOVO ENSINO TÉCNICO

Vimos como, praticamente até a LDB de 1961, o ensino técnico era marginalizado, ocupando uma posição subalterna em relação ao secundário, não permitindo aos seus concluintes o ingresso no curso superior. Conquistou então a equivalência formal com o secundário, passando também a fazer parte do ensino médio como caminho que também conduzia ao superior.

E, paradoxalmente, com a reforma de 1971, o ensino técnico passou a ser exclusivo no ensino de 2º grau, deixando de existir o antigo secundário acadêmico; em 1982, tornou-se opcional tanto para as escolas quanto para os alunos. Com a LDB de 1996, acabou novamente excluído do ensino médio – situação semelhante à de antes de 1961 – que se tornou exclusivamente de formação geral, enquanto o ensino técnico poderia ser cursado de forma concomitante ou subsequente ao ensino médio.

Essa separação radical entre ensino médio e ensino técnico, consagrada na LDB de 1966, acabou revertida pelo Decreto n. 5.154, de 2004, seguido da Lei n. 11.741, de 2008, que criou a modalidade de formação técnica denominada *Educação Profissional Técnica de Nível Médio*.

A partir de então, além das formas de articulação entre ensino médio e ensino técnico concomitante (ao mesmo tempo, mas com matrículas distintas) e subsequente (o técnico após a conclusão do médio), passou a existir a forma integrada, isto é, mediante uma única matrícula em uma mesma instituição, o aluno poderá cursar o ensino médio juntamente com uma habilitação técnica de nível equivalente.

O ENSINO MÉDIO OBRIGATÓRIO

Uma importante mudança no ensino médio – visando à sua universalização, à melhoria da sua qualidade e à permanência dos alunos na escola – ocorreu com a aprovação da emenda constitucional n. 59, de 11 de novembro de 2009, que estabeleceu como dever do Estado garantir "educação básica obrigatória e gratuita dos 4 (quatro) aos 17 (dezessete) anos de idade, assegurada inclusive sua oferta gratuita para todos os que a ela não tiveram acesso na idade própria".

Trata-se de um importante marco histórico para esse nível de ensino e para a educação brasileira de uma forma geral. A sua obrigatoriedade se assenta na ideia de que a formação geral para o exercício da cidadania é o seu objetivo dominante, motivo pelo qual, como etapa da educação básica, deve ter o mesmo grau de importância e as mesmas prerrogativas que o ensino fundamental.

EDUCAÇÃO INCLUSIVA

Segundo a Organização das Nações Unidas para a Educação, a Ciência e a Cultura – Unesco (1994), a educação inclusiva deve integrar ao ensino comum ou regular "crianças deficientes e superdotadas, crianças de rua e que trabalham, crianças de origem remota ou de população nômade, crianças pertencentes a minorias linguísticas, étnicas ou culturais, e crianças de outros grupos desavantajados ou marginalizados".

Assim, podemos considerar como educação inclusiva a educação especial, a educação de jovens e adultos, a educação a distância, modalidades já há considerável tempo contempladas pela legislação e por iniciativas governamentais no Brasil. Mas há outras modalidades que só nos últimos anos vem sendo objeto de preocupação e de medidas implementadoras, visando à concretização do princípio constitucional de que *a educação é um direito de todos*. Referimo-nos à educação escolar indígena, às escolas familiares e comunitárias do campo e à educação em prisões.

EDUCAÇÃO ESPECIAL

De acordo com o artigo 58 da LDB de 1996, "entende-se por *educação especial*, para os efeitos desta Lei, a modalidade de educação escolar, oferecida preferencialmente na rede regular de ensino, para educandos portadores de necessidades especiais". Estes deverão ter assegurados, pelos sistemas de ensino, segundo o artigo 59:

I. currículos, métodos, técnicas, recursos educativos e organização específicos, para atender às suas necessidades;

II. terminalidade específica para aqueles que não puderem atingir o nível exigido para a conclusão do ensino fundamental [...];

III.   professores com especialização adequada [...];

IV.   educação especial para o trabalho, visando a sua efetiva integração na vida em sociedade [...];

V.   acesso igualitário aos benefícios dos programas sociais suplementares disponíveis para o respectivo nível do ensino regular.

Portanto, a educação de pessoas com necessidades especiais deve ser feita de preferência na rede regular de ensino, mas, com a oferta de atendimento educacional especializado no horário inverso ao das aulas. Tal determinação legal produziu resultados significativos, segundo Alexandre Schneider: em 2000, de cerca de 382 mil estudantes com deficiência matriculados, 300 mil estavam em "classes especiais e instituições especializadas" e pouco mais de 81 mil em escolas regulares; já em 2017, os matriculados chegavam a 900 mil em classes regulares e a 170 mil em classes exclusivas (cf. *Folha de S.Paulo*, 06/10/2020).

Educação de jovens e adultos (EJA)

A educação de jovens e adultos (EJA) destina-se "àqueles que não tiveram acesso ou continuidade de estudos no ensino fundamental e médio na idade própria" (art. 37 da LDB de 1996). O § 1º do mesmo artigo determina que

> os sistemas de ensino assegurarão gratuitamente aos jovens e aos adultos, que não puderam efetuar os estudos na idade regular, oportunidades educacionais apropriadas, consideradas as características do alunado, seus interesses, condições de vida e de trabalho, mediante cursos e exames.

Segundo o Censo da Educação Básica de 2009, o número de alunos da EJA, nas modalidades presencial, semipresencial e integrada à educação profissional, representava quase 9% dos matriculados na educação básica, ou seja, em 2009, 4,6 milhões de estudantes eram atendidos por essa modalidade de educação.

Educação a distância

A **educação a distância**, prevista no artigo 80 da LDB de 1996, foi definida no Decreto n. 5.622, de 2005, como a modalidade educacional na qual a mediação didático-pedagógica nos processos de ensino e aprendizagem ocorre com a utilização de meios e tecnologias de informação e comunicação, com estudantes e professores desenvolvendo atividades educativas em lugares ou tempos diversos.

O mesmo decreto estabelece as situações em que é possível a educação a distância:

a. No ensino fundamental e médio apenas para fins de complementação de aprendizagem ou em situações emergenciais, ou quando existam impedimentos em acompanhar o ensino presencial, em caso de problemas de saúde, deficiência, prisão ou residência no exterior ou em regiões longínquas de difícil acesso e sem atendimento escolar.
b. Na educação de jovens e adultos.
c. Na educação especial.
d. Na educação profissional para cursos e programas técnicos de nível médio e tecnológico de nível superior.
e. Na educação superior, para os cursos e programas sequenciais, de especialização, de mestrado e doutorado.

Portanto, a educação a distância não pode ser oferecida na educação infantil, no ensino fundamental e médio como regra geral, na qualificação profissional e nos cursos universitários de extensão.

Educação escolar indígena

A **educação escolar indígena** foi consolidada mediante vários documentos:

- O Referencial Curricular Nacional para as Escolas Indígenas (1998).
- As Diretrizes Curriculares Nacionais da Educação Escolar Indígena (1999).
- Os referenciais para a formação de professores indígenas (2002).
- O Decreto n. 6.861, de maio de 2009, que definiu a organização da educação escolar indígena em territórios etnoeducacionais, compreendendo terras indígenas, mesmo que descontínuas, ocupadas por povos indígenas que mantêm relações intersocietárias caracterizadas por raízes sociais e históricas, relações

políticas e econômicas, filiações linguísticas, práticas e valores culturais compartilhados, independentemente da divisão político-administrativa do país.

A educação escolar indígena caracteriza-se por ser intercultural, bilíngue ou multilíngue, procurando respeitar a autonomia e a identidade dos povos indígenas, visando à valorização e à manutenção da diversidade étnica, das línguas maternas e das práticas socioculturais.

ESCOLAS FAMILIARES E COMUNITÁRIAS DO CAMPO

As **escolas familiares e comunitárias do campo** utilizam a chamada pedagogia da alternância, assim denominada porque o aluno alterna o seu tempo entre a escola e a família, acompanhando-a em seus deslocamentos decorrentes da necessidade da produção e da colheita. O ano letivo é, então, organizado em função do trabalho agrícola, situação prevista na LDB de 1996: "O calendário escolar deverá adequar-se às peculiaridades locais, inclusive climáticas e econômicas [...]" (art. 23, § 2º).

Durante décadas, as escolas do campo e a pedagogia da alternância não tiveram o reconhecimento do MEC. O seu reconhecimento veio com a Resolução n. 1, de 2002, da Câmara de Educação Básica (CEB) do Conselho Nacional de Educação (CNE), que instituiu as Diretrizes Operacionais para a Educação Básica nas Escolas do Campo, e com o Parecer CNE/CEB n. 1, de 2006, que recomendou a adoção da pedagogia da alternância e definiu os seus três tipos:

a) Alternância justapositiva: sucessão de períodos dedicados ao trabalho e ao estudo sem que haja uma relação entre eles.

b) Alternância associativa: associação entre formação geral e formação profissional, entre atividade escolar e atividade profissional, mas como uma simples adição.

c) Alternância integrativa: compenetração efetiva da vida socioprofissional e da vida escolar; há um movimento contínuo de ir e vir entre atividades escolares e familiares, com aprendizagens contínuas.

Em 19 de maio de 2010, a Resolução CNE/CEB n. 2 fixou as Diretrizes Nacionais para a Oferta de Educação para Jovens e Adultos em Situação de Privação de Liberdade nos Estabelecimentos Penais.

A educação em prisões

A Resolução n. 2 do CNE/CEB, de 19 de maio de 2010, fixou as "Diretrizes Nacionais para a Oferta de Educação para Jovens e Adultos em Situação de Privação de Liberdade nos Estabelecimentos Penais".

De acordo com tal Resolução, a **educação em prisões**, educação carcerária ou educação prisional deverá atender às peculiaridades de tempo, espaço e rotatividade da população carcerária. Seus educadores, gestores e técnicos poderão contar com a ajuda de presos, sem ser por eles substituídos, devendo ter uma formação que contemple as especificidades da política e da lei de execução penal, que prevê o abatimento de um dia de pena por três de estudo.

A valorização dos profissionais da educação

A Constituição de 1988 estabeleceu como um dos princípios da educação nacional a *valorização dos profissionais do ensino* (art. 206, v). A LDB de 1996, por sua vez, em seu artigo 67, estabelece:

> Os sistemas de ensino promoverão a valorização dos profissionais da educação, assegurando-lhes, inclusive nos termos dos estatutos e dos planos de carreira do magistério público:
>
> I – ingresso exclusivamente por concurso público de provas e títulos;
> II – aperfeiçoamento profissional continuado, inclusive com licenciamento periódico remunerado para esse fim;
> III – piso salarial profissional;
> IV – progressão funcional baseada na titulação ou habilitação e na avaliação do desempenho;
> V – período reservado a estudos, planejamento e avaliação, incluído na carga de trabalho;
> VI – condições adequadas de trabalho.

Atendendo a esses dispositivos, a Lei n. 11.738, de 2008, instituiu o piso salarial nacional para os profissionais do magistério público da educação básica. Segundo a lei, esse piso deveria ser de R$950,00 mensais, com atualização anual, para os profissionais com formação em nível médio, na modalidade normal, entendido como valor mínimo.

De acordo com a mesma lei, as jornadas de trabalho deverão observar o limite máximo de dois terços da carga horária para o desempenho das atividades de interação com os educandos, deixando o restante para atividades extracurriculares, reservadas a estudos, planejamento e avaliação, incluídas na carga de trabalho. A jornada de trabalho seria de no máximo quarenta horas semanais. Em caso de jornada diferente, os vencimentos serão proporcionais ao valor do piso.

> Os itens "Avanços da democratização", "Educação inclusiva" e "A valorização dos profissionais da educação" compreendem iniciativas e modalidades educacionais cujo principal objetivo seria, por um lado, ampliar o alcance da educação, tornando-a acessível a um maior número de pessoas ("Educação inclusiva"), e, por outro, melhorar a sua qualidade ("Avanços da democratização" e "A valorização dos profissionais da educação"), ou seja, o que se pretende é avançar no sentido da democratização do ensino.
>
> O Enem, as mudanças curriculares (introdução de História e Cultura africana e indígena, de Filosofia e Sociologia, de Música), o ensino fundamental de nove anos, o novo ensino técnico e a obrigatoriedade do ensino médio constituem avanços democráticos? Por quê?
>
> A ampliação da educação inclusiva – educação especial, educação de jovens e adultos, educação a distância, educação escolar indígena, escolas do campo, educação em prisões – e a instituição do piso salarial nacional para os profissionais do ensino constituem avanços? Em que sentido?

BREVE BALANÇO

A taxa de matrícula na idade adequada, nos diversos níveis de ensino, tem crescido muito lentamente nas últimas décadas:

- **Creche** (0-3 anos): 13,8% em 2001; 29,6% em 2014; 34,2% em 2018.
- **Pré-escola** (4-5 anos): 66,4% em 2001; 89,1% em 2014; 92,4% em 2018.
- **Ensino fundamental** (7-14 anos): 80,1% em 1980, 83,8% em 1991; (6-14 anos): 97,5% em 2014, 98% em 2018.
- **Ensino médio** (15-17 anos): 14,3% em 1980; 17,6% em 1991; 61,4% em 2014; 69,3% em 2018.
- **Ensino superior** (18-24 anos): 9,2% em 2001; 17,7% em 2014; 25,2% em 2018. Observe-se que, no ensino superior, a EAD avançou de 0,8% em 2004 para 20,5% em 2014, e 40% em 2018.

Em contrapartida, a taxa de *analfabetismo* (15 anos ou mais) tem decrescido: 18,8% em 1989; 8,3% em 2014; 6,6% em 2019 (11 milhões).

- **EAD**: avançou de 0,8% a 20,5% da educação superior privada, entre 2004 e 2014.
- **Enem**: 157,2 mil inscritos e 115,6 mil participantes em sua 1ª edição, em 1998; 1,6 milhão de inscritos e 1,2 milhão de participantes em 2001; 9,2 milhões de inscritos em 2016, ou seja, cerca de 4,5% da população brasileira.

Os dados mostram os avanços quantitativos das últimas décadas, mais em alguns setores, menos em outros. Mas, e a "garantia do padrão de qualidade", um dos princípios básicos da educação, segundo a LDB, como é que fica? Bem, aqui cabem algumas considerações:

- Não se democratiza a educação com crianças, adolescentes e jovens fora da escola, ou seja, a quantidade é fundamental.
- Mesmo em termos de quantidade, ainda temos um longo caminho a percorrer, em especial na alfabetização, na educação infantil, no ensino médio e no superior. E até mesmo no ensino fundamental, em que estamos mais bem situados, em 2014, ainda havia cerca de 460 mil crianças de 6 a 14 anos fora da escola.
- A qualidade da educação é difícil de ser mensurada, varia de sistema a sistema, de escola a escola, indo muito além do alcance dos sistemas oficiais nacionais e internacionais de avaliação de estudantes, em consonância com os objetivos legais da educação – desenvolvimento da pessoa, preparo para o exercício da cidadania, qualificação para o trabalho –, o contexto e o cotidiano escolar. Portanto, há que ser construída em cada sistema e em cada escola, com o apoio do Estado e a participação efetiva dos profissionais da educação, dos estudantes e da comunidade.

Perspectivas positivas em relação à melhoria da nossa educação dependem do empenho de todos os envolvidos diretamente com o processo educacional, e da sociedade em geral. Historicamente, o que se observa no Brasil é uma acentuada discrepância entre propósitos legais e realidade, leis avançadas contrapostas a uma realidade atrasada.

Somos pródigos em leis, em empolados discursos, acreditando, ou fingindo acreditar, que mudando a lei muda-se a realidade. Pergunta Sérgio Buarque de Holanda: "Não existiria, à base dessa confiança no poder milagroso das ideias, um secreto horror à nossa realidade?" Ou, por outra, "a lei era algo mágico, capaz de subitamente mudar a face das coisas", no dizer de Anísio Teixeira, para quem o desafio está em aproximar sempre mais os "valores reais" dos "valores proclamados" como condição necessária à real democratização da educação e da escola.

FRASES DE DARCY RIBEIRO

A escola brasileira é a escola da mentira: o professor finge que ensina, o aluno finge que aprende.

Fracassei em tudo o que tentei na vida.

Tentei alfabetizar as crianças brasileiras, não consegui.

Tentei salvar os índios, não consegui.

Tentei fazer uma universidade séria e fracassei.

Tentei fazer o Brasil desenvolver-se autonomamente e fracassei.

Mas os fracassos são minhas vitórias.

Eu detestaria estar no lugar de quem me venceu.

Ultimamente a coisa se tornou mais complexa porque as instituições tradicionais estão perdendo todo o seu poder de controle e de doutrina. A escola não ensina, a igreja não catequiza, os partidos não politizam. O que opera é um monstruoso sistema de comunicação de massa, impondo padrões de consumo inatingíveis e desejos inalcançáveis, aprofundando mais a marginalidade dessas populações.

Só há duas opções nesta vida: se resignar ou se indignar. E eu não vou me resignar nunca.

O Brasil, último país a acabar com a escravidão, tem uma perversidade intrínseca na sua herança, que torna a nossa classe dominante enferma de desigualdade, de descaso.

Para Paulo Freire, Darcy Ribeiro "só cometeu o pecado de ter sonhado e amado". Darcy Ribeiro, por sua vez, afirma que fracassou em tudo o que tentou na vida – alfabetizar as crianças, salvar os índios, fazer uma universidade séria –, mas que detestaria estar no lugar de quem o venceu.

Talvez, hoje, Darcy Ribeiro deixaria fora dos seus fracassos a alfabetização das crianças, pois o Brasil conseguiu praticamente universalizar a frequência à escola nos primeiros anos do ensino fundamental. Sempre há a ressalva de que a qualidade do ensino é precária e muitas crianças saem da escola sem alfabetizar-se. E que há milhões de analfabetos adultos e analfabetos funcionais etc. Qual é, então, a conclusão? O Brasil avançou ou não em termos educacionais nas últimas décadas? E qual a importância da democracia, da participação da sociedade, nos avanços porventura ocorridos?

Como Darcy Ribeiro, milhões de brasileiros também sonharam com um país mais justo e igualitário, com uma educação mais democrática e de melhor qualidade. Brasileiros representados na "Carta à República", de Milton Nascimento e Fernando Brant, que parece mais atual do que nunca:

> *Sim, é verdade, a vida é mais livre*
> *e o medo já não convive*
> *nas casas, nos bares, nas ruas*
> *com o povo daqui*
> *e até dá pra pensar no futuro e ver nossos*
> *filhos crescendo sorrindo*
> *mas eu não posso esconder a amargura*
> *ao ver que o sonho anda pra trás*
> *e a mentira voltou*
>
> *[...]*
>
> *eu briguei, apanhei, eu sofri, aprendi*
> *eu cantei, eu berrei, eu chorei, eu sorri*
> *eu saí pra sonhar meu país*
> *e foi tão bom, não estava sozinho*
> *a praça era alegria sadia*
> *o povo era senhor*
> *e só uma voz, numa só canção*
>
> *e foi por ter posto a mão no futuro*
> *que no presente preciso ser duro*
> *que eu não posso me acomodar*
> *quero um país melhor*

A Unesco e a educação universal

> *A educação deve visar ao pleno desenvolvimento da personalidade humana e ao fortalecimento do respeito pelos direitos humanos e pelas liberdades fundamentais.*
> (Declaração Universal dos Direitos do Homem)

O presente capítulo busca compreender a ação teórica e prática da Organização das Nações Unidas para a Educação, a Ciência e a Cultura (Unesco) a partir da realidade política e social em que ela se constitui; apresenta, também, sua atuação no Brasil, a qual transformou a sua sede em Brasília em um dos principais escritórios da Organização no mundo. Destaca, ainda, alguns de seus programas e ações, bem como a intensificação de sua cooperação técnica, a partir dos anos de 1990, visando reformar os sistemas educacionais nacionais para se alcançar as metas estabelecidas pela chamada Educação para Todos.

O nascimento da Unesco e seu ideal supranacional

A Unesco foi idealizada durante as reuniões da Conferência de Ministros Aliados da Educação (CMAE), ocorridas entre 1942 e 1945, e foi oficialmente criada na cidade de Londres, em uma conferência das Nações Unidas, em 16 de novembro de 1945, tendo sua Constituição fundadora sido assinada pelos representantes de 37 países.

Sediada em Paris, a Unesco é uma das agências ou organismos multilaterais que compõem o denominado Sistema ONU – que inclui fundos, programas e agências especializadas –, com os objetivos "de alcançar gradualmente a paz internacional e de bem-estar geral da humanidade, mediante cooperação das nações do mundo nas esferas da educação, da ciência e da cultura" (Unesco, 1945, tradução dos autores).

Seu surgimento logo após o fim da Segunda Guerra Mundial marca a formulação de seu mandato de garantir paz, segurança e desenvolvimento, que pode ser resumido na ideia de que "se a guerra nasce na mente dos homens, é na mente dos homens que devem ser construídas as defesas da paz" (Unesco, 1945, tradução dos autores).

Por isso, seus fundadores, frente ao fracasso dos acordos celebrados antes da Segunda Guerra Mundial e as emergentes contradições inerentes à nova ordem mundial do pós-guerra, em cujo bojo irrompia a Guerra Fria, declaram no preâmbulo do ato constitutivo da Unesco:

> Que uma paz fundada exclusivamente em acordos políticos e econômicos entre governos não pode obter o apoio unânime, sincero e perdurável dos povos, e que, por conseguinte, essa paz deve dar-se através da solidariedade intelectual e moral da humanidade. (Unesco, 1945, tradução dos autores)

Assim, a Unesco estrutura-se optando por um mandato supranacionalista e universalista da educação, da cultura e da ciência tendo à frente um objetivo paradoxal e utópico: sem intervir nas soberanias nacionais "aponta para um mundo no qual o ideal iluminista de progresso se tornasse liberto das ordens nacionais" (Evangelista, 2001: 18).

Mandato que busca lograr mediante o desenvolvimento e a oferta um *know-how* ocidental aplicado às áreas de Educação, Ciências Naturais, Humanas e Sociais, Cultura, Comunicação e Informação. Visando "assegurar a todos o pleno e igual acesso à educação, a possibilidade de investigar livremente a verdade objetiva e o livre intercâmbio de ideias e conhecimentos" (Unesco, 1945, tradução dos autores), mediante "a formulação e operacionalização de políticas públicas que estejam em sintonia com as estratégias acordadas entre os Estados-membros da Unesco" e definidas em suas assembleias gerais (realizadas a cada dois anos), bem como em diversos eventos e conferências de cúpula.

A Unesco no Brasil

O Brasil é membro da Unesco desde 4 de novembro de 1946, tendo sido um dos vinte primeiros países a ratificar sua Constituição. Desde 19 de junho de 1964, conta com uma representação oficial da Organização em nosso território, a qual posteriormente se transformou em um Escritório Nacional pertencente à região da América Latina e do Caribe, cujas atividades, em Brasília, se iniciaram em 1972.

Desse modo, a representação da Unesco no Brasil, na qualidade de escritório nacional, atua enquanto uma unidade administrativa descentralizada, o que garante presença e visibilidade efetiva da Organização fora de sua sede, permitindo-lhe elaborar estratégias, programas e atividades em maior sintonia com as diversidades nacionais.

Para Maria Luiza Marcilio (2011),

> A atuação da Unesco no Brasil ocorre prioritariamente por intermédio de projetos de cooperação técnica firmados com o Governo. Eles têm sempre o objetivo de auxiliar a formulação e operacionalização de políticas públicas que estejam em sintonia com as grandes metas acordadas entre os Estados-membros. A atuação da Unesco ocorre também com instâncias da sociedade civil, na medida em que seus propósitos venham a contribuir para as políticas públicas de desenvolvimento humano.

Por isso, a Unesco do Brasil, utilizando-se de recursos tais como publicações, instrumentos normativos, avaliações, pesquisas e estatísticas, vem realizando diversas ações através de projetos e programas tais como Criança Esperança, Brasil Alfabetizado, Programa Nacional de Educação Ambiental, Gestão das Transformações Sociais, Programa Rota dos Escravos, entre dezenas de outros.

Atividades que se distribuem, oficialmente, nas áreas de:

1) **Educação** – desenvolvendo os temas: Desafios e Estratégias em Educação; Educação para Todos; Direito à Educação; Educação Inclusiva; Qualidade Educacional; Educação Preventiva em HIV e aids.

2) **Ciências Naturais** – desenvolvendo os temas: Desafios e Estratégias em Ciências Naturais; Biodiversidade; Recursos Hídricos; Mudança Climática; Educação Científica; Políticas em Ciência e Tecnologia.

3) **Ciências Humanas e Sociais** – desenvolvendo os temas: Desafios e Estratégias em Ciências Humanas e Sociais; Transformação Social; Redução da Pobreza; Direitos Humanos; Segurança Humana e Paz; Ética e Filosofia.

4) **Cultura** – desenvolvendo os temas: Desafios e Estratégias em Cultura; Diversidade Cultural; Patrimônio Mundial; Acesso à Cultura; Cultura e Desenvolvimento.

5) **Comunicação e Informação** – desenvolvendo os temas: Desafios e Estratégias em Comunicação e Informação; Liberdade de Expressão; Acesso à Informação; Desenvolvimento de Mídia; Uso de tics (Tecnologias de Informação e Comunicação) na Educação.

Ademais, a Unesco do Brasil desenvolve temas especiais como: Prevenção da Violência entre Jovens; Educação para o Desenvolvimento Sustentável; Relações Étnico-Raciais no Brasil; Promoção de Sítios de Valor Excepcional.

Organiza, ainda, prêmios tais como o Prêmio Escola, que incentiva a prevenção das DST/aids, da gravidez na adolescência e do uso de drogas, e celebrações, cujos eventos em geral buscam realizar os Dias, Anos e Décadas Internacionais proclamados pela Assembleia Geral das Nações Unidas, para marcar aspectos importantes da vida humana e da história, tais como: 2011 – Ano Internacional dos Afrodescendentes; e 2003-2012 – Década das Nações Unidas para a Alfabetização (Unesco do Brasil, 2011).

As escolas associadas da Unesco

Entre as diversas ações empreendidas pela Unesco, destaca-se seu Programa Escolas Associadas, o qual oferece aos professores, alunos e às escolas de modo geral a oportunidade de educar através de abordagens, métodos e materiais educacionais inovadores que melhorem a qualidade da educação.

Quando foi lançado, em 1953, contava com 33 escolas secundárias de 15 Estados-membros. Mas, o programa evoluiu fortemente formando atualmente a rede PEA (Programa de Escolas Associadas) presente em 175 países, com mais de 7.700 instituições (Unesco do Brasil, 2011).

A partir do encontro da cúpula mundial da educação realizado em Dacar, no ano de 2000, o PEA, visando promover uma educação de qualidade, adotou uma nova estratégia de atuação, elaborando um Plano de Ação (2004-2009) inspirado no Marco de Ação de Dacar. Dedicando-se, então, a promover a educação escolar através do conceito de competência desenvolvido no Relatório sobre Educação para o Século XXI, elaborado para a Unesco pela Comissão Internacional, coordenada por Jacques Delors.

Segundo o citado relatório, frente ao século XXI, "à educação cabe fornecer, de algum modo, os mapas de um mundo complexo e constantemente agitado e, ao mesmo tempo, a bússola que permita navegar através dele". Atribui à educação o dever de

> transmitir de fato, de forma maciça e eficaz, cada vez mais saberes e saber-fazer evolutivos, adaptados à civilização cognitiva, pois são as bases das competências do futuro. Simultaneamente, compete-lhe encontrar e assinalar as referências que impeçam as pessoas de ficarem submergidas nas ondas de informações [...]. (Delors, 1999)

Portanto, conclui o relatório:

> Para poder dar resposta ao conjunto das suas missões, a educação deve organizar-se em torno de quatro aprendizagens fundamentais que, ao longo de toda vida, serão de algum modo, para cada indivíduo, os pilares do conhecimento: aprender a conhecer, isto é, adquirir os instrumentos da compreensão; aprender a fazer, para poder agir sobre o meio envolvente; aprender a viver juntos, a fim de participar e cooperar com os outros em todas as atividades humanas; finalmente aprender a ser via essencial que integra as três precedentes. (Delors, 1999)

Segundo a Coordenação Nacional das Escolas Associadas da Unesco no Brasil (2011), o governo brasileiro, apesar de ser um dos países signatários da criação do PEA, "só voltou a participar mais intensamente a partir de 1997, com a formação da Coordenação Nacional, com sede no Rio de Janeiro. Desde então, o número de escolas associadas quase triplicou", contando, em 2011, com aproximadamente 300 escolas.

AS CÁTEDRAS DA UNESCO

Segundo a Delegação Permanente do Brasil junto à Unesco (2011), o Programa de Cátedras da Unesco foi criado em 1991, durante a 26ª reunião de sua Conferência Geral. Concebido "como um plano de ação internacional para fortalecer o ensino superior nos países em desenvolvimento, por meio de mecanismos apropriados para aumentar a cooperação interuniversitária".

Ainda, para a citada Delegação, este programa faz-se presente em mais de vinte países do mundo, cobrindo uma gama variada de áreas acadêmicas "das ciências naturais a problemas ambientais e ecológicos, os tópicos de população, ciência e tecnologia, ciências sociais e humanas, ciências da educação, cultura e comunicação, como também a paz, democracia e direitos humanos".

O Brasil vem participando assiduamente desse programa, contando atualmente com 25 cátedras, com o objetivo de promover treinamentos, pesquisa e formação de ensino superior mediante o compartilhamento de recursos e promoção de intercâmbio de conhecimento técnico e científico.

Desde a sua fundação, a Unesco vem tomando iniciativas no sentido de fomentar o desenvolvimento da educação em todos os quadrantes do mundo, em especial nos países mais carentes, e de promover o intercâmbio científico e cultural entre os povos.

Visando estimular iniciativas destinadas a fazer frente às contínuas transformações da humanidade, a sua preocupação nos últimos anos tem sido com uma educação para o século XXI. O perigo está na submersão das pessoas nas "ondas de informações", sempre mais avassaladoras, deixando pouco espaço para a reflexão, para o desenvolvimento pessoal, para a vida comunitária, para a convivência social. Como antídoto a essa submersão, a Unesco propõe que a educação se organize em torno de quatro aprendizagens: aprender a conhecer, aprender a fazer, aprender a viver juntos, aprender a ser.

Ao longo da história, o que parece ter predominado em nossas escolas é o aprender a conhecer – ou, simplesmente, o conhecer – e, talvez por força da vida coletiva forçada, o aprender a viver juntos. Será isso mesmo ou as escolas também se preocuparam com o aprender a fazer e o aprender a ser? Que iniciativas cabem às escolas no sentido de favorecer o desenvolvimento dessas quatro aprendizagens?

A Unesco e a educação de adultos

Desde 1949, a Unesco vem organizando, a cada 12 ou 13 anos, conferências internacionais de educação de adultos, denominadas de Confintea. Ao todo foram realizadas seis conferências, tendo a última ocorrido no ano de 2009, em Belém do Pará.

Segundo a Unesco, a Confintea v, realizada em 1997, em Hamburgo, na Alemanha, pôs um importante marco no debate sobre educação de adultos e educação não formal, ao definir, em sua Declaração, a educação de adultos como a educação que engloba todo o processo de aprendizagem: "a educação formal, a educação não formal e o espectro da aprendizagem informal e incidental disponível numa sociedade multicultural, onde os estudos baseados na teoria e na prática devem ser reconhecidos" (Declaração de Hamburgo sobre Educação de Adultos, 1997).

Na mesma Declaração, a educação de adultos e a não formal são consideradas indispensáveis para uma educação ao longo da vida, chave para se responder aos desafios globais do século XXI. E a educação de adultos, dentro desse mundo globalizado, "torna-se mais que um direito: é a chave para o século XXI; é tanto consequência do exercício da cidadania como condição para uma plena participação na sociedade".

Nesse sentido, vale destacar que, segundo Evangelista:

> Do aprofundamento da perspectiva originária de educação de base, definida como fundo comum da humanidade, a Unesco formula os conceitos de alfabetização funcional e educação permanente, que se desdobrarão, no futuro, nas distinções entre educação formal e não formal e no aprimoramento da noção de educação como técnica social em suas relações com a sociedade. Assim, processar-se-á a construção de uma perspectiva de educação tecnificada, a ser enriquecida permanentemente pelos desenvolvimentos da ciência e da tecnologia. A noção de uma educação capaz de, adequando-se aos progressos técnicos da civilização, à medida que eles se concretizem, responder às exigências do progresso técnico e da produção por ele possibilitada. (2001: 42)

A Unesco e a alfabetização: saber para poder

Com base nesta citada "experiência fundamentada no conceito de alfabetização funcional, isto é, alfabetização como um componente dos projetos de desenvolvimento econômico" (Evangelista, 2001: 84), a Unesco foi proclamada pela ONU a agência coordenadora da chamada Década das Nações Unidas para a Alfabetização (2003-2012), lançada sob o *slogan*: *Alfabetização como Liberdade*.

Por essa razão, em 2005, a Unesco lançou um programa chamado Iniciativa LIFE, ou seja, Iniciativa para o Empoderamento (saber para poder), centrando seus esforços em 35 países, cada um com mais de 50% da população analfabeta ou mais de 10 milhões de pessoas analfabetas, (caso do Brasil) e que concentram 85% dos analfabetos do mundo, entre os quais dois terços são mulheres e meninas (Unesco, 2011c).

Reflexo desse processo foi o lançamento do Programa Brasil Alfabetizado em 2003. Os trabalhos conduzidos através de uma parceria entre o Ministério da Educação e a Unesco do Brasil visam universalizar a alfabetização para adultos e jovens acima de 15 anos, tendo conseguido alfabetizar umas 8 milhões de pessoas desde 2003, segundo o resumo do informe de monitoramente das metas da Educação para Todos de 2010 (Unesco, 2010: 19).

> O *slogan* da Década das Nações Unidas para a Alfabetização – *Alfabetização como Liberdade* – convida-nos à reflexão sobre a importância da alfabetização e sua relação com a liberdade. Trata-se de uma relação sobre a qual muitas vezes nem pensamos.
> Em que sentido a alfabetização pode ser vista como liberdade? Em primeiro lugar, é inegável que a pessoa alfabetizada pode fazer muito mais coisas do que o analfabeto. Mas, será só isso? Poder ler, escrever, conversar melhor, conseguir um emprego com salário maior?
> Podemos falar de autoestima, satisfação pessoal, realização, vida interior, cultivo do espírito? O que mais poderíamos mencionar?
> Cabe acrescentar que todo o processo educacional constitui-se num exercício de liberdade? Ao menos, que cabe à escola transformá-lo, na linha proposta por Paulo Freire, cujo primeiro livro sobre educação foi, justamente, *Educação como prática da liberdade*?

A COOPERAÇÃO ENTRE A UNESCO E O BRASIL

Como vimos, os primórdios das atividades da Unesco no Brasil remontam praticamente ao seu nascimento. Segundo Porcaro

> Com a criação da Unesco [...], ocorreu, então, por parte desta, a solicitação aos países integrantes (e entre eles, o Brasil) de se educar os adultos analfabetos. Devido a isso, em 1947, o governo lançou a 1ª Campanha de Educação de Adultos, propondo: alfabetização dos adultos analfabetos do país em três meses, oferecimento de um curso primário em duas etapas de sete meses, a capacitação profissional e o desenvolvimento comunitário. Abriu-se, então, a discussão sobre o analfabetismo e a educação de adultos no Brasil. (Porcaro, 2001)

Vale destacar, ainda, que, em junho de 1950, a 5ª sessão da Conferência Geral da Unesco, realizada em Florença, aprovou a realização de uma pesquisa sobre as relações raciais no Brasil. Idealizada pelo antropólogo brasileiro Arthur Ramos, em fins da década de 1940, quando estava na direção do Departamento de Ciências Sociais da Unesco, o trabalho objetivava, após a experiência do holocausto nazista, "oferecer ao mundo uma nova consciência política que primasse pela harmonia entre as raças", escolhendo o Brasil pela sua imagem de *paraíso racial*, segundo Maio (1999: 143).

A pesquisa, que se convencionou denominar Projeto Unesco, foi realizada entre 1950 e 1951, no Norte, Nordeste e Sudeste e contou com a participação de cientistas sociais brasileiros, franceses e norte-americanos, cujo resultado, segundo Maio:

> não apenas gerou um amplo e diversificado quadro das relações raciais no Brasil, mas também contribuiu para o surgimento de novas leituras acerca da sociedade brasileira em contexto de acelerado processo de modernização capitalista. De uma outra perspectiva, o Projeto Unesco veio a possibilitar a análise das trajetórias sociais e intelectuais dos pesquisadores envolvidos, das redes internacionais de cientistas, dos conteúdos teórico-metodológicos que informaram as pesquisas e do estado da arte de determinadas disciplinas, especialmente a Antropologia e a Sociologia. Ou seja, o ciclo de investigações chancelado pela instituição intergovernamental ofereceu uma oportunidade singular para o desenvolvimento das Ciências Sociais no Brasil dos anos 50. (1999: 141)

Já em 1966, durante da ditadura militar brasileira, o Brasil, a ONU e suas agências especializadas, dentre as quais estava a Unesco, celebraram o *Acordo Básico de Assistência Técnica*. Esse acordo, promulgado pelo Decreto n. 59.308, de 23 de setembro de 1966, visava, sobretudo:

a) proporcionar serviços de peritos para assessorar e prestar assistência ao governo;

b) organizar e dirigir seminários, programas de treinamento profissional, empreendimentos-piloto;

c) conceder bolsas de estudos e aperfeiçoamento que promovessem estudos e treinamentos profissionais fora do país; e

d) preparar e executar projetos-piloto, testes, experiências ou pesquisas (Brasil, 1966).

Posteriormente, a Unesco passa a elaborar planos, de médio prazo, em razão da

[...] recomendação da Assembleia Geral da ONU, pela qual as agências especializadas desse sistema são chamadas a elaborar programas em suas áreas de competência com a finalidade de edificar uma Nova Ordem Econômica Internacional (Noei). (Evangelista, 2001:117)

O primeiro desses planos, intitulado *Horizonte 1982*, elaborado em 1976, durante a Conferência Geral de Nairóbi, compreendia três exercícios bianuais, de 1977 a 1982, objetivando catalisar esforços para promover o desenvolvimento científico e tecnológico dos países, frente ao emergente mundo global.

Visando promover essa Nova Ordem Econômica no Brasil mediante "a promoção das atuações que favoreçam a inovação e a criatividade" (Brasil, 1982), o governo brasileiro, em 1981, assina com a Unesco, em Paris, o Acordo de Cooperação Técnica em Matéria Educacional, Científica e Técnica,

> com vistas à realização de atividades consideradas como prioritárias pelo Governo e que correspondam aos princípios e linhas de atuação definidos tanto no Plano a Médio Prazo da Unesco para os anos de 1977-1982, quanto nos programas aprovados pela Conferência Geral da Unesco para os anos correspondentes. (Brasil, 1982)

Segundo esse acordo, chamado de Acordo Geral, a Unesco colaboraria com o Ministério da Educação e Cultura, considerando em seu preâmbulo que:

a) as experiências de cooperação técnica, nos últimos anos, entre o Brasil e a Unesco tiveram resultados animadores [...] e que

b) a cooperação com a Unesco trouxe, na área educacional, um apoio importante para a reforma do ensino, particularmente no que diz respeito ao planejamento, administração, promoção de estudos, e aplicação de metodologias adequadas. (Brasil, 1982)

Esse acordo, atualmente vigente, promulgado pelo Decreto n. 87.522, de 25 de agosto de 1982, é executado pelo Ministério da Educação e Cultura (MEC). Figuram entre seus principais objetivos os de "contribuir para o aperfeiçoamento de pessoal técnico nas áreas da educação e da cultura e contribuir para os estudos de desenvolvimento técnico do Ministério da Educação e Cultura com vistas à realização de pesquisas, informações e planejamento dos setores educacional e cultural" (Brasil, 1982, art. 1º, alíneas b e c).

Desse modo, a trajetória da presença da Unesco no Brasil é resumida por sua própria Representação no Brasil, segundo a qual

> Aos poucos, as atividades da Representação foram se ampliando, multiplicando-se as articulações e convênios de cooperação técnica, tanto com o governo como com a sociedade civil. A importância dessas ações resultou no fato de o Escritório da Unesco em Brasília (ubo) ter-se tornado um de seus principais escritórios no mundo. (Unesco do Brasil, 2011)

A Unesco e a "Educação para Todos"

A relação de cooperação entre o Brasil e a Unesco vem, como vimos, de longa data e, a partir dos anos de 1990, foi sensivelmente ampliada.

Após a aprovação da *Declaração Mundial sobre Educação para Todos: satisfação das necessidades básicas de aprendizagem* e de seu *Plano de Ação* para o período de 1990-2001, durante a Conferência Mundial de Educação para Todos (Jomtien, Tailândia, 1990) – organizada pela Unesco, Unicef, pnud e Banco Mundial –, a Organização reforça seu ímpeto de colaboração para com seus Estados-membros, passando, agora, a exercer seu mandato, visando, sobretudo, "atingir as metas estabelecidas na declaração – catalisando o compromisso internacional assumido – e assegurar que os países participantes elaborassem planos decenais nacionais para priorizar o ensino fundamental" (Piletti e Rossato, 2010: 89-90).

Esse processo leva o governo brasileiro, a partir da década de 1990, a estender à Unesco a operacionalização de convênios internacionais via a Execução Nacional[1] (NEX), que vem permitindo ao sistema ONU, de modo geral, e à Unesco, especificamente, "receber um volume considerável de fundos governamentais para garantir a implementação de programas de cooperação", segundo a Agência Brasileira de Cooperação (ABC) do Ministério das Relações Exteriores (2011).

Ao mesmo tempo, com base no Acordo Geral de 1981, o MEC e a Unesco formalizaram, em 1993, o primeiro plano de trabalho visando à elaboração de um Plano Decenal de Educação para Todos, que assegurasse "às crianças, jovens e adultos, conteúdos mínimos de aprendizagem que atendam a necessidades elementares da vida contemporânea" (Brasil, 1993: 12-13).

Este Plano nacional, na qualidade de um conjunto de diretrizes políticas voltadas a *eliminar o analfabetismo e universalizar o ensino fundamental*, em 10 anos, buscava a *reconstrução do sistema educacional de educação básica* mediante o combate ao imediatismo dos programas e das ações descoordenadas e isoladas. (Brasil, 1993: 14)

A elaboração do Plano Decenal brasileiro, coordenada pela Secretaria de Ensino Fundamental do MEC, contou com o apoio direto da Unesco.

O texto final – que seguiu as orientações do chamado *Compromisso Nacional de Educação para Todos,* assinado pelo MEC e pela Unesco, entre outras autoridades presentes na Semana Nacional de Educação para Todos, realizada em Brasília em maio de 1993 – foi apresentado e aprovado, em novembro de 1993, em Nova Delhi, Índia, durante a realização de uma nova conferência de cúpula sobre Educação para Todos.[2]

Pode-se afirmar, ainda, que os objetivos estabelecidos para a educação brasileira a partir deste Plano Decenal (descentralização administrativa e dos recursos financeiros; elaboração de currículos básicos a partir de parâmetros e diretrizes curriculares nacionais; formação e profissionalização de professores e avaliação nacional de desempenhos, entre outras medidas) foram contemplados quando se deu a aprovação da Lei de Diretrizes e Bases da Educação Nacional de 1996 e do Plano Nacional de Educação de 2001, proporcionando uma reforma sistemática da educação básica brasileira.

Ainda, como reflexo destas mudanças, cabe mencionar:

a) a criação pelo MEC, em 2007, do chamado Plano de Desenvolvimento da Educação, que instituiu o Plano de Metas Todos pela Educação (Compromisso), fixando 28 diretrizes para a educação básica no Brasil e criando, ao mesmo tempo, o Índice de Desenvolvimento da Educação Básica (IDEB), que busca avaliar o desempenho dos alunos nas escolas brasileiras; e

b) a aprovação da Emenda Constitucional n. 59, de 2009, que instituiu a educação básica obrigatória e gratuita dos 4 aos 17 anos de idade (Brasil, 2009).

O mandato da Unesco, a partir da chamada nova ordem econômica mundial contemporânea, viu-se reforçado no Brasil e, de um modo geral, entre seus Estados-membros e Associados.

Esse processo motivou a promoção de uma reforma geral nos sistemas educativos do Brasil e do mundo, de acordo com as orientações da Declaração Mundial sobre Educação para Todos (1990) e da Declaração de Nova Delhi (1993) reafirmadas pela Cúpula Mundial de Educação, ocorrida no ano 2000, em Dacar, no Senegal. E o cumprimento ou não das metas estabelecidas é monitorado, anualmente, pela Unesco, através do Relatório de Monitoramento Global de Educação para Todos.

No entanto, não obstante a legitimidade e a importância da aplicação desses princípios para o desenvolvimento e manutenção da educação frente às necessidades de um mundo globalizado, muitos são os que têm criticado o fato de os paradigmas da eficiência (otimização dos meios e recursos), da eficácia (adequação do produto afim, objetivos e finalidades) e da qualidade (satisfação quanto ao produto final) estarem influenciando o modo como os mesmos são concretizados dentro do sistema e da organização do ensino básico no Brasil.

Tais críticos se indagam se princípios tais como o da competência, da responsabilização (*accountability*) e da descentralização/autonomia escolar, guiados pelo paradigma da eficiência, elevam de fato a qualidade social do processo de ensino e aprendizagem nacional, ou, simplesmente, estimulam práticas competitivas e meritocráticas.

Práticas que podem exacerbar a racionalidade econômica e técnica dos sistemas de ensino em detrimento de uma racionalidade social e política, supervalorizando a preparação para um mercado tecnológico e competitivo, deixando de se preocupar em formar cidadãos críticos, éticos e sonhadores.

Nesse sentido, para Evangelista (2001: 36), "por meio de um conjunto de atividades, a Unesco contribui, portanto, para a realização de uma das premissas básicas do capitalismo moderno", posto que este

> compreende um vasto e complexo processo social, econômico, político e cultural. Ainda que possa ser caracterizado pela racionalização das ações e relações, das instituições e organizações, para que esta racionalização ocorra e se desenvolva torna-se indispensável que se modifiquem práticas e ideais, padrões e valores socioculturais, transformando-se o imaginário e as atividades de uns e de outros. (Ianni, apud Evangelista, 2001: 36)

Talvez a passagem anterior explique o motivo pelo qual a Unesco, no ato que a constituiu, em 1945, se propôs a sugerir "métodos de educação para preparar as crianças do mundo inteiro para as responsabilidades do homem livre" (Unesco, 1945, tradução dos autores); transformando, portanto, a promoção e o compartilhamento solidário e livre da educação, da cultura, da ciência e da informação, em um "dever sagrado" a ser alcançado por seus mais de 190 Estados-membros.

Frases de Declarações da Unesco

A aprendizagem não ocorre em situação de isolamento. Portanto, as sociedades devem garantir a todos os educandos assistência em nutrição, cuidados médicos e apoio físico e emocional para que participem de sua própria educação e dela se beneficiem.

A educação básica é mais do que uma finalidade em si mesma. Ela é a base para a aprendizagem e o desenvolvimento humano permanentes, sobre a qual os países podem construir, sistematicamente, níveis e tipos mais adiantados de educação e capacitação.

Prolongar a educação ao longo de toda a vida, sem limitá-la aos muros da escola, supõe uma reestruturação global do ensino. A educação deve adquirir as dimensões de um verdadeiro movimento popular.

O importante não é saber que caminho o indivíduo seguiu, mas sim o que aprendeu e adquiriu.

A nova ética da educação tende a fazer do indivíduo mestre e agente do seu próprio desenvolvimento cultural.

Uma última pergunta: o que podemos fazer para prolongar a nossa própria educação e a daqueles com quem convivemos "ao longo de toda a vida", como propõe a Unesco?

Notas

[1] Segundo o art. 2º, § 1º do Decreto n. 5.151, de 22 de julho de 2004: "A Execução Nacional define-se como a modalidade de gestão de projetos de cooperação técnica internacional acordados com organismos ou agências multilaterais pela qual a condução e direção de suas atividades estão a cargo de instituições brasileiras ainda que a parcela de recursos orçamentários de contrapartida da União esteja sob a guarda de organismo ou agência internacional cooperante".

[2] A Conferência de Nova Delhi reuniu o chamado E-9, formado pelos nove países em desenvolvimento mais populosos: Brasil, Paquistão, Indonésia, Tailândia, México, Índia, Bangladesh, Egito e Nigéria. "Segundo a Unesco (2008: 10) o E-9 conta, no total, com 3,3 bilhões de habitantes, ou seja, mais de 50% da população mundial. Nesses países vive "mais da metade das crianças do mundo em idade escolar e mais de 40% das que se encontram fora da escola. Concentram ainda cerca de 70% dos 771 milhões de analfabetos do todo o planeta", de acordo com Piletti e Rossato (2010: 90).

O PROFESSOR E A EDUCAÇÃO INTEGRAL

Mestre não é quem sempre ensina,
mas quem de repente aprende.
(Guimarães Rosa, 1908-1967)

O processo educacional só alcançará sucesso, concretizando os seus objetivos, na medida em que o educando for encarado, não só no discurso, mas, principalmente, no cotidiano escolar, como uma totalidade, um ser integral, em seus aspectos cognitivos, afetivos e corporais.

É sobre o professor e a educação integral que refletiremos neste capítulo, abordando importantes questões do dia a dia da sala de aula, tanto da formação quanto da atuação do professor em face dos seus alunos, tais como o desenvolvimento da profissão docente, a avaliação e o fracasso escolar, a indisciplina e a violência, o *bullying,* a formação e a atuação do professor. Para os quatro primeiros itens, baseamo-nos principalmente na obra *Educação básica: da organização legal ao cotidiano escolar* (Piletti e Rossato, 2010).

O DESENVOLVIMENTO DA PROFISSÃO DOCENTE

O mundo moderno engendrou a escola pública, gratuita e obrigatória, estendendo-a às camadas populares e criando, após a Revolução Francesa de 1789 e ao longo dos séculos seguintes, a necessidade de se formar um novo tipo de professor e de escola.

Desde então, a escola e os trabalhadores da educação deveriam educar e não somente instruir (ensinar a ler, escrever e contar) ou transmitir conhecimentos. Ou seja, a escola deveria substituir em parte o papel da família, socializando e inculcando valores, moral e conhecimentos a fim de *civilizar* crianças e jovens, que passaram a viver em centros urbanos e deveriam transformar-se em cidadãos produtivos.

Nesse processo, a *obediência cega*, típica do mundo medieval e das monarquias absolutistas, foi sendo substituída por uma *vontade disciplinada*, cabendo ao professor a tarefa de disciplinar essa vontade.

Em resposta a esse novo contexto, em 1809, em Leipzig, na Alemanha, foi criada *a primeira escola oficial para a formação de mestres* (Lourenço Filho, 2001: 125). Era uma clara demonstração de que havia se iniciado o processo de substituição de um modelo *artesanal* de formação de professores – baseado na tradição e imitação – pelo modo *profissional*. Segundo Antonio Nóvoa:

> as escolas normais estão na origem de uma profunda mudança, de uma verdadeira mutação sociológica, do pessoal docente primário. Sob sua ação, os mestres miseráveis e pouco instruídos do início do século XIX vão, em algumas décadas, ceder lugar a profissionais formados e preparados para a atividade docente. (1991: 125)

No caso brasileiro, a substituição do mestre-escola não especializado, que aprendia fazendo, por um profissional da docência começou com a Reforma Constitucional de 1834, que descentralizou a organização da educação, possibilitando, em 1835, a criação da primeira escola normal, em Niterói. Outras escolas normais foram surgindo em anos posteriores: em 1836, na Bahia, em 1845, no Ceará, e em 1846, em São Paulo.

O ensino normal, no entanto, não prosperou na capital do Império. O ministro Couto Ferraz, responsável pela reforma educacional de 1854, considerou as escolas normais "onerosas, ineficientes quanto à qualidade da formação que ministravam e insignificantes em relação ao número de alunos que nelas se formavam" (Saviani, 2008: 133). E, por isso, optou por não criar escolas normais na capital do país, o Rio de Janeiro.

Mas como poderiam existir professores se não eram criadas escolas que os formassem? Para o ministro Couto Ferraz, a melhor solução seria adotar o "método holandês-austríaco", segundo o qual a formação de professores se dava de maneira prática. Assim, passaram a ser contratados *professores adjuntos*: pessoas com mais de 12 anos selecionadas para serem docentes auxiliares dos professores em sala de aula e, depois de passar três anos acompanhando diariamente as aulas e aprendendo a lecionar na prática, transformavam-se em professores (Haidar e Tanuri, 2004: 41).

Possivelmente, esse foi um dos grandes motivos pelos quais o município do Rio de Janeiro teve de esperar até 25 de março de 1874 para ter uma escola normal, que era particular, mas gratuita, em função dos subsídios do governo. Só em 1880, a capital do país passaria a ter a sua primeira escola normal pública funcionando, a princípio no externato do Colégio de Pedro II.

Esse modelo de profissionalização docente realizado pelas escolas normais acabou prosperando e exercendo a hegemonia na Europa e nos Estados Unidos, país que, em fins do século XIX, contava com mais de duzentas unidades desse tipo.

Cursos superiores para a formação de professores só seriam criados no Brasil a partir da década de 1930; foram estruturados oficialmente a partir de 1934, com a fundação da Universidade de São Paulo, seguida da Universidade do Distrito Federal, criada por Anísio Teixeira em 1935. No âmbito das universidades ou fora delas, surgiram as faculdades de Filosofia, Ciências e Letras, que tinham como um dos seus objetivos formar professores em seus cursos de licenciatura.

Nossa primeira Lei de Diretrizes e Bases da Educação Nacional (Lei n. 4.024/1961) estabeleceu que "o ensino normal tem por fim a formação de professores, orientadores, supervisores e administradores escolares destinados ao ensino primário" (art. 52) e que "a formação de professores para o ensino médio será feita nas faculdades de Filosofia, Ciências e Letras" (art. 59).

O processo de profissionalização dos professores e trabalhadores em educação continuou avançando até chegarmos à LDB de 1996. Atualmente ainda em vigor, estabelece que a preparação dos profissionais da educação básica deve se fundamentar em uma sólida formação que propicie o conhecimento dos fundamentos científicos e sociais, associando teoria e prática, inclusive mediante capacitação em serviço, estágios supervisionados ou aproveitamento de experiências anteriores em instituições de ensino. Portanto, a experiência docente é pré-requisito para o exercício profissional de quaisquer funções de magistério, incluindo em sua formação uma prática de ensino de no mínimo 300 horas.

A LDB também determinou que, após o fim da Década da Educação (ano de 2007), somente seriam admitidos professores formados em nível superior ou por treinamento em serviço, inclusive para a educação infantil e os anos iniciais do ensino fundamental.

Essa determinação levou muitas pessoas a crer que, a partir de 2007, a função docente seria prerrogativa exclusiva de professores com formação em nível superior, levando alguns sistemas de ensino a fecharem os cursos normais de nível médio. Tornou-se urgente formar professores em nível superior para a educação infantil e os primeiros anos do ensino fundamental, estimulando o surgimento de uma formação docente mais aligeirada, por meio dos chamados institutos superiores de educação, que passaram a oferecer o curso normal superior e causaram uma intensa polêmica com os cursos de Pedagogia.

Depois de muitas discussões, o Conselho Nacional de Educação aprovou o Parecer CNE/CEB n. 3/2003, dispondo que os formados em cursos de formação de professores de nível médio tinham direito a exercer o magistério *na esfera da habilitação específica*.

AVALIAÇÃO E FRACASSO ESCOLAR

Avaliação e fracasso escolar fazem parte do cotidiano de todas as escolas. Para Garcia (2001: 30), a primeira notícia do uso do sistema de prova vem da China, em 1200 a.C., utilizado como método para selecionar candidatos aos cargos públicos.

A prática foi institucionalizada no mundo ocidental no século XVII, mediante duas diferentes formas de conceber a avaliação, presentes ainda hoje em nossas escolas: por um lado, o sistema de exames incorporou-se às escolas com base na proposta de Comênio, estudado no capítulo "Comênio e a educação moderna", cuja obra *Didactica magna* via na avaliação um momento de aprendizagem e de reflexão sobre a prática pedagógica. Por outro lado, o uso das avaliações também chegou até nós através de La Salle, a partir de 1720, quando elaborou o seu *Guia das escolas cristãs*, defendendo o sistema como uma maneira de supervisão e controle permanente, com exames semanais entregues ao diretor, que elogiaria os bons alunos e repreenderia os de baixo rendimento.

Nossa prática educativa parece ter herdado muito mais de La Salle do que de Comênio, ainda que as diretrizes da educação nacional estabeleçam o contrário. Em muitos casos, nossos sistemas de ensino utilizam as avaliações como instrumento de supervisão e controle do desempenho do aluno, resultando na aprovação ou na reprovação. Tal prática transformou a avaliação em um dos fatores geradores de um dos maiores problemas do cotidiano da sala de aula: o fracasso escolar.

Para Esteban (2001), nossos alunos frequentemente são submetidos a exames que fragmentam o processo de ensino e aprendizagem, classificando as respostas dadas mediante padrões de verdade que humilham e até mesmo eliminam as diferenças e os diferentes. A avaliação deve propiciar a revisão dos conteúdos estudados, das estratégias e das metodologias de ensino utilizadas, bem como levantar as dificuldades para a sua superação.

Mas como produzir tais mudanças se o próprio aluno acostumou-se a estudar somente quando o conteúdo cai na prova ou se a tarefa escolar recebe nota? Ao que parece, o sistema de avaliação proposto por La Salle deu tanto poder ao exame que o transformou em um fim em si mesmo, deixando de ser utilizado como um espaço de estudo e aprendizado (Moretto, 2001: 32). O fato é que essa forma de avaliação continua reforçando entre os alunos, os professores e a comunidade em geral a ideia de que o bom estudante é o que tira boas notas, decorando e reproduzindo o que foi ensinado em sala de aula. Ser bom aluno, no entanto, ultrapassa a prática da memorização, pois o objetivo maior da educação é formar cidadãos éticos e críticos e não apenas preparar vestibulandos ou mão de obra para o mercado de trabalho.

Segundo Phillippe Perrenoud (apud Paro, 2001: 47), a grande dificuldade em mudarmos essa maneira de examinar, tradicional e excludente, está no fato de que *mudar a avaliação significa provavelmente mudar a escola.*

Indisciplina e violência nas escolas

Nas diversas mídias, são frequentes as referências a casos de indisciplina e violência nas escolas. E sabemos que só são noticiados os episódios mais graves; 69% dos professores entrevistados pelo Ibope e pela revista *Veja*, em 2007, afirmaram ser a indisciplina e a falta de atenção (ou de interesse) os principais vilões da sala de aula (Vichesi, 2009: 79).

No mesmo ano, para 3,5 mil professores pesquisados pela Fundação sm, a indisciplina também foi apontada como o maior entrave à boa educação. E, em 2008, 83% dos 8,7 mil professores entrevistados pela

Organização dos Estados Ibero-Americanos defenderam o uso de medidas mais repressivas para combater o *mau comportamento* dos alunos, sendo que 67% acreditavam ser a expulsão o melhor caminho e 52% gostariam que as escolas fossem mais policiadas (Moço, 2009: 83).

À primeira vista, repressão e punição parecem ser excelentes remédios para os alunos que impedem ou dificultam o andamento escolar. Entretanto, ações repressivas podem tornar o cotidiano escolar ainda mais complicado, conforme pesquisa de Isabel Lemes, da Universidade de São Paulo (USP): dos 4 mil estudantes de escolas públicas e privadas entrevistados, 50% afirmaram que o endurecimento das regras escolares fez com que os conflitos se acirrassem (Moço, 2009: 83).

Crianças e jovens pertencem a um mundo que deve ser prontamente superado à medida que caminham em direção à idade adulta, o que muitas vezes acaba por gerar insegurança, que pode degenerar em indisciplina. O problema é que ainda não nos desvinculamos da ideia medieval de que o *bom* é converter, o quanto antes possível, crianças em pequenos adultos, preparando-as para o mundo do trabalho e da responsabilidade.

Tal ideal de amadurecimento rápido choca-se com o fato de que crianças e adolescentes foram, são e serão indisciplinados quanto às regras do mundo adulto, do qual eles ainda não fazem parte, e desinteressados quanto a conteúdos de ensino e fórmulas que não dizem respeito ao seu dia a dia. Trata-se, portanto, de um problema de adequação da escola. No dizer de Paro (2001: 43), "na raiz de todo fracasso, no aprendizado encontra-se [...] a não adequação dos meios postos a serviço de sua solução, ou seja, deixa-se de atentar para o fato de que o desafio primeiro da didática e sua principal tarefa é levar o educando a querer aprender".

O BULLYING NA ESCOLA

A indisciplina escolar é definida pelas transgressões a regras convencionais da instituição, tais como usar uniforme, não conversar durante as aulas, fazer as tarefas determinadas pelas autoridades escolares etc. Quando a norma transgredida refere-se a uma regra moral ou social considerada de fundamental importância à *boa convivência* entre as pessoas, então, possivelmente, estamos diante do fenômeno conhecido como *bullying*.

Palavra derivada do verbo *bully* (ameaçar, intimidar), refere-se a uma ação de tiranizar, oprimir ou humilhar, praticada por uma ou mais pessoas que, de modo geral, assumem um comportamento agressivo ou violento, reiterado e intencional, dirigido a um professor, funcionário e mais frequentemente a um aluno ou grupo de estudantes.

Tais atos, geralmente praticados por *valentões*, atingem normalmente alunos considerados pelo grupo como mais *fracos* (tímidos, retraídos etc.) ou diferentes em função da raça, religião, sotaque, orientação sexual, desempenho acadêmico, modo de vestir ou comer, deficiência física etc.

O *bullying*, portanto, envolve atitudes hostis que violam o direito à integridade física e psicológica, assim como a dignidade humana, mediante ações agressivas e repetitivas de alunos ou professores, tais como: "zoar", "sacanear", humilhar, intimidar, excluir, ignorar, perseguir, assediar, chantagear, ameaçar, chutar, furtar, esconder, roubar, bater etc. Consiste em maus-tratos físicos, verbais, morais, sexuais, psicológicos, materiais ou virtuais e diferencia-se de uma brincadeira corriqueira (sem a intenção de ferir ou magoar) ou de uma troca de ofensas no calor de uma discussão (Fante e Pedra, 2008: 9).

Há países em que o número de casos de *bullying* é alarmante. Portugal, Áustria e Suíça, por exemplo, chegam a contabilizar 40% de seus alunos vitimizados pelo fenômeno, segundo uma pesquisa realizada pelo Fundo das Nações Unidas para a Infância (Unicef) e pela Organização para a Cooperação e Desenvolvimento Econômico (OCDE). No Brasil, os índices também são preocupantes: em 2007, a média de vítimas entre os alunos era de 45%, segundo o Centro Multidisciplinar de Estudos e Orientação sobre o *Bullying* Escolar (Comeaobes) (Fante e Pedra, 2008: 49-51).

As consequências do *bullying* para a educação e para as vítimas são muito graves: os alunos vitimizados perdem o interesse pelos estudos, faltam às aulas e chegam até a abandonar a escola, resultando em traumas, crises de depressão e, às vezes, até em suicídios e homicídios.

FORMAÇÃO E ATUAÇÃO DO PROFESSOR

Nos últimos anos, ouvimos seguidamente falar de crise; crise econômica e social, principalmente nos Estados Unidos e na Europa, onde a intolerância com a diferença e os diferentes tem crescido constantemente, mas, também, crise de valores, com o individualismo e o consumismo ditando as regras.

Em tal contexto, torna-se ainda mais premente investirmos na formação do cidadão, para a qual educadores bem formados e atuantes constituem um fator determinante. Segundo certa interpretação, ao longo dos últimos dois séculos, teria havido uma verdadeira revolução copernicana no universo da educação escolar. Assim como, a partir do século XVI, em consequência das pesquisas de Copérnico (1473-1543), a Terra deixou de ser vista como centro do universo, em torno do qual giraria o Sol, assumindo o seu verdadeiro lugar de planeta do sistema solar, ou seja, o modelo geocêntrico foi substituído pelo heliocêntrico, também o professor foi deixando de ser o centro do sistema escolar, cedendo seu lugar ao aluno, em torno do qual giraria.

Na verdade, se um centro deve existir no processo educativo, certamente é constituído pela própria interação educador-educando, condição de possibilidade da educação. O fundamental é a própria relação educativa, que deve deixar para trás os modelos "senhor-escravo", "patrão-empregado", "tirano-súdito", e outros quetais, para transformar-se numa relação igual entre diferentes, educadores e educandos exercendo suas funções e seus papéis específicos. Ou, por outra, como se pode ler na Praça do Relógio da Universidade de São Paulo: *No universo da cultura, o centro está em toda a parte*.

No percurso de numerosos caminhos, muitas vezes incertos e ocultos, das multifacetadas experiências vividas, podemos recolher importantes aprendizagens, dentre as quais algumas verdades provisórias – uma espécie de decálogo do educador – que oferecemos à reflexão de todos, inspirados no livro *Grande sertão: veredas* (Guimarães Rosa, 1984):

1. *Porque aprender-a-viver é que é o viver, mesmo* (p. 546).

A aprendizagem constante é, sem dúvida, uma das pedras angulares do trabalho docente. Nada mais contrário ao espírito educativo do que a vã, mas perniciosa, tentativa de petrificar o conhecimento, de reduzir a atividade escolar à repetição vazia de fórmulas desgastadas, de enquadrar, quando não frear, a evolução da vida, o desabrochar de espíritos e corpos. A formação do educador não se dá, portanto, num momento determinado, entre quatro paredes, mas se confunde com a própria vida e com o exercício profissional. O que se pode fazer sistematicamente, mediante os diversos cursos, é estimular o despertar e o desenvolvimento da consciência acerca dessa peculiar condição indispensável ao educador que é a necessidade da aprendizagem constante.

2. *Mire veja: o mais importante e bonito, do mundo, é: que as pessoas não estão sempre iguais, ainda não foram terminadas – mas que elas vão sempre mudando. Afinam ou desafinam. Verdade maior. É o que a vida me ensinou* (p. 21).

Aí está o real fundamento da aprendizagem constante e da própria educação: cabe a esta orientar a mudança das pessoas, favorecendo sua realização pessoal e social segundo determinados padrões que, por sua vez, também são passíveis de modificação por influência dos próprios indivíduos e grupos. Queiram ou não muitos especialistas ou burocratas do ensino, as pessoas mudam; os alunos aprendem e se desenvolvem com a escola ou apesar dela. Esta é a lei da vida e da história. Ao educador cabe não dificultar e sim facilitar e orientar o seu avanço.

3. *Quem muito se evita se convive [...]. Quanto mais ando, querendo pessoas, parece que entro mais no sozinho do vago* (p. 8 e 269).

As pessoas mudam. Mas não mudam sozinhas. É a convivência que traz a mudança. Do mesmo modo, o educador não se forma nem atua sozinho. Um curso qualquer é uma obra coletiva e seus resultados dependem do grupo, de suas relações mútuas, da percepção que cada um tem do outro e da própria matéria. Essa é uma árdua e necessária aprendizagem, para que o educador se aproxime da sua realização profissional e para que os educandos se tornem crescentemente responsáveis por seu processo formativo. Não se trata de algo que ocorre como resultado de minuciosos e burocráticos planejamentos ou da imposição pura e simples; mas, também, não é algo que pode ser evitado pelos mesmos meios. O processo coletivo acontece necessariamente. No entanto, seu potencial educativo é diretamente proporcional à consciência que dele possuem educadores e educandos.

4. *Mas a vida não é entendível [...]. Natureza da gente não cabe em nenhuma certeza* (p. 131 e 389).

Um dos baluartes da antipedagogia é o professor aferrado às "suas" verdades, como se fossem absolutas e eternas. Esse espécime parece bastante frequente entre os pretensos "especialistas", aqueles que supervalorizam a propalada "competência técnica", que descartam os aspectos pedagógicos do ensino como irrelevantes, que tem verdadeiro horror à "política". Esquecem, ou fingem esquecer, que a parte só tem sentido no todo; que uma especialidade cognitiva só tem razão de ser quando inserida na totalidade e dentro dela percebida; que um dos maiores obstáculos à aprendizagem é a dificuldade que tem os educandos de integrarem as diversas matérias em um todo articulado; que conteúdos e formas de ensino mantêm estreita interdependência. Talvez seja este um dos aspectos mais deprimentes da formação e da atuação do professor, na medida em que tende a reproduzir-se ininterruptamente, se não lhe opormos firme resistência: matérias e aulas sucedem-se como se nenhuma relação existisse entre as mesmas, como unidades estanques de um mosaico desarticulado.

> 5. *Mas liberdade – aposto – ainda é só alegria de um pobre caminhozinho, no dentro do ferro de grandes prisões. Tem uma verdade que carece de aprender, do encoberto, e que ninguém não ensina: o beco para a liberdade se fazer* (p. 286-287).

Talvez não haja outro lugar, fora da escola, em que seja tão grande a distância entre o dizer e o fazer. Talvez não haja outro profissional em que seja tão grande a incoerência entre o falar e o agir quanto no professor mal preparado. E esse constitui um prejuízo incalculável para o processo educativo. Na medida em que aproximarmos a teoria da prática, alimentando uma relação dialética entre ambas, estaremos aproximando a escola da vida, levando a primeira a contribuir para a transformação da segunda e vice-versa, superando o distanciamento e o descompromisso infelizmente tão frequentes. Da mesma maneira que precisamos fazer o "beco" para a liberdade, também precisamos construir a educação como algo concreto, real, que seja determinante na vida das pessoas, que contribua para o seu desenvolvimento material e espiritual. A educação não deve ser, portanto, puramente verbal, é também e sobretudo prática, e é justamente na prática que podemos avaliar sua significância para a pessoa humana e para a sociedade.

> 6. *Doido era? Quem não é, mesmo eu ou o senhor?* (p. 228).

De um modo geral, o que se observa é que a tolerância e a compreensão do educador em relação aos educandos crescem na razão direta dos anos de magistério. Trabalhando honesta e coerentemente, o educador desenvolve a consciência de que se, por um lado, a educação sofre as influências do meio social, por outro, é um processo essencialmente interior, mesmo porque é o próprio educando que interpreta de uma forma ou de outra, a partir de sua própria história, os estímulos externos. Assim, é fundamental o respeito ao educando, às suas condições circunstanciais, à sua maneira de sentir, pensar e agir. Todos nós falhamos muitas vezes, todos temos defeitos e qualidades, e os educandos também podem ter os seus momentos de "loucura" por conta dos quais não devem ser prejudicados em sua vida escolar. Precisamos distinguir o que é essencial – a realização pessoal e social do educando, o seu desenvolvimento integral – daquilo que é secundário – as aparências externas – no processo educativo.

7. *Quem sabe direito o que uma pessoa é? Antes sendo: julgamento é sempre defeituoso, porque o que a gente julga é o passado [...] Se não, o senhor me diga: preto é preto? Branco é branco? Ou: quando é que a velhice começa, surgindo dentro da mocidade* (p. 251 e 230).

Quanto mal-entendido, quanto preconceito, quanta discriminação, quanto subjetivismo, quanta incompetência escondem-se atrás do biombo da avaliação escolar! E mais do que isso: quanta carreira frustrada, quanta vida truncada, quanto sonho desfeito por uma pseudoavaliação de uma pseudoescola. Sim, porque escola e educadores existem em função dos educandos que aí estão, em carne e osso, e não em função de alunos imaginários, abstratos, e é com esses alunos reais que precisam trabalhar. A avaliação não tem sentido educativo quando se erige em tribunal, quando serve para julgar, quando impede o desenvolvimento do educando, atribuindo-lhe um atestado de incapacidade escolar, que se transforma em atestado de incapacidade geral e irrestrita, quando é praticada como valor supremo, como fim e não meio do processo educativo.

8. *Enfim, cada um o que quer aprova, o senhor sabe: pão ou pães é questão de opiniães... O sertão está em toda parte [...]. Sertão: é dentro da gente* (p. 8 e 289).

Autonomia intelectual: eis aí uma característica fundamental do educador. Sem ela não se desenvolve a personalidade adulta, independente, condição indispensável à orientação dos educandos. Sem ela, o professor torna-se um mero meio transmissor a serviço da suposta autoridade, muitas vezes expressa no livro didático; sem ela, não há como enfrentar a força e a prepotência pela supremacia da inteligência. Sem autonomia intelectual podemos ter instrução, treinamento, adestramento ou coisa que o valha, nunca educação. É a autonomia intelectual que possibilita ao educador atuar *cientificamente* em face dos educandos, da escola, da sociedade: observando, refletindo, agindo e, assim procedendo, contribuir positivamente para o desenvolvimento integral dos educandos.

9. *É, e não é. O senhor ache e não ache. Tudo é e não é... Quase todo mais grave criminoso feroz, sempre é muito bom marido, bom filho, bom pai, e é bom amigo-de-seus-amigos!* (p. 11).

A autonomia intelectual é também a condição necessária à visão global da realidade, que compreende o ponto de vista do outro, que privilegia o diálogo como meio adequado à formação e à mudança de pensamentos e atitudes. A forma de encarar uma equação de 2° grau, por exemplo, certamente será diferente no professor e no aluno. Poderá ser um problema fundamental para um e não para outro. O mesmo educando comporta-se de maneiras diferentes na sala de aula, no recreio, em casa e numa conversa informal com o professor. Por isso mesmo, é essencial para o educador compreender os limites de suas *verdades* e de suas ações, bem como os limites das *verdades* e das ações dos educandos, atuando de maneira compatível com esses limites.

10. *Digo: o real não está na saída nem na chegada: ele se dispõe para a gente é no meio da travessia* (p. 60).

Verdade fundamental: é educando que se aprende a educar. Verdade que exige a coragem e a capacidade para mudarmos de rota sempre que não nos aproximamos ou nos afastamos dos objetivos traçados. Ao invés disso, na formação do educador, parece que empacamos nas velhas fórmulas, muitas vezes fugimos da inovação como o diabo da cruz, tememos perder espaços conquistados, colocamos o interesse corporativo acima do interesse educativo e social. Precisamos superar fórmulas anacrônicas há muitos anos repetidas qual ritual destituído de significado. Precisamos restaurar caminhos, que de tão batidos dificultam o desabrochar da vida. Precisamos abrir novos rumos que signifiquem a construção de uma escola e de uma sociedade realmente democráticas. Precisamos integrar sentimento e pensamento, palavra e ação, conforme o dizer do mestre Guimarães Rosa: *Ações? O que eu vi, sempre, é que toda ação principia mesmo é por uma palavra pensada. Palavra pegante, dada ou guardada, que vai rompendo rumo* (1984: 166).

Frases sobre o trabalho docente

Se eu não fosse imperador, desejaria ser professor. Não conheço missão maior e mais nobre do que a de dirigir as inteligências juvenis e preparar os homens do futuro. (Dom Pedro II, 1825-1891)

Quando os deuses odeiam alguém, fazem dele um professor. (Sêneca, cerca de 2-65)

Não há bons professores nos quais não subsiste a revolta de aluno. (Edmond Gilliard, educador, 1875-1969)

As aulas deveriam ser apaixonantes. Só que, para isso, necessitar-se-ia de professores apaixonados. (Sacha Guitry, escritor, 1885-1957)

Ser professor é adoecer. (Luisa Carla do Amaral Teixeira Nehme, professora)

O professor tem de ser um provocador de sonhos. (Rubem Alves, filósofo e professor)

É tarefa essencial do professor despertar a alegria de trabalhar e de conhecer. (Albert Einstein, cientista, 1879-1955)

A clareza é a cortesia dos professores. (Anônimo)

Professor é o mundo todo sintetizado em giz, apagador e tutano. [...] Um mestre que repita o mantra "acredite que vai dar tudo certo, vá em frente" faz toda a diferença. (Jairo Marques, repórter)

Sem nenhuma dúvida, na escola ou fora dela, aprendemos muito com nossas experiências, e também com a troca de experiências. E o final de um curso não deixa de ser um momento propício para essa troca de experiências, que pode ser feita inicialmente em pequenos grupos e, em seguida, socializada com toda a turma, envolvendo os assuntos tratados neste capítulo:

- experiências relativas à própria formação;
- experiências com avaliações e fracassos escolares;
- experiências com atos de indisciplina;
- experiências envolvendo *bullying*;
- experiências com tipos diferentes de professor.

Finalmente, uma importante reflexão: a partir das próprias experiências e das vivências, leituras e discussões desenvolvidas ao longo do curso de História da Educação, quais seriam as características que definiriam o "bom professor"?

BIBLIOGRAFIA

AGOSTINHO, Santo. *Confissões*. São Paulo: Folha de S.Paulo, 2010. (Coleção Folha: Livros que mudaram o mundo).

_____. *De Magistro*. Petrópolis: Vozes, 2009.

ALCORÃO SAGRADO. São Paulo: Folha de S.Paulo, 2010. (Coleção Folha: Livros que mudaram o mundo).

ALI, Aires. *Período 2006/2015, em África:* 2ª década da educação será lançada em Maputo, 2008. Disponível em: <http://noticias.sinfic.pt/pls/notimz2/getxml/pt/contentx/8093>. Acesso em: 11 maio 2011.

ANDERSON, Perry. As antinomias de Gramsci. *Revista Crítica Marxista: A estratégia revolucionária na atualidade*. São Paulo: Joruês, 1986.

ANTUNES, Ricardo. Apresentação. In: MÉSZÁROS, István. *Para além do capital* – rumo a uma teoria da transição. São Paulo: Boitempo/Campinas: Editora da Unicamp, 2002.

ARISTÓTELES. *A Política*. São Paulo: Folha de S.Paulo, 2010. (Coleção Folha : Livros que mudaram o mundo).

ARMSTRONG, Alison; CASEMENT, Charles. *A criança e a máquina*: como os computadores colocam a educação de nossos filhos em risco. Porto Alegre: Artmed, 2001.

ASCHER, Nelson. Confucianos vs. taoistas. *Folha de S.Paulo*. São Paulo, 2 maio 2005.

AVERRÓIS. *Discurso decisivo*. São Paulo: Martins Fontes, 2005.

AZANHA, José Mario P. *Educação*: alguns escritos. São Paulo: Nacional, 1987.

_____. *Educação*: temas polêmicos. São Paulo: Martins Fontes, 1995.

AZEVEDO, Fernando de. *A cultura brasileira*. 5. ed. São Paulo: Melhoramentos, 1971.

_____. *Novos caminhos e novos fins*. 3. ed. São Paulo: Melhoramentos, s. d.

_____. *As universidades no mundo de amanhã*. São Paulo: Nacional, 1947, tomo 1.

_____ et al. *A reconstrução educacional do Brasil*: manifesto dos pioneiros da educação nova. São Paulo: Nacional, 1932.

BÂ, Hampaté. A tradição viva. In: KI-ZERBO, Joseph (ed.). *História geral da África, I: Metodologia e pré-história da África*, 2. ed. rev. Brasília: Unesco, 2010, p. 167-212.

280 História da educação

Barbosa, Rui. *A reforma do ensino primário* – 1883. Rio de Janeiro: mec, 1947.

Barros, Roque Spencer M. de (org.). *Diretrizes e bases da educação nacional.* São Paulo: Pioneira, 1960.

Beisiegel, Celso de Rui. Educação e sociedade no Brasil após 1930. In: Fausto, Boris (org.). *História geral da civilização brasileira.* São Paulo: Difel, 1984, v. 11, p. 381-416.

_____. *Estado e educação popular.* São Paulo: Pioneira, 1974.

_____. *Política e educação popular.* São Paulo: Ática, 1982.

Bíblia Sagrada. São Paulo: Folha de S.Paulo, 2010. (Coleção Folha: Livros que mudaram o mundo).

Bird. Departamento de Desenvolvimento Humano em África (afthd). *Na encruzilhada:* escolhas para o ensino secundário e a formação na África Subsaariana, 2007.

Brasil. Decreto n. 59.308, de 23 de setembro de 1966. Promulga o Acordo Básico de Assistência Técnica com a Organização das Nações Unidas (onu), suas Agências Especializadas e a Agência Internacional de Energia Atômica.

_____. Decreto n. 87.522, de 25 de agosto de 1982. Promulga o Acordo de Cooperação Técnica em Matéria Educacional, Científica e Técnica, concluído entre o Governo da República Federativa do Brasil e a Organização das Nações Unidas para a Educação, a Ciência e a Cultura (Unesco), celebrado em Paris, em 29 de janeiro de 1981.

_____. *Plano decenal de educação para todos.* Brasília: mec, 1993, versão acrescida.

_____. Emenda Constitucional n. 59, de 11 de novembro de 2009.

Brejon, Moysés (org.). *Estrutura e funcionamento do ensino de 1º e 2º graus.* São Paulo: Pioneira, 1973.

Brunschwig, Henri. *A partilha da África negra.* São Paulo: Perspectiva, 1974.

Buarque de Holanda, Sérgio. *Raízes do Brasil.* 17. ed. Rio de Janeiro: José Olympio, 1984.

Cambi, Franco. *História da pedagogia.* São Paulo: Unesp, 1999.

Carvalho, Laerte Ramos de. *As reformas pombalinas da instrução pública.* São Paulo: Saraiva/ Edusp, 1978.

Castro, Luciana M. A contribuição de Nísia Floresta para a educação feminina: pioneirismo no Rio de Janeiro oitocentista. *Revista Outros Tempos.* Rio de Janeiro, v. 7, n. 10, 2010, p. 237-56.

Cerizara, Beatriz. *Rousseau:* a educação na infância. São Paulo: Scipione, 1990.

Chagas, Valnir. *Educação brasileira:* o ensino de 1º e 2º graus – antes, agora e depois. São Paulo: Saraiva, 1980.

Cícero, Marco Túlio. *Sobre a amizade.* São Paulo: Nova Alexandra, 2006.

Comenius. *Didática magna.* São Paulo: Martins Fontes, 2006.

Comte, Auguste. *Discurso sobre o Espírito Positivo.* Trad. Antônio Geraldo da Silva. São Paulo: Escala, s. d.

_____. *Princípios de filosofia positiva.* São Paulo: Editorial Paulista, 19-a.

Cordeiro, Jaime. *Didática.* São Paulo: Contexto, 2010.

Costa, Emilia Viotti da. Introdução ao estudo da emancipação política do Brasil. In: Dias, Manuel Nunes et al. *Brasil em perspectiva.* São Paulo: Difel, 1968.

Covello, Sergio Carlos. *Comenius:* a construção da pedagogia. São Paulo: Sejac, Sociedade Educacional João Amós Comenius, 1991.

Cunha, Célio da. *Educação e autoritarismo no Estado Novo.* São Paulo: Cortez/Editores Associados, 1981.

Cunha, Luis Antonio. *Educação e desenvolvimento social no Brasil.* Rio de Janeiro: Francisco Alves, 1975.

_____. *A universidade crítica.* Rio de Janeiro: Francisco Alves, 1983.

_____. *A universidade temporã.* Rio de Janeiro: Francisco Alves, 1986.

Cunha, Marcus Vinicius da. John Dewey – biografia intelectual – educador e filósofo da democracia. *Revista Educação – História da Pedagogia.* São Paulo, Segmento, dez. 2010, p. 6-17.

Declaração de Hamburgo Sobre Educação de Adultos. Hamburgo/Alemanha, jun. 1997. Disponível em: <www.cefetop.edu.br/codajoia/...Hamburgo.../file>. Acesso em: 25 maio 2011.

Delegação Permanente do Brasil Junto à Unesco. Disponível em: <http://portal.unesco.org/en/ev.php-URL_ID=10248&URL_DO=DO_TOPIC&URL_SECTION=201.html>. Acesso em: 26 maio 2011.

Delors, Jacques (coord.). Relatório para a Unesco da Comissão Internacional sobre Educação para o Século xxi, 1999. Disponível em: <http://4pilares.net/text-cont/delors-pilares.htm>. Acesso em: 26 maio 2011.

DEWEY, John. *Democracia e educação*: introdução à filosofia da educação. São Paulo: Companhia Editora Nacional, 1959.

_____. *Experiência e educação*. São Paulo: Companhia Editora Nacional, 1971.

_____. *Vida e educação*. 10. ed. São Paulo: Melhoramentos/Rio de Janeiro: Fundação Nacional de Material Escolar, 1978.

DOSSE, François. *História do estruturalismo*. Bauru: Edusc, 2007a, v. I.

_____. *História do estruturalismo*. Bauru: Edusc, 2007b, v. II.

DROIT, Roger-Pol. *A companhia dos filósofos*. Lisboa: Instituto Piaget, 2004.

DUARTE, Constância Lima. *Nísia Floresta*: uma mulher à frente do seu tempo. Brasília: Mercado Cultural, 2006.

DUBORGEL, Bruno. *Imaginário e pedagogia*. Lisboa: Instituto Piaget, 1995.

DUSSEL, Inés; CARUSO, Marcelo. *A invenção da sala de aula*: uma genealogia das formas de ensinar. São Paulo: Moderna, 2003.

EAGLETON, Terry. *Ideologia. Uma introdução*. São Paulo: Editora Unesp/Boitempo, 1997.

ECO, Umberto. *Viagem na irrealidade cotidiana*. Rio de Janeiro: Nova Fronteira, 1984.

EINSTEIN, Albert. *Como vejo o mundo*. Rio de Janeiro: Nova Fronteira, 1981.

ESCOLAS ASSOCIADAS DA UNESCO. Coordenação Nacional/Brasil. Disponível em: <http://www.peaunesco.com.br>. Acesso em: 25 maio 2011.

ESTARQUE, Marina. *Número de crianças na escola atinge recorde na África Subsaariana*, 2011. Disponível em: <www.unmultimedia.org/radio/portuguese/detail/195459.html>. Acesso em: 8 jun. 2011.

ESTEBAN, Maria Teresa (org.). *Avaliação*: uma prática em busca de novos sentidos. 3. ed. Rio de Janeiro: DP&A, 2001.

EVANGELISTA, Ely Guimarães dos Santos. *A Unesco e o mundo da cultura*. Brasília: Edições Unesco do Brasil, 2001.

FAGE, J. D. A evolução da historiografia da África. In: KI-ZERBO, J. (ed.). *História geral da África, I: Metodologia e pré-história da África*. 2. ed. rev. Brasília: Unesco, 2010, p. 1-22.

FANTE, Cleo; PEDRA, José Augusto. *Bullying escolar*: perguntas e respostas. Porto Alegre: Artmed, 2008.

FERNANDES, Florestan. *Universidade brasileira*: reforma ou revolução? São Paulo: Alfa-Ômega, 1975.

FERREIRA, R. Martins. *Sociologia da educação*. São Paulo: Moderna, 1993.

FLORESTA, Nísia. *Opúsculo humanitário*. São Paulo: Cortez/Brasília: Inep, 1989.

FRANCA, Leonel. *O método pedagógico dos jesuítas*. Rio de Janeiro: Agir, 1952.

FREIRE, Paulo. *Educação como prática da liberdade*. Rio de Janeiro: Paz e Terra, 1967.

_____. *Pedagogia do oprimido*. 3. ed. Rio de Janeiro: Paz e Terra, 1975.

FREITAS, Gustavo de. *900 textos e documentos de História*: humanidade primitiva, Antiguidade e Idade Média. Lisboa: Platano, 1977, v.1.

GADOTTI, Moacir. *História das ideias pedagógicas*. 8. ed. São Paulo: Ática, 2002.

GARCIA, Regina Leite. A avaliação e suas implicações no fracasso/sucesso. In: Esteban, Maria Teresa (org.). *Avaliação*: uma prática em busca de novos sentidos. 3. ed. Rio de Janeiro: DP&A, 2001, p. 29-50.

GRAMSCI, Antonio. *Cadernos do cárcere*. Rio de Janeiro: Civilização Brasileira, 2006a, v. 2.

_____. *Cadernos do cárcere*. Rio de Janeiro: Civilização Brasileira, 2006b, v. 1.

GUIMARÃES Rosa, João. *Grande sertão*: veredas. 16. ed. Rio de Janeiro: Nova Fronteira, 1984.

HAIDAR, Maria de L. M. *O ensino secundário no Império brasileiro*. São Paulo: Grijalbo, 1972.

_____; TANURI, Leonor Maria. A evolução da educação básica no Brasil: política e organização. In: MENESES, João Gualberto de Carvalho et alii. *Educação básica*: políticas, legislação e gestão. São Paulo: Pioneira Thomson Learning, 2004, p. 36-67.

HABERMAS, Jurgen. *Para a reconstrução do materialismo histórico*. São Paulo: Brasiliense, 1983.

HABTE, Aklilu; WAGAW, Teshome. Educação e mudança social. In: MAZRUI, Ali A.; WONDJI, Christophe (eds.). *História geral da África, VIII: África desde 1935*. Brasília: Unesco, 2010, p. 817-845.

HALL, Stuart. A relevância de Gramsci para o estudo de raça e etnicidade. In: HALL, S. *Da diáspora* – identidades e mediações culturais. Belo Horizonte: Editora da ufmg/Brasília: Representação da Unesco no Brasil, 2003.

282   História da educação

_____. Significação, representação, ideologia: Althusser e os debates pós-estruturalistas. In: Hall, S. *Da diáspora:* identidades e mediações culturais. Belo Horizonte: Editora ufmg/Brasília: Representação da Unesco no Brasil, 2003.

Harari, Yuval Noah. *Sapiens:* uma breve história da humanidade. Porto Alegre: l&pm, 2015.

Hernandez, Leila Leite. *A África na sala de aula:* visita à história contemporânea. São Paulo: Selo Negro, 2005.

Ki-Zerbo, Joseph (ed.). *História geral da África, I: Metodologia e pré-história da África.* 2. ed. rev. Brasília: Unesco, 2010.

Krúpskaya, Nadezhda. *La educación laboral e la enseñanza.* Moscú: Editorial Progreso, 1986.

Larroyo, Francisco. *História geral da Pedagogia.* São Paulo: Mestre Jou, 1970.

Lauand, Luiz Jean. *Tomás de Aquino, hoje.* São Paulo: grd; Curitiba: Champagnat, 1993.

Lefebvre, H. Estrutura social: a reprodução das relações sociais. In: Foracchi, M. M.; Martins, J. S. (orgs.). *Sociologia e sociedade.* São Paulo: Livros Técnicos e Científicos, 1984, p. 219-252.

Lima, Lauro de Oliveira. *O impasse na educação.* Petrópolis: Vozes, 1968.

_____. *Estórias da educação no Brasil:* de Pombal a Passarinho. Brasília: Ed. Brasília, 1974.

Lodi-Corrêa, Samantha; Jacomeli, M. R. Mara. *Krupskaia:* revolucionária e educadora, 2011 (Apresentação de Trabalho/Comunicação).

Lourenço Filho, M. B. *Introdução ao estudo da escola nova.* 7. ed. São Paulo: Melhoramentos, s. d.

_____ (org.). *A formação de professores:* da escola normal à escola de educação. Brasília: Inep, 2001.

Luedemann, Cecília da Silveira. *Antono Makarenko* – vida e obra – a pedagogia na revolução. São Paulo: Expressão Popular, 2002.

Macrone, Michael. *Isso é grego para mim!* São Paulo: Rotterdan, 1994.

Maio, Marcos Chor. O Projeto Unesco e a agenda das ciências sociais no Brasil dos anos 40 e 50. *Revista Brasileira de Ciências Sociais,* v. 14, n. 41, out. 1999, p. 141-158.

Makarenko, A. *Poema pedagógico.* 2. ed. São Paulo: Brasiliense, 1987, v.1.

_____. *Poema pedagógico.* São Paulo: Brasiliense, 1986, v. 2.

_____. *Poema pedagógico.* São Paulo: Brasiliense, 1986, v. 3.

Manacorda, Mario Alighiero. *História da Educação da Antiguidade aos nossos dias.* São Paulo: Cortez, 2000.

_____. *O princípio educativo em Gramsci.* Porto Alegre: Artes Médicas, 1990.

Marcílio, Maria Luiza. Unesco Brasil. Disponível em: <http://www.direitoshumanos.usp.br/index. php/UNESCO-Organiza%C3%A7%C3%A3o-das-Na%C3%A7%C3%B5es-Unidas-para-a-Educa%C3%A7%C3%A3o-Ci%C3%AAncia-e-Cultura/unesco-brasil.html>. Acesso em: 23 maio 2011.

Marías, Julian. *O tema do homem.* São Paulo: Duas cidades, 1975.

Marx, K. *Contribuição à crítica da economia política.* São Paulo: Abril Cultural, 1978a. (Coleção Os pensadores).

_____. *Teses contra Feuerbach.* São Paulo: Abril Cultural, 1978b. (Coleção Os pensadores).

_____. Primeiro manuscrito: trabalho alienado. In: Fromm, E. *Concepção marxista do homem.* Rio de Janeiro: Zahar, 1979, pp. 89-102.

_____. *O capital:* crítica da economia política. São Paulo: Abril Cultural, 1984, v. 1, t. 2.

Marx, K.; Engels, F. *Obras escolhidas.* Lisboa: Edições "Avante!", 1982, t. 1.

_____. *Obras escolhidas.* Lisboa: Edições "Avante!", 1983, t. 2.

_____. *Obras escolhidas.* Lisboa: Edições "Avante!", 1985, t. 3.

Mayer, F. *História do pensamento educacional.* Rio de janeiro: Jorge Zahar, 1976.

Mazrui, Ali A. et al. Tendências da filosofia e da ciência na África. In: Mazrui, Ali A.; Wondji, Christophe (eds.). *História geral da África, viii:* África desde 1935. Brasília: Unesco, 2010, p. 761-816

M'bow, M. Amadou Mahtar. Prefácio. In: Ki-Zerbo, J. (ed.). *História geral da África, i: Metodologia e pré-história da África.* 2. ed. rev. Brasília: Unesco, 2010, p. xxi-xxvi.Menezes, Ebenezer Takuno de; Santos, Thais Helena dos. Plano Decenal de Educação para Todos (verbete). *Dicionário Interativo da Educação Brasileira* – EducaBrasil. São Paulo: Midiamix, 2002. Disponível em: <http://www.educabrasil.com.br/eb/dic/dicionario.asp?id=91>. Acesso em: 25 maio 2011.

Mesquita Filho, Julio de. *Política e cultura*. São Paulo: Martins Fontes, 1969.

Mészáros, István. *Marx:* a teoria da alienação. Rio de Janeiro: Zahar, 1981.

_____. *Para além do capital:* rumo a uma teoria da transição. São Paulo: Boitempo/Campinas: Editora da Unicamp, 2002.

_____. *A educação para além do capital*. São Paulo: Boitempo, 2005.

Moço, Anderson. Indisciplina: como se resolve? *Nova Escola*. São Paulo, n. 226, out. 2009, p. 82-89.

Montessori, Maria. *A criança*. São Paulo: Círculo do Livro, 1992.

_____. *Pedagogia científica*: a descoberta da nova criança. São Paulo: Flamboyant, 1965.

Moraes Neto, Geneton; Silveira, Joel. *Nitroglicerina pura*. 4. ed. Rio de Janeiro: Record, 1992.

Moretto, Vasco Pedro. *Prova*: um momento privilegiado de estudo – não um acerto de contas. Rio de Janeiro: DP&A, 2001.

MRE. *ABC*. Disponível em: <http://www.abc.gov.br/nex/execucao_nacional.asp>. Acesso em: 24 maio 2011.

Monroe, Paul. *História da Educação*. São Paulo: Companhia Editora Nacional, 1983.

Morais Filho, Evaristo (org.). *Comte*: sociologia. São Paulo: Ática, 1983.

Mumford, Lewis. *Le mythe de la machine. v-II – Le Pentagone de la puissance*. Paris: Fayard, 1974.

NEAB/UFSCAR. Nota dos tradutores. In: Ki-Zerbo, J. (ed.). *História geral da África, i: Metodologia e pré-história da África*. 2. ed. rev. Brasília: Unesco, 2010, p. ix-x.

Niskier, Arnaldo. *A nova escola*: reforma do ensino de 1º e 2º graus. Rio de Janeiro: Brughera, 1971.

Nosella, Paolo. *A escola de Gramsci*. Porto Alegre: Artes Médicas Sul, 1992.

Nova Escola. *Edição Especial. Grandes pensadores:* 41 educadores que fizeram história, da Grécia antiga aos dias de hoje. São Paulo: Abril, s. d.

Nóvoa, Antonio. Para o estudo sócio-histórico da gênese e desenvolvimento da profissão docente. *Teoria e educação*. Porto Alegre, Pannonica, n. 4, 1991, p. 109-139.

Nunes, Antonio Ozório. *Como restaurar a paz nas escolas*. São Paulo: Contexto, 2011.

Ortega y Gasset, José. *Obras completas*. Madrid: Revista de Ocidente, 1958, 6 v.

Oster, Pierre. *Dictionaire de citations fraçaises*. Paris: Le Robert, 1993.

Paiva, José Maria de. *Colonização e catequese*. São Paulo: Cortez/Autores Associados, 1982.

Palmer, Denise. *As civilizações africanas*. Lisboa: Europa-América, 1977.

Panapress. *Adea defende reforma da educação em África*. 2006. Disponível em: <http://www. panapress.com/ADEA-defende-reforma-da-educacao-em-%C3%81frica--3-411240-51-lang4-index.html>. Acesso em: 23 maio 2011.

_____. *Lançada na Tunísia Trienal da Educação em África*. 2010. Disponível em: <http://www. panapress.com/Lancada-na-Tunisia-Trienal-da-Educacao-em-%C3%81frica--3-744134-51-lang4-index.html>. Acesso em: 10 jun. 2011.

Paro, Vitor Henrique. *Reprovação escolar*: renúncia à educação. São Paulo: Xamã, 2001.

Parrat-Dayan, Sylvia. *Como enfrentar a indisciplina na escola*. São Paulo: Contexto, 2009.

Piletti, Ana Cristina da Costa. *Entre os fios e o manto*: tecendo a inclusão escolar. São Paulo: Loyola, 2014.

Piletti, Nelson. *Ensino de 2º grau*: educação geral ou profissionalização? São Paulo: EPU, 1988.

_____. *Estrutura e funcionamento do ensino fundamental*. 26. ed. São Paulo: Ática, 2004.

_____. *Estrutura e funcionamento do ensino médio*. 5. ed. São Paulo: Ática, 1999.

_____. *Fernando de Azevedo*: a educação como desafio. Brasília: MEC-INEP, 1986.

_____. *História do Brasil*. 14. ed. São Paulo: Ática, 1996.

_____. *História da educação no Brasil*. 7. ed. São Paulo: Ática, 2002.

_____. *A reforma Fernando de Azevedo*: Distrito Federal, 1927-1930. São Paulo: FEUSP, 1983. (Estudos e Documentos, 20).

_____; Piletti, Claudino. *História da educação*. 7. ed. São Paulo: Ática, 1997.

_____; Rossato, Geovanio. *Educação básica*: da organização legal ao cotidiano escolar. São Paulo: Ática, 2010.

Platão. *A República*. São Paulo: Escala, 2009.

_____. *Diálogos*. São Paulo: Edipro, 2010.

PLUTARCO. *Como tirar proveito de seus inimigos*. São Paulo: Martins Fontes, 2011.

_____. *Vida de Sólon*. Lisboa: Relógio D'Água, 1999.

PNUD. *Relatório de Desenvolvimento Humano 2010*. Edição do 20º aniversário. A verdadeira riqueza das nações: vias para o desenvolvimento humano. Publicado pelo Instituto Português de Apoio ao Desenvolvimento (IPAD) para o pnud, 2010.

PORCARO, Rosa Cristina. *A história da educação de jovens e adultos no Brasil*. Disponível em: <http://www.dpe.ufv.br/nead/docs/ejaBrasil.doc>. Acesso em: 23 maio 2011.

PRADO JUNIOR, Caio. *História econômica do Brasil*. São Paulo: Brasiliense, 1970.

PREFEITURA DO DISTRITO FEDERAL. *Programas para os Jardins de Infância e para as Escolas Primárias*. Rio de Janeiro: Oficinas Gráficas do *Jornal do Brasil*, 1929.

REIS FILHO, Casemiro dos. *A educação e a ilusão liberal*. São Paulo: Cortez/Autores Associados, 1981.

RIFFARD, Pierre. *Les philosophes*: vie intime. Paris: PUF, 2004.

ROMANELLI, Otaiza de O. *História da educação no Brasil, 1930-1973*. 2. ed. Petrópolis: Vozes, 1980.

ROLLAND, Romain. *O pensamento vivo de Rousseau*. São Paulo: Livraria Martins, 1940.

RÓNAI, Paulo. *Dicionário universal Nova Fronteira de citações*. Rio de Janeiro: Nova Fronteira, 1985.

ROSA, Maria da Glória de. *A história da educação através dos textos*. São Paulo: Cultrix, 1993.

ROSSATO, Geovanio; ROSSATO, Solange Marques. *Educando para a superação do bullying escolar*. São Paulo: Loyola, 2013.

ROUSSEAU, Jean-Jacques. *Emílio ou da educação*. Rio de Janeiro: Difel, 1968.

_____. *Discurso sobre a origem e os fundamentos da desigualdade entre os homens*. São Paulo: Abril Cultural, 1973. (Coleção Os Pensadores).

_____. *O contrato social*. São Paulo: Cultrix, 1965.

_____. *Ensaio sobre a origem das línguas*. Campinas: Editora da Unicamp, 1998.

_____. *Do contrato social*. São Paulo: Folha de S.Paulo, 2010 (Coleção Livros que mudaram o mundo).

Saga: a grande história do Brasil. São Paulo: Abril Cultural, 1981, v. 1.

SARAIVA, José Flávio Sombra. *Formação da áfrica contemporânea*. São Paulo: Atual, 1987.

SAVIANI, Dermeval. *Educação brasileira*: estrutura e sistema. 6. ed. São Paulo: Cortez/Editores Associados, 1987.

_____. *História das ideias pedagógicas no Brasil*. 2. ed. Campinas: Autores Associados, 2008.

SÊNECA, L. A. *Aprendendo a viver*. São Paulo: Martins Fontes, 2008.

_____. *Cartas a Lucílio*. Lisboa: Fundação Calouste Gulbenkian, 1991.

_____. *Da vida feliz*. São Paulo: Martins Fontes, 2009.

SEVERINO, Antonio Joaquim. *Educação, ideologia e contraideologia*. São Paulo: epu, 1986.

SOARES, Magda. *Alfaletrar*: toda criança pode aprender a ler e a escrever. São Paulo: Contexto, 2020.

SOUZA, Maria Cecília C. C. de. Decorar, lembrar e repetir: o significado de práticas escolares na escola brasileira do final do século XIX. In: Sousa, Cynthia Pereira de (org.). *História da Educação*: processos, práticas e saberes. São Paulo: Escrituras, 1998.

STRIVAY, Lucienne. *Enfants sauvages. Approches antropologiques*. Paris: Gallimard, 2006.

TEIXEIRA, Anísio. *Educação é um direito*. São Paulo: Nacional, 1968.

_____. *Educação não é privilégio*. 2. ed. São Paulo: Nacional, 1968.

_____. *Educação no Brasil*. 2. ed. São Paulo: Nacional, 1976.

_____. *Pequena introdução à filosofia da educação*: a Escola Progressiva ou a transformação da escola. São Paulo: Companhia Editora Nacional, 1975.

_____. Valores proclamados e valores reais nas instituições escolares brasileiras. 2. ed. *Revista brasileira de estudos pedagógicos*. Brasília, 64(148): 243-256, set./dez. 1983.

UA (União Africana). *Carta da Renascença Africana*. Sexta sessão ordinária da Assembleia. Cartum, Sudão, 24 jan. 2006. Disponível em: <www.africa-union.org/root/au/documents/treaties/text/Charter%20-%20African%20Cultural%20Renaissance_EN.pdf>. Acesso em: 11 jun. 2011.

UNESCO. *Constitución de la Unesco*, de 16 de novembro de 1945. Disponível em: <http://portal.unesco.org/es/ev.php-URL_ID=15244&URL_DO=DO_TOPIC&URL_SECTION=201.html>. Acesso em: 24 maio 2011a.

_____. *Histórico da* MINEDAF. Disponível em: <http://portal.unesco.org/education/en/ev.php-URL_ID=10460&URL_DO=DO_TOPIC&URL_SECTION=201.html>. Acesso em: 10 maio 2011b.

_____. Iniciativa de Alfabetización Saber para Poder (life). Disponível em: <http://www.unesco.org/new/es/education/themes/education-building-blocks/literacy/un-literacy-decade/literacy-initiative-life> Acesso em: 25 maio 2011c.

_____. *Relatório Global de Monitoramente da EPT*: A crise oculta: conflitos armados e educação 2011. Relatório Conciso. Paris: Edições Unesco, 2011d.

_____. *Resumen del Informe de Seguimiento de la EPT en el mundo 2010*: llegar a los marginados. Paris: Unesco/Oxford University Press, 2010.

UNESCO DO BRASIL. Representação da Unesco no Brasil. Disponível em: <http://www.unesco.org/new/pt/brasilia/about-this-office/networks/unesco-associated-schools-in-brazil>. Acesso em: 25 maio 2011.

VERISSIMO, José. *A educação nacional*. 3. ed. Porto Alegre: Mercado Aberto, 1985.

VIANA, Francisco Furtado Mendes. Conferências pronunciadas na Associação Brasileira de Educação, em dezembro de 1928. *Boletim de Educação Pública*. Rio de Janeiro, Diretoria de Instrução Pública, 1(3): 416-20, jul./set. 1930.

VICHESI, Beatriz. O que é disciplina? *Nova Escola*. São Paulo, n. 226, out. 2009, p. 78-81.

VILALOBOS, João E. R. *Diretrizes e bases da educação*: ensino e liberdade. São Paulo: Pioneira, 1969.

WEIL, Simone. *A nova ética*. Rio de Janeiro: Rosa dos Tempos, 2002.

WEREBE, Maria J.G. *Grandezas e misérias do ensino no Brasil*. São Paulo: Difel, 1963.

WESSELING, H. L. *Dividir para dominar*: a partilha da África 1880-1914. Rio de Janeiro: Editora UFRJ/Revan, 1998.

ZAU, Felipe. *Educação em Angola. Novos trilhos de desenvolvimento*. Porto: Movilivros, 2009.

ZIÉGLE, Jean. *O poder africano*. São Paulo: Difusão Europeia de Livro, 1972.

Os autores

Claudino Piletti graduou-se em Filosofia e Pedagogia. É doutor em Educação (USP), professor de História e Filosofia da Educação da Faculdade Paulista de Educação e Comunicação (Fapec) e professor aposentado da Pontifícia Universidade Católica de Campinas (PUCCAMP). É autor de vários livros nas áreas de Educação e História.

Nelson Piletti graduou-se em Filosofia, Pedagogia e Jornalismo. É doutor em Educação (USP), ex-professor de ensino fundamental e médio e professor aposentado de Introdução aos Estudos de Educação e de Psicologia Educacional, no curso de Licenciatura, e de História da Educação Brasileira, na Pós-graduação da Faculdade de Educação da USP. É autor de vários livros nas áreas de Educação e História, e coautor de *Dom Helder Camara: o profeta da paz* e de *Psicologia da aprendizagem*, ambos publicados pela Editora Contexto.

GRÁFICA PAYM
Tel. [11] 4392-3344
paym@graficapaym.com.br